Ensinar e Aprender Brincando

De: Fabiano Brito
Para: [illegible] Barros
Com carinho e muito amor
Em: 12.06.2013.

S334e Schiller, Pam

Ensinar e aprender brincando : mais de 750 atividades para educação infantil / Pam Schiller, Joan Rossano ; tradução Ronaldo Cataldo Costa. – Porto Alegre : Artmed, 2008.

374 p. : il. ; 25 cm.

ISBN 978-85-363-1059-6

1. Educação – Aprendizagem – Jogos. I. Rossano, Joan. II. Título.

CDU 371.382

Catalogação na publicação: Juliana Lagôas Coelho – CRB 10/1798

Ensinar e Aprender Brincando

Mais de 750 atividades para educação infantil

Pam Schiller
Joan Rossano

Ilustrações:
Deborah C. Wright
Kathleen Kerr

Tradução:
Ronaldo Cataldo Costa

Consultoria, supervisão e revisão técnica desta edição:
Rita Patta Rache
Licenciada em Artes Visuais.
Professora de Pedagogia e Artes Visuais na FURG.

artmed®

2008

Obra originalmente publicada sob o título
The Instant Curriculum: Over 750 developmentally appropriate learning activities for busy teachers of young children

ISBN 0-87659-002-4

Capa
Ângela Fayet Programação Visual

Preparação do original
Aline Pereira de Barros

Leitura final
Carla Rosa Araujo

Supervisão editorial
Mônica Ballejo Canto

Projeto e editoração
Armazém Digital Editoração Eletrônica – Roberto Vieira

SÃO PAULO
Av. Angélica, 1091 – Higienópolis
01227-100 São Paulo SP
Fone: (11) 3665-1100 Fax: (11) 3667-1333

SAC 0800 703-3444

IMPRESSO NO BRASIL
PRINTED IN BRAZIL

Sobre as autoras

A impressionante carreira da Dra. Pam Schiller abrange quase todos os aspectos do trabalho com educação infantil. Atualmente, é consultora sênior de educação infantil para materiais de aprendizagem da McGraw-Hill, em Worthington, Ohio. A Dra. Schiller já escreveu mais de 30 livros sobre temas que variam desde o desenvolvimento curricular e a administração de creches ao uso da pesquisa cerebral na sala de aula.

Joan Townsend Rossano já foi co-proprietária de uma escola particular, diretora de uma creche particular e diretora em um *campus* universitário. Trabalhando com outros educadores, ela formou uma associação profissional, a Gulf Coast Association for the Education of Young Children, que proporciona desenvolvimento profissional para educadores de educação infantil. Atualmente, é coordenadora administrativa da Faculdade Comunitária de Alvin, Texas.

Dedicatória

A nossa amiga, colega e professora, Jan Smith. Você sempre é uma inspiração para nós. O campo da educação infantil segue os seus passos.

E para nossos filhos e netos:
Richele Bartkowiak e Tiffany Markle
Austin Markle, Gabrielle e Madison Britt e Evan Bartkowiak

Kate Wright, Doug Townsend e David Townsend
Lee, Blair e Georgia Wright
Austin, Blake e Cara Townsend
Adam e Matthew Rossano

Que suas vidas sejam repletas com o encanto
do encantamento!

P.S. e J.R.

Sumário

CAPÍTULO 5

Primeiro as primeiras coisas – Colocando significado na matemática 119

CAPÍTULO 6

A língua universal – Música e movimento 171

CAPÍTULO 7

Adquirindo domínio muscular – Desenvolvimento físico............. 191

CAPÍTULO 8

A maravilha de maravilhar-se – Ciências 207

CAPÍTULO 9

Somos todos peças do quebra-cabeças – Estudos sociais 251

Introdução

Este livro foi escrito para servir como um recurso para professores de programas de educação infantil. *Ensinar e aprender brincando* contém atividades e um comprometimento com a redução do tempo que os professores passam preparando as suas aulas e do dinheiro que gastam comprando materiais especiais.

Cada capítulo representa um domínio importante de um currículo abrangente em educação infantil. Os capítulos iniciam com uma visão geral, que apresenta a filosofia básica por trás do componente curricular específico abordado. As atividades são projetadas para estimular o desenvolvimento de habilidades e para proporcionar a prática com conceitos específicos. Subjacente à estrutura do livro, há a crença básica de que as crianças devem se envolver ativamente no processo de aprendizagem e de que as experiências de aprendizagem são conectadas entre si.

O papel mais crucial do professor de educação infantil é ajudar as crianças a desenvolver as habilidades de que necessitam para se tornarem aprendizes para toda vida. O uso de temas específicos proporciona um trampolim para a criatividade no planejamento do currículo. Eles também proporcionam um formato que permite às crianças conectarem informações. Porém, o sucesso de uma criança na escola não é previsto por seu conhecimento de fatos específicos ou por sua capacidade precoce de ler, e sim por habilidades que aprendeu a dominar, como ser capaz de esperar, de ouvir e de seguir instruções; de comunicar sentimentos e idéias; de pensar de forma crítica; de ser ágil; e muitas outras. À medida que aumenta o compromisso e a responsabilidade do professor de educação infantil, o currículo afasta-se de temas específicos, voltando-se para o alcance e para a seqüência de habilidades evolutivas.

O enfoque dado neste livro aos conceitos e às habilidades proporciona um material flexível que permite que você selecione atividades que fortaleçam uma determinada área de habilidade para a criança individualmente ou para todo o grupo. Ele também permite que você acrescente sua própria interpretação, adaptando a atividade selecionada para se adequar a temas curriculares. Por exemplo, você pode modificar a atividade Conjuntos colados (página 155) do capítulo de Matemática, trocando círculos e quadrados por conjuntos de cães e gatos caso esteja trabalhando com um tema sobre animais. Da mesma forma, a atividade IA-IA-Ô (página 104) em Língua e alfabetização pode ser usada aliada a um tema sobre fazendas, e a atividade de Megafones (página 213) do capítulo de Ciências pode ser relacionada a um tema sobre música ou sons e movimento.

Se você usa uma abordagem temática, encontrará uma tabela no apêndice (páginas 294-312) que fornece sugestões para conectar temas às habilidades e aos conceitos desenvolvidos ao longo do livro. Muitas atividades são adequadas a uma variedade de temas, e a maioria delas pode ser modificada para se encaixar em um tema simplesmente susbtituindo os materiais sugeridos por outros que representem o tema em questão. Por exemplo, pode-se trocar os bichos empalhados do tema relacionado a animais por veículos, para o tema dos transportes.

Embora cada atividade seja atribuída a uma área específica, seu potencial não se limita àquela área. Na sala de aula de educação infantil, a aprendizagem é integrada. Por exemplo, para desenvolver o conceito do número quatro (componente curricular de Matemática), um professor que usa uma abordagem integrada proporcionará oportunidades para bater palmas contando até quatro (Música e movimento), coletar quatro folhas em uma caminhada ao ar livre (Ciências) ou usar quatro cores em uma colagem (Artes).

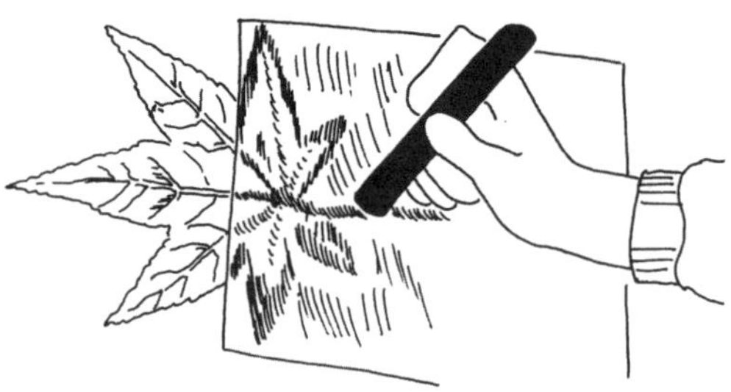

Na sala de aula de educação infantil, temos a oportunidade de integrar nosso currículo de maneira que seja significativo e realista para as crianças. Não apenas podemos abordar as necessidades da criança integralmente (os desenvolvimentos emocional social, físico e cognitivo) de um modo que defenda o valor igual para cada área, como também podemos proporcionar atividades que favoreçam e respeitem os muitos talentos e habilidades das crianças. Na sala de aula de educação

infantil, Ciência é Arte e Arte é Ciência. Música é Matemática e Matemática é Música.
Podemos ensinar muitas disciplinas de maneira interconectada e natural.
Nossas salas de aula são reflexões realistas do mundo.

Dois capítulos (Ampliando horizontes – Língua e alfabetização e Primeiro as primeiras coisas – Colocando significado na matemática) são subdivididos em áreas de habilidades. Em ambos, as atividades avançam em um *continuum* evolutivo, e, se usadas em ordem, permitem que as crianças transformem uma habilidade mais fácil em uma habilidade mais complexa. Usando as atividades desses capítulos da maneira como são apresentadas, você irá otimizar as oportunidades de aprendizagem para as crianças.
No contexto atual, os professores de educação infantil têm um novo nível de exigência, especialmente nas áreas da língua e alfabetização e da matemática. Aprender a desenvolver lições e oportunidades de prática (apoio pedagógico) ajudará você a cumprir com essas novas expectativas. A organização dos capítulos de Língua e alfabetização e de Matemática também ajudará você a articular seus objetivos e finalidades de um modo adequado aos padrões de exigência.

Os momentos de aprendizagem espontânea são encontrados por todo o livro e são explicados na página seguinte.

Uma característica especial deste livro é o capítulo Preparando para o futuro – Raciocínio crítico e resolução de problemas. Embora atividades de resolução de problemas e de raciocínio crítico tenham sido incluídas em cada área curricular, o capítulo concentra-se na aplicação potencial dessas habilidades a todas as áreas da aprendizagem, pois elas são significativas para o sucesso das crianças em um mundo em constante mutação.

Ensinar e aprender brincando também contém capítulos especiais, Adaptando-se a mudanças – Atividades de transição e Mantendo as conexões – Familiares como parceiros, os quais abordam aspectos integrais da sala de aula de educação infantil. As atividades de transição ajudam a manter a sala de aula andando tranqüilamente. As conexões familiares proporcionam continuidade para as crianças e nos ajudam a manter parcerias com suas famílias.

Ao longo do livro, enfatizamos a importância de permitir que as crianças aprendam e progridam segundo o seu próprio nível de desenvolvimento. Também enfatizamos a importância de proporcionar opções para as crianças e de encorajá-las a experimentar e a descobrir. Dessa forma, as crianças pequenas desenvolverão a capacidade de aprender a aprender e terão confiança nessa sua capacidade. A aprendizagem se tornará um processo interessante que continua por toda a vida.

Usando os momentos de aprendizagem espontânea

Os professores atentos podem aproveitar as oportunidades que surgem durante o dia para ajudar as crianças a aumentarem sua compreensão de determinados conceitos e habilidades. Veja alguns exemplos:

Criança: "Está frio lá fora?"
Professor: "Por que você não vai até a janela e verifica?"

Criança: "Isto aqui é pesado demais para levar para a caixa de areia."
Professor: "Será que temos alguma coisa aqui que nos ajude a carregar?"

Criança: "O que devemos usar para limpar esta água da mesa?"
Professor: "Experimente essa toalha de papel e um pedaço de papel e veja qual funciona melhor."

Criança: "Minhas mãos estão frias!"
Professor: "Experimente esfregá-las. Como estão agora?"

Criança: "Oh, derrubei um clipe no tapete e não encontro!"
Professor: "Será que tem alguma coisa na mesa de Ciências que nos ajudaria a encontrá-lo?" (um ímã)

Criança: "Não consigo tirar o isopor debaixo da prateleira."
Professor: "Será que você poderia usar a batuta para puxá-lo? Será que soprá-lo faria com que se mexesse?"

Criança: "A bola caiu na poça de lama."
Professor: "O que você vê que nos ajudaria a pegá-la sem sujar os pés?" (vareta, vassoura, outra bola)

Um último pensamento

Ao interagir com crianças, use questões abertas em vez de perguntas que exijam apenas uma resposta "sim" ou "não". "O que temos que alcançar na prateleira de cima?" "Por que você acha que isso aconteceu?" Sugerimos questões abertas (escritas em itálico ao longo do livro) para muitas atividades. Use-as ou crie suas próprias questões.

Embora este livro seja uma compilação de mais de 750 atividades, ele é apenas um ponto de partida. Esperamos que você acrescente suas próprias idéias e sua criatividade. Ninguém conhece as crianças de sua sala de aula melhor do que você. A uma sala de aula repleta de diversão e aprendizado!

CAPÍTULO 1

Botando para fora – auto-expressão pela Arte

Visão geral

O propósito da arte no currículo da educação infantil é estimular as crianças a explorarem meios artísticos e proporcionar um veículo para a expressão criativa de cada criança. Fazer arte não é imitar o trabalho dos outros (o modelo do professor), nem colorir um desenho. A arte é um processo, e não um produto. Ela costuma ser confusa e incompleta, segundo os padrões adultos, mas é uma representação do mundo da criança, de como ela o enxerga e consegue expressá-lo.

Seu papel como professor é estabelecer um ambiente propício à criatividade, proporcionando materiais adequados e mantendo a atitude correta. Uma variedade de materiais adequados para o nível evolutivo de cada criança promove as habilidades criativas que TODAS as crianças possuem. Respeite o trabalho de cada uma; evite comparações e julgamentos. O esforço de cada uma é suficientemente valioso para ser apresentado, mas não é necessário apresentar o trabalho de todas as crianças ao mesmo tempo. Menos vale mais na sala de aula da educação infantil. Escolha três ou quatro crianças por semana e apresente seus trabalhos artísticos. Todos irão parar para dar uma olhada no trabalho dos "artistas da semana".

Peça que as crianças falem sobre seus trabalhos. *"Fale-me sobre sua pintura"* indica interesse no trabalho; *"O que é isso?"* pode fazer a criança sentir-se inadequada em sua expressão artística. Uma atmosfera rica e um professor carinhoso e instruído são componentes fundamentais para o artista em desenvolvimento.

O uso dos materiais de maneira que os limites sejam determinados apenas pelos meios artísticos fornecidos e pela imaginação da criança possibilita que elas expressem a sua percepção única do mundo.

Este capítulo oferece atividades abertas, nas quais todas as crianças podem se sentir hábeis e o processo é mais valorizado do que o produto. São fornecidas experiências com uma variedade de meios e de formas artísticas, juntamente com sugestões para outras aplicações.

Curiosidades sobre o cérebro

- ☆ A capacidade de segurar um pincel ou um lápis de cera baseia-se no hemisfério cerebral esquerdo. Os aspectos da arte ligados à emoção e à comunicação baseiam-se no hemisfério direito.
- ☆ A criatividade atinge o seu máximo nos anos da educação infantil.

Desenho

Instrumentos para desenhar

☆ Dê às crianças uma variedade de materiais de desenho para explorar, como lápis de diferentes tamanhos e números, canetas, pincéis atômicos coloridos, giz, lápis de cor e de cera.

☆ Oriente-as a experimentar materiais diferentes para desenhar, como hastes flexíveis com pontas de algodão, penas, gravetos ou garfos de plástico. Disponibilize tintas para que as crianças possam desenhar no papel com esses instrumentos incomuns.

☆ Peça que elas escolham seu instrumento preferido e descrevam por que gostam de usá-lo. *Qual é o mais fácil de usar? Qual é o mais difícil?*

Superfícies de desenho

☆ Distribua folhas de lixa, papel kraft, papel encerado, alumínio e papelão para as crianças usarem como superfícies para desenhar.

☆ Oriente as crianças a descrever o efeito que cada superfície tem sobre seu trabalho. *Qual superfície é mais divertida de usar?*

Lápis de cera derretido

☆ Coloque uma vela acesa em um local baixo, ao alcance das crianças e cubra a mesa com diversas folhas.
Observação de segurança: Essa atividade deve ser supervisionada e um adulto deve estar presente durante todo tempo.

☆ Distribua uma folha de papel de desenho e giz de cera para cada criança e oriente-as a derreter o giz na chama da vela e desenhar. Elas observarão uma mudança na "sensação" da maneira como o lápis de cera desliza sobre o papel e na aparência do desenho.

Desenho com interferências

☆ Faça uma variedade de interferências (colagens, imagens carimbadas, etc.) em folhas de papel de desenho e distribua uma folha para cada criança.

☆ Oriente-as a fazer desenhos a partir das interferências.

☆ Peça para as crianças mostrarem e descreverem seus desenhos para as outras.

Grafite divertido

☆ Nos dias em que a terra estiver úmida e as crianças não puderem brincar na grama, distribua giz para desenharem na calçada ou no pátio. Essa atividade é igualmente divertida nos dias ensolarados em que o pátio está seco.

Arte no isopor

☆ Distribua uma bandeja de alimento de isopor e giz de cera a cada criança.
☆ Deixe que as crianças desenhem diretamente nas bandejas.
☆ Faça dois furos na parte de cima e passe um fio de lã para fazer uma alça.
Adaptações festivas: Serve como um lindo presente de Natal, de Dia das Mães ou dos Pais.

Desenhos lisos e brilhantes

☆ Em uma folha de cartolina, com uma esponja, passe uma fina camada de leite desnatado misturado com água.
☆ Peça para as crianças molharem um giz colorido na mistura e desenharem sobre a cartolina, criando uma imagem que ficará com uma textura calcária lisa.

Desenhos doces e brilhantes

☆ Distribua um frasco pequeno de vidro ou de plástico com tampa para cada criança.
☆ Coloque 3 colheres de sopa de açúcar em cada frasco e adicione água morna suficiente para enchê-lo.
☆ Agite-o até dissolver todo açúcar. Quando a água ficar transparente, pergunte às crianças como o açúcar desapareceu.
☆ Coloque a água com açúcar em tigelas, distribua giz colorido para cada criança e peça para que façam desenhos mergulhando o giz na água com açúcar.
☆ Quando secos, os desenhos brilham com o açúcar cristalizado.

Desenhos aromáticos

☆ Distribua pincéis atômicos ou canetas aromáticas às crianças e oriente-as a criar desenhos que reflitam o aroma do pincel atômico ou da caneta que estão usando.

Pontos de Seurat

☆ Se possível, mostre às crianças as obras criadas por Seurat, que era um artista que usava pontos para criar seus desenhos. Essa técnica de arte chama-se *pontilhismo* e a luz entre os pontos é o que dá vida a suas pinturas e desenhos.
☆ Oriente as crianças a fazer um desenho e a usar um giz de cera ou um pincel atômico para preenchê-lo com pontos.
☆ Sugira que as crianças experimentem fazer os pontos de preenchimento com canetas de marcar texto, que são luminosas. Isso pode ajudá-las e entender melhor como Seurat usava espaços de luz para criar uma imagem.

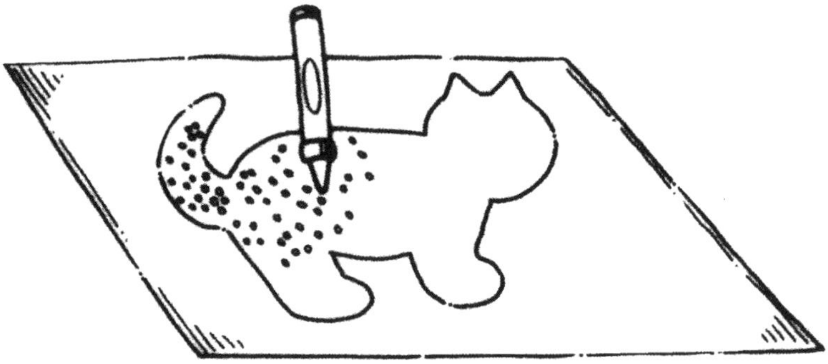

Desenhos na areia úmida

☆ Antes da hora do recreio, adicione água à areia da caixa de areia.
☆ Reúna as crianças ao redor da caixa de areia, inclinando-se sobre a caixa e fazendo desenhos na areia com gravetos, pentes e amassadores de batata.
☆ Ofereça um regador para que as crianças umedeçam a areia quando necessário.

Desenho com auxílio de lentes de aumento

☆ Peça para as crianças desenharem enquanto olham com uma lente de aumento (lupa).
☆ Fale com elas enquanto desenham. Como a visão diferente afeta o desenho?
☆ Se possível, mostre às crianças algumas obras de Picasso. Suas obras que distorcem proporções normais de imagens seriam particularmente interessantes para essa atividade.

Pintura

Pintura para raspar e cheirar

- ☆ Misture tinta para raspar e cheirar, cuja receita pode ser encontrada na página 45.
- ☆ Oriente as crianças a usar a mistura como tinta. Quando secar, raspe-a para que libere o aroma.
- ☆ Peça para as crianças identificarem o aroma que cada tinta libera. *Que aroma você gosta mais? Você já havia sentido esse cheiro antes? Onde?*

Pintura com relevo

- ☆ Dê tinta para pintura a dedo para as crianças (veja várias receitas na página 42).
- ☆ Coloque a tinta diretamente em uma bandeja ou mesa. Oriente as crianças a explorá-la, fazendo desenhos na tinta com seus dedos.
- ☆ Adicione textura à tinta, acrescentando uma pequena quantidade de areia ou alpiste.
- ☆ Quando as crianças tiverem criado um desenho que desejem guardar, com ou sem textura, mostre a elas como fazer uma impressão de seu desenho, colocando uma folha de papel de desenho sobre ele e pressionando levemente com as mãos.

Pintura respingada

- ☆ Distribua a cada criança uma escova de dentes velha, um coador grande e uma folha de papel de desenho.
- ☆ Sugira que as crianças coloquem botões, pequenos blocos e outros objetos sobre o papel para criar um desenho. Se desejarem, as crianças podem recortar seus próprios moldes com papel mais grosso.
- ☆ As crianças devem mergulhar a escova de dentes na tinta e esfregar no coador para respingar tinta em torno dos moldes.
- ☆ Quando a tinta secar, as crianças removem os moldes para revelar o desenho.

Pintura com hastes flexíveis

☆ Dê hastes flexíveis com pontas de algodão e um pequeno frasco de guache para cada criança.
☆ Sugira que as crianças desenhem usando as hastes como instrumento de desenho.

Pintura com textura

☆ Misture 1/2 xícara de tinta com diferentes ingredientes para criar texturas usando a lista fornecida na página 42 deste capítulo.
☆ Distribua pincéis e folhas de cartolina às crianças e convide-as a explorar as várias texturas das tintas.
☆ Quando a tinta secar, peça para passarem a mão sobre suas pinturas e descreverem o que sentem.

Pintura das bolhas

☆ Prepare sabão para fazer bolhas (veja receita na página 41). Adicione 2 colheres de sopa de guache à mistura.
☆ Cubra o chão com papel kraft e oriente as crianças a soprar bolhas com um soprador de bolhas comum.
☆ Peça para descreverem o que acontece quando as bolhas caem sobre o papel e estouram. *Que formas você fez? O que acontece quando duas bolhas caem próximas umas das outras?*

Pintura *roll-on*

☆ Misture guache com 2 colheres de sopa de amido líquido para cada xícara de tinta, até formar uma consistência cremosa.
☆ Encha tubos de desodorante *roll-on* com a mistura e tampe-os.
☆ Peça para as crianças "rolarem" a tinta sobre uma folha de cartolina, criando seus desenhos.

Pintura *spray*

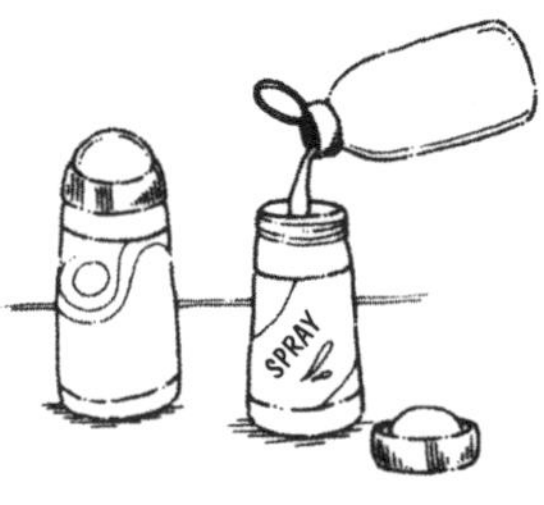

☆ Proteja o chão com jornal ou plástico.
☆ Distribua moldes de círculos, quadrados, folhas e outros objetos ou oriente as crianças a cortar seus próprios moldes.
☆ Encha tubos de *spray*, como de desodorante ou borrifadores, com uma solução aquosa de guache.
☆ Distribua uma folha de cartolina para cada criança e oriente-as a colocar os moldes sobre a mesma e a borrifar a tinta sobre eles.
☆ Quando a tinta secar, as crianças podem levantar os moldes e ver o desenho resultante.

Pintura de rolo

☆ Obtenha pequenos rolos para pintar paredes usados.

☆ As crianças podem pintar em papelão, em papel cartonado ou em cartolina colocados em cavaletes ou na parede protegida por plástico e coberta com papel kraft.

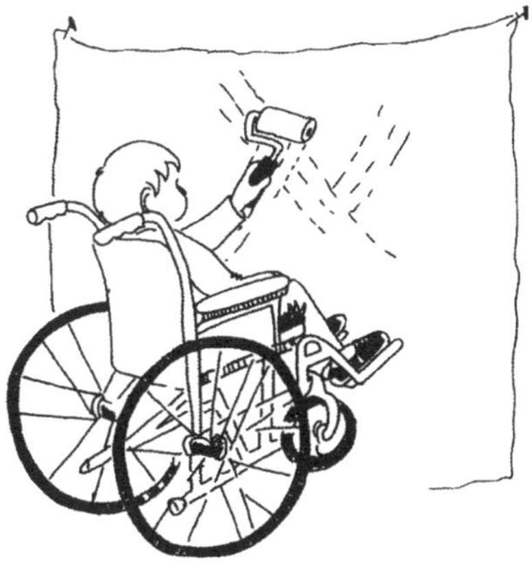

Pintura esguichada

☆ Encha tubos de mostarda ou *catchup* com guache grossa. Cada tubo deve conter uma
cor diferente de tinta.

☆ Oriente as crianças a esguicharem cores sobre o papel de desenho para criarem suas pinturas.

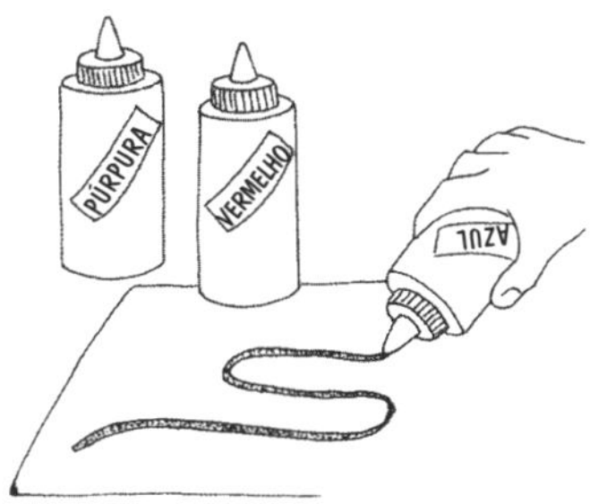

Pintura divertida

☆ Distribua objetos interessantes para as crianças usarem como instrumentos para pintar (como espanadores de pó, escovas de lavar garrafas, escovas de dente e outros objetos comuns) e uma bandeja rasa com guache.

☆ Convide as crianças a explorar os diversos objetos como instrumentos para pintar.

☆ Comente sobre os instrumentos que as crianças usam. *Esse objeto funciona como pincel? É fácil pintar com ele? Qual é a diferença de usar um pincel?*

Pintura fofa

☆ Prenda esponjas em prendedores de roupa. Fale para as crianças mergulharem as esponjas em uma bandeja rasa com tinta fresca e usá-las como pincéis.

☆ Converse com as crianças enquanto elas pintam. *Que desenhos você está fazendo? Qual é a diferença entre usar uma esponja e usar um pincel normal? É mais fácil ou mais difícil de pintar?*

Pintura leve

- ☆ Distribua às crianças uma bandeja de guache e penas com hastes longas e fortes.
- ☆ Oriente-as a usar as penas como instrumentos para desenhar e pintar, usando tanto a sua ponta (fios) quanto a haste.
- ☆ Comente o uso da pena como pincel e como caneta enquanto as crianças trabalham. *Será que toda pena serve como um instrumento para escrever?*

Pintura lustrosa

- ☆ Prepare tinta de sal de Epson conforme orientado na página 41.
- ☆ Distribua pincéis e folhas de cartolina e oriente as crianças a fazer uma pintura. Quando a tinta secar, ficará com uma aparência lustrosa. É ainda mais divertido usar tinta de sal de Epson sobre papel colorido ou como uma cobertura sobre um desenho com giz de cera.
- ☆ Tente fazer as crianças falarem sobre a maneira como a tinta muda a aparência de suas pinturas.
- ☆ Faça perguntas. *Você gosta da aparência lustrosa? O que é bom nesse tipo de tinta?*

Pintura glaçada

- ☆ Prepare tinta glacê, conforme orientado na página 43.
- ☆ Distribua para as crianças pincéis e palitos e papel cartonado ou papelão.
- ☆ Oriente-as a usar a tinta para criar uma pintura texturizada em redemoinho.
- ☆ Essa tinta tem a consistência de glacê, e é ótima para fazer pinturas de oceanos e céus.
- ☆ Converse com as crianças enquanto pintam. *Que coisas você pode criar com essa tinta? De que maneira ela é diferente? Ela é mais fina ou mais grossa do que a tinta comum?*

Pintura espuma

- ☆ Prepare tinta fofa conforme orientado na página 45.
- ☆ Distribua folhas de cartolina para as crianças e oriente-as a fazer pinturas com os dedos.
- ☆ Converse com elas enquanto pintam. Comente sobre a sensação da tinta.

Pintura granulada

- ☆ Misture 1 colher de chá de sal com tinta para pintura a dedo.
- ☆ Fale para as crianças sentirem a textura arenosa da tinta.
- ☆ Peça que descrevam a textura da tinta. *Tem grãos? É áspera? Qual é a diferença entre essa tinta e a tinta que vocês usam normalmente para pintura com o dedo? Que tipo de tinta você prefere?*

Designs

Marca dos dedos

- ☆ Encha sacos de plástico com fecho com 4 colheres de sopa de tinta para pintura a dedo (ver receita na página 42).
- ☆ Distribua um saco lacrado para cada criança.
- ☆ Oriente-as a criar e a recriar desenhos à medida que passam os dedos sobre o saco de tinta.

Pintura com bolinhas de gude

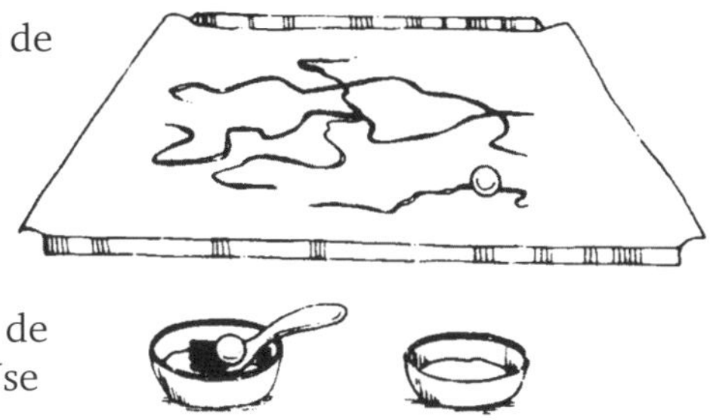

- ☆ Coloque uma folha de papel de desenho sobre uma fôrma larga ou uma caixa de papelão baixa.
- ☆ Mergulhe bolinhas de gude em guache. Use colher ou garfo de plástico para retirar as bolinhas da tinta.
- ☆ Coloque as bolinhas sobre a forma ou caixa e deixe as crianças mexerem-na para mover as bolinhas, criando um desenho.
- ☆ Use outros tipos de bolas para obter efeitos diferentes.

Marcas de rodas

- ☆ Vire guache sobre esponjas (pedaços de espuma ou toalhas de papel). Prepare uma cor de tinta para cada esponja.
- ☆ Disponibilize folhas de papel de desenho e carrinhos de brinquedo para as crianças.
- ☆ Oriente-as a passar os carrinhos nas esponjas e, depois, sobre o papel para criar um desenho de marcas de roda sobrepostas.

Marcas sopradas

- ☆ Use 1 colher para colocar uma pequena quantidade de guache aquosa sobre uma folha de cartolina para cada criança.
- ☆ Dê um canudinho a cada uma (canudos cortados ao meio ficam mais fáceis de manusear).
- ☆ Oriente-as a soprar com o canudinho para mover a tinta pela cartolina e criar um desenho.

Desenhos com gotas

- ☆ Use corante de alimentos ou guache de diferentes cores para tingir cola.
- ☆ Distribua para as crianças folhas de papel de desenho e um palito de dente para cada cor de cola.
- ☆ Oriente-as a pingar a cola sobre suas folhas de papel usando os palitos.
- ☆ Pode-se também acrescentar corante ou guache em pequenos tubos de cola e deixar que as crianças pinguem gotas sobre o papel para criar seus desenhos.

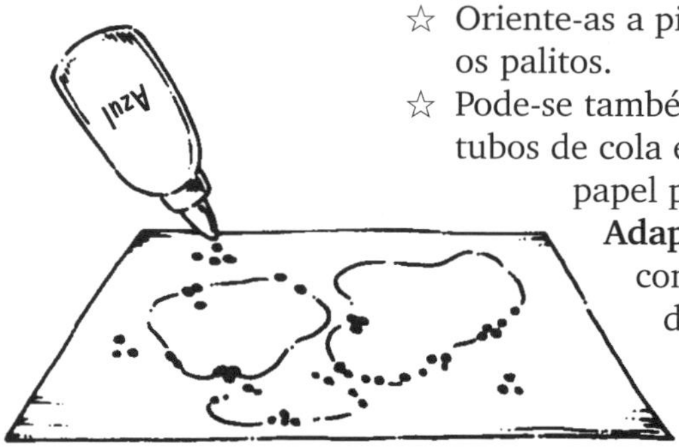

Adaptação sazonal: Tinja um tubo de cola pequeno com corante azul. Oriente as crianças a fazer um desenho com canetas hidrográficas e/ou com giz de cera e transformá-lo em uma cena de um dia chuvoso, gotejando pingos de cola azul sobre o mesmo.

Desenhos salpicados

- ☆ Encha saleiros com pigmento em pó.
- ☆ Usando cola e pincel, peça para as crianças fazerem um desenho em uma folha de papel e, depois, salpicarem o corante sobre seus desenhos de cola.

Marcas de absorção

- ☆ Dissolva três ou quatro cores de anilina em água e coloque-as em vidros separados.
- ☆ Disponibilize um conta-gotas em cada vidro.
- ☆ Coloque uma toalha de papel ou um filtro de café sobre uma camada grossa de jornal em uma bandeja. Sugira às crianças que usem os conta-gotas para pingar cor sobre as toalhas.
- ☆ À medida que os pontos de tinta se sobrepõem, as crianças descobrirão diferentes cores.
- ☆ Converse sobre a *absorção* e explique que quanto mais poroso for o papel, mais ele absorve tinta.
- ☆ Comente as cores que surgem quando as diferentes cores se sobrepõem.

Móbiles

- ☆ Leve as crianças para uma saída no pátio, no entorno da escola ou em outro local arborizado, para coletar pequenos galhos secos de árvores.
- ☆ Use os galhos como a base para um móbile. Se não houver áreas arborizadas por perto, substitua-os por um cabide de roupa.
- ☆ Peça para as crianças desenharem coisas que sejam de seu interesse ou coisas de que gostem.
- ☆ Desafie-as a fazer um círculo ao redor de cada item e a recortá-lo.
- ☆ Faça furos na parte de cima de cada um dos desenhos e amarre-os com pedaços de lã com comprimentos variados de 10 a 15 centímetros.
- ☆ Ajude as crianças a amarrar suas obras no galho ou cabide para criar um móbile.

Frottage

- ☆ Distribua um número limitado de formas recortadas em papelão, como um diamante, um quadrado, um círculo e um retângulo.
- ☆ Oriente as crianças a colocar os moldes sob uma folha de papel de desenho e esfregar um giz de cera deitado para criar um decalque.
- ☆ Desafie as crianças a transformar as formas em outros desenhos, adicionando detalhes com giz de cera. Por exemplo:
  - ★ um diamante torna-se uma pipa acrescentando a linha;
  - ★ um quadrado torna-se uma mesa acrescentando pernas;
  - ★ um círculo torna-se um rosto acrescentando olhos, boca e nariz;
  - ★ um retângulo torna-se uma janela acrescentando linhas para criar vidraças.

Desenhos de areia colorida

- ☆ Tinja areia com anilina em pó dissolvida em álcool e água ou colocando uma pequena quantidade de areia molhada sobre um prato e esfregando giz colorido. O giz será erodido e se misturará com a areia, criando areia colorida. Deixe secar ao sol.
- ☆ Coloque a areia colorida em saleiros.
- ☆ Oriente as crianças a fazer um desenho com cola, salpicar a areia e sacudir o excesso para ver o desenho colorido.

Formas coloridas de areia

☆ Tinja areia com anilina em pó dissolvida em álcool e água ou colocando uma pequena quantidade de areia molhada sobre um prato e esfregando giz colorido. O giz será erodido e se misturará com a areia, criando areia colorida. Deixe secar ao sol.

☆ Dê um frasco pequeno de vidro ou plástico com tampa para cada criança (potes de papinha infantil funcionam bem).

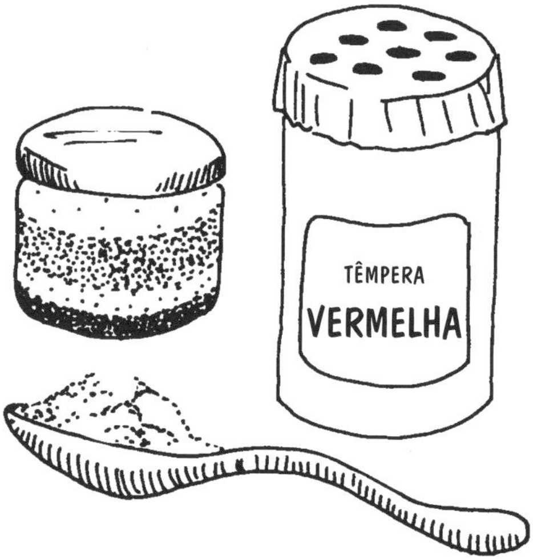

☆ Mostre às crianças como dobrar o prato de papel ao meio e usá-lo como um funil para colocar uma pequena quantidade de areia colorida no frasco.

☆ Oriente-as a fazer camadas de cores de areia até o frasco ficar completamente cheio e então cole a tampa.

Observação: faça as camadas de areia relativamente finas, medindo de 0,5 a 1 centímetro. As formas de areia ficam mais interessantes se as camadas forem desiguais.

Obras-primas de Mondrian

☆ Mondrian foi um pintor holandês dos séculos XIX e XX. Seu trabalho cobre uma ampla variedade de paisagens e retratos, mas ele é mais conhecido por suas obras de arte geométricas, abstratas e audaciosas.

☆ Mostre às crianças algumas obras de Mondrian, se possível.

☆ Dê a elas formas geométricas cortadas em papel color set amarelo, cinza, branco, vermelho e azul e oriente-as a criar uma colagem geométrica.

☆ Ou, ainda, distribua papel cartonado ou papelão, pincéis e guache (vermelha, amarela, azul, preta, cinza e branca) e incentive as crianças a criar obras-primas como as de Mondrian.

☆ Ajude-as a comentar seus desenhos.
Qual cor você mais gostou de usar?
Que forma você mais usa?

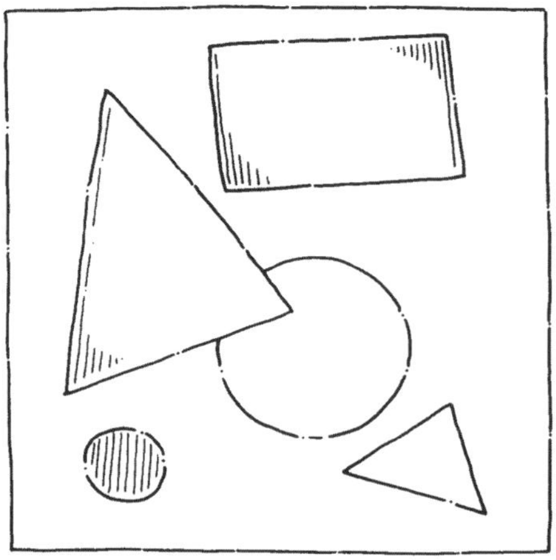

Desenhos com moldes

☆ Distribua às crianças moldes geométricos, como tampas plásticas, porta-copos, bandejas de isopor, tampas de vidros e outros objetos de formas peculiares, para usar como molde e criar um desenho.
☆ Sugira que elas pintem seus desenhos com giz de cera.

Janelas coloridas

☆ Adicione detergente líquido à guache para criar uma consistência mais grossa.
☆ Cubra a parede e o chão com jornal para proteger.
☆ Defina com fita crepe um espaço para cada criança no vidro de uma janela. Deixe que as crianças se alternem pintando diretamente sobre o vidro, dentro da área definida pela fita.
☆ Remova a fita quando toda a pintura estiver concluída e preencha as linhas de fita com tinta escura.

Mais janelas coloridas

☆ Dê pequenos potes de gel para cabelos às crianças, de diferentes cores.
☆ Use fita crepe para designar uma área da janela para cada criança.
☆ Oriente as crianças a fazer um desenho colorido nas janelas usando um pincel e o gel. Os desenhos podem ser lavados facilmente quando você quiser ter janelas limpas de novo.

Desenhos de sal-gema

☆ Tinja sal-gema usando a receita para sal-gema colorido disponível na página 41.
☆ Distribua cola e papel cartonado ou papelão às crianças.
☆ Oriente-as a criar desenhos usando cola, então salpicando sal-gema colorido.

Gravuras

Gravura de biscoitos

☆ Dê às crianças vários cortadores de biscoitos, uma bandeja rasa com guache e uma folha de papel de desenho.
☆ Oriente-as a mergulhar o cortador de biscoitos na tinta e a fazer impressões no papel.

Gravuras variadas

☆ Prepare guache e derrame-a sobre uma "esponja" de toalhas de papel.
☆ Distribua folhas de papel de desenho e objetos diferentes às crianças, como um batedor de ovos, um garfo plástico, um pente e qualquer outro objeto adequado.
☆ Oriente-as a pressionar os objetos na toalha embebida em tinta e a fazer impressões no papel.

Gravura com bolhas I

☆ Misture 1 colher de chá de detergente líquido, 1 colher de chá de glicerina e uma pequena quantidade de guache em uma tigela com água.
☆ Use um batedor de ovos manual para fazer bolhas.
☆ Distribua para as crianças uma folha de papel de desenho e oriente-as a pressioná-la, levemente, sobre a tigela de bolhas para fazer um desenho circular ou com bolhas.

Gravura com bolhas II

☆ Dê a cada criança um pedaço de plástico bolha de 7x12 centímetros, uma folha de papel de desenho e uma bandeja rasa com guache.
☆ Oriente-as a mergulhar o plástico bolha na bandeja de tinta e a pressioná-lo sobre o papel.

Gravura com esponja

- ☆ Corte esponjas em formas variadas ou compre esponjas com formas prontas.
- ☆ Coloque uma fina camada de guache em um prato raso ou em uma bandeja de isopor.
- ☆ Oriente as crianças a mergulhar as esponjas na tinta e imprimir desenhos sobre papel kraft ou de desenho.

Adaptação festiva: Use o papel impresso pelas crianças para embrulhar presentes em ocasiões especiais.

Gravura com borrão I

- ☆ Distribua para cada criança uma folha de cartolina.
- ☆ Peça para dobrarem a folha ao meio, fazendo uma marca, e, depois, abri-la novamente. Oriente-as a fazer uma pintura em apenas um dos lados.
- ☆ Enquanto a tinta ainda estiver úmida, dobre o outro lado sobre a pintura e peça às crianças para esfregar as mãos sobre a parte externa da cartolina dobrada. Depois, abra para revelar a pintura duplicada.

Variação: Dobre a folha de cartolina ao meio, passe uma pequena quantidade de tinta sobre a parte de baixo da dobra e uma quantidade maior na de cima. Quando as crianças abrirem sua folha, a gravura parecerá uma borboleta. Sugira que acrescentem alguns detalhes (antenas) com pincéis atômicos e giz de cera.

Gravura com borrão II

- ☆ Dê às crianças um recorte com forma de borboleta dobrado ao meio.
- ☆ Prepare tinta grossa (você pode engrossar a tinta acrescentando amido líquido à mistura).
- ☆ Sugira que as crianças façam círculos coloridos em uma asa ou pintem toda asa com uma variedade de cores.
- ☆ Dobre a outra asa sobre a primeira e esfregue. As cores irão se misturar enquanto se reproduzem na outra asa.
- ☆ Exponha as borboletas sobre um galho seco cravado em um balde com areia.

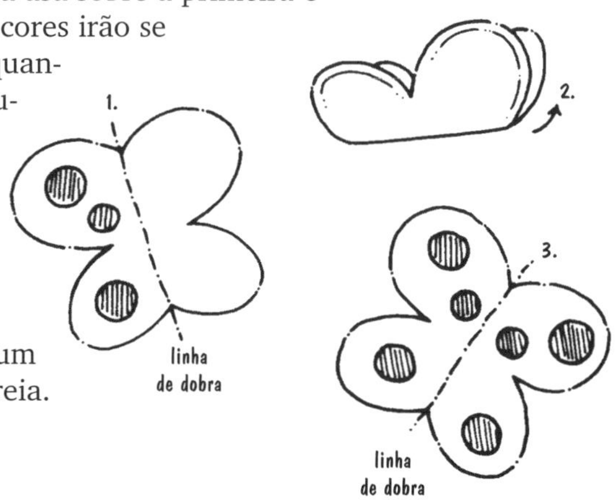

Mural de mãos

- ☆ Disponibilize guache de cores diferentes e derrame sobre toalhas de papel dobradas em formas retangulares ou sobre bandejas de isopor.
- ☆ Peça que as crianças pressionem suas mãos sobre as toalhas embebidas em tinta e as imprimam em uma folha grande de papel kraft pendurada na parede. As mãos podem ser sobrepostas em desenhos de sua escolha.
- ☆ Tenha um balde para lavar as mãos pintadas e uma toalha à disposição.
- ☆ Sugira que as crianças procurem mãos maiores e menores do que as suas.

Guirlandas de mãos

- ☆ Dê uma folha de cartolina verde e um lápis a cada criança.
- ☆ Oriente-as a desenhar o contorno de suas mãos e recortar.
- ☆ Junte as mãos formando uma guirlanda ou uma árvore.

Criações com impressões digitais

- ☆ Coloque uma pilha de toalhas de papel em um prato e derrame guache sobre ela.
- ☆ Oriente as crianças a pressionar seus dedos indicadores sobre a almofada de tinta e a criar um desenho sobre papel kraft ou sobre folhas individuais de papel.
- ☆ Dependendo das cores disponíveis, as crianças podem pintar laranjas ou limões em uma árvore, escamas em um peixe, penas em uma coruja ou bolas decorativas em uma árvore de Natal.
- ☆ As crianças também podem criar ratos, usando um pincel atômico preto para acrescentar os olhos e a cauda, ou podem criar um verme, conectando impressões digitais e usando um pincel atômico para fazer olhos e pernas.
- ☆ Estimule as crianças a dar nomes aos animais que criarem.

Pegadas

- ☆ Disponibilize uma bandeja rasa de guache, uma tira de 2 metros de papel kraft, um tubo de água com sabão e uma toalha.
- ☆ Peça para as crianças tirarem os sapatos, pisarem na guache e caminharem sobre o papel.
- ☆ Coloque alguém esperando na outra ponta do papel com água com sabão e uma toalha.
- ☆ Identifique as pegadas de cada criança, escrevendo seu nome ao lado da pegada.
- ☆ Converse com as crianças sobre suas pegadas. *De quem é a maior pegada? A menor? Coloque nomes nos dedos do pé. Quais pegadas são do pé direito? Quais são do esquerdo?*

Colagens

Colagens de papel rasgado

☆ Distribua pedaços de papel colorido às crianças e oriente-as a rasgar o papel em qualquer tipo de forma que desejarem.
☆ Peça para colarem os pedaços de papel rasgado em uma folha de papel de desenho para fazer uma colagem.

Silhuetas de papel rasgado

☆ Dê a cada criança um pedaço grande de papel de cor clara, rasgado aleatoriamente.
☆ Oriente as crianças a colá-lo sobre uma folha de papel de uma cor mais escura.
☆ Usando giz de cera, as crianças transformam as formas de papel em uma imagem.

Colagens com papel de seda

☆ Distribua pedaços cortados de papel de seda, grude,* pincéis e folhas de papel de desenho às crianças.
☆ Peça para passarem o grude sobre a folha de papel, colocando papel de seda por cima da maneira que desejarem.

*N.de R.T. Grude é uma cola caseira obtida por meio da mistura de farinha de trigo e água.

Colagens da natureza

☆ Distribua um saco a cada criança e faça uma saída no pátio, no entorno da escola ou em outro local arborizado, para coletar folhas, gravetos, flores, cascas de árvore, musgo e outros itens pequenos de seu interesse.

☆ Ao retornar, as crianças podem colar seus tesouros naturais sobre um pedaço de papelão para criar uma colagem.

Arte com confete

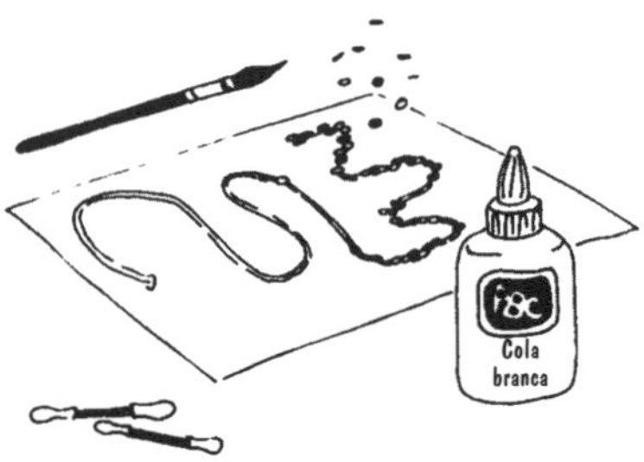

☆ Armazene as bolinhas de papel que sobram no furador de papel. Separe-as por cor e guarde-as em potes plásticos transparentes.

☆ Oriente as crianças a desenhar com cola, usando um pincel velho, um pincel atômico seco ou hastes flexíveis com pontas de algodão.

☆ Elas, então, salpicam as bolinhas coloridas sobre seus desenhos de cola.

Reconstrução do ovo quebrado

☆ Guarde cascas de ovos e quebre-as em pedaços pequenos.

☆ Recorte formas ovais em cartolina ou em papel cartonado.

☆ Oriente as crianças a passar cola sobre o ovo de papel e salpicar com as cascas de ovo.

Composição de rostos alegres

☆ Oriente as crianças a procurar rostos alegres em revistas e recortá-los.

☆ Sobre uma folha de papel de desenho, peça para criarem uma colagem de rostos alegres.

Obras-primas monocromáticas

☆ Dê um pedaço de papel cartonado ou de color set vermelho a cada criança e pequenos pedaços de outros materiais também vermelhos, como papel de embrulho, tecidos, penas, papel de seda e fitas.
☆ Oriente as crianças a criar uma colagem monocromática.
☆ Repita em outros dias com cores diferentes.

Formas sobre formas

☆ Recorte um grande círculo (ou quadrado ou triângulo) de papel kraft, de cartolina ou de papel cartonado para cada criança. Recorte também diversas formas semelhantes para cada criança em tamanhos menores.
☆ Oriente as crianças a colar os pequenos círculos sobre o círculo grande (ou pequenos triângulos sobre o triângulo grande) no padrão que desejarem.

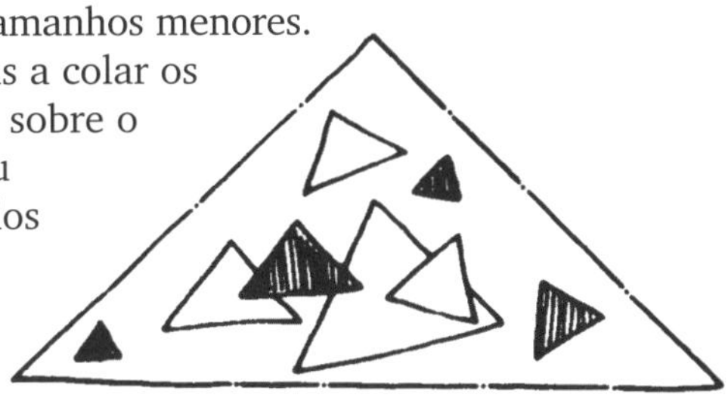

☆ Elas podem acrescentar cores com giz de cera ou com canetas hidrográficas.

Colagens padronizadas

☆ Junte uma variedade de diferentes retalhos de tecido.
☆ Separe os tecidos segundo suas padronagens (como listas, flores e bolinhas) ou em categorias independentes.
☆ Oriente as crianças a cobrir folhas de papel de desenho com cola e colocar os tecidos, criando seus próprios padrões.

Escultura e modelagem

Papel machê alternativo

- ☆ Prepare pasta de papel machê (veja a receita na página 44).
- ☆ Dê um molde a cada criança, como uma embalagem de leite, uma caixa, uma bola velha ou qualquer objeto adequado.
- ☆ Oriente as crianças a rasgar tiras de jornal ou de papel kraft para usar com a pasta.
- ☆ Mostre a elas como empapar as tiras na pasta, remover o excesso e colocar a tira sobre o seu molde.
- ☆ Certifique-se de que as crianças alisam os amassados no papel à medida que vão colocando camadas de papel sobre seus moldes.
- ☆ Quando o papel estiver completamente seco, geralmente depois de dois dias, disponobilize tinta acrílica e oriente as crianças a pintar um desenho sobre seus moldes.

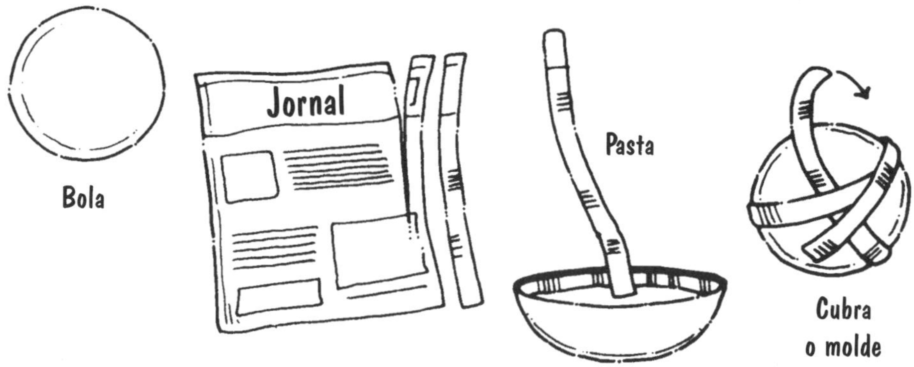

Meleca e massaroca

- ☆ Prepare uma batelada de meleca e massaroca e deixe que as crianças se divirtam moldando e esculpindo (veja as receitas na página 43).
- ☆ Converse com elas enquanto elas trabalham sobre a sensação da mistura. *É áspera? É lisa? É fria ao tocar?*
- ☆ Se as crianças estiverem brincando com meleca e com massaroca ao mesmo tempo, pergunte qual a diferença e a semelhança entre as misturas.

Massinha de nuvens

- ☆ Prepare massinha de nuvens para as crianças explorarem (veja a receita na página 41).
- ☆ Pergunte às crianças por que elas pensam que a massa se chama “massinha de nuvens”.

Escultura de massa de modelar caseira

☆ Prepare a massa antes da aula, usando uma das receitas das páginas 44-45.
☆ Quando esfriar, coloque em potes cobertos ou sacos plásticos.
☆ As crianças podem utlizar e reutlizar a massa, moldando-a nas formas que desejarem.

Escultura em madeira

☆ Obtenha pequenos pedaços de madeira em uma madeireira ou com os pais.
☆ Distribua cola e deixe que as crianças colem os pedaços, criando seus próprios padrões.

Escultura com caixas

☆ Disponibilize caixas de tamanhos variados, desde caixinhas de jóias até caixas de sapatos.
☆ Oriente as crianças a colar as caixas, criando suas próprias configurações.
☆ Se desejar, distribua pequenos pedaços de pano e fitas para enriquecer as invenções.

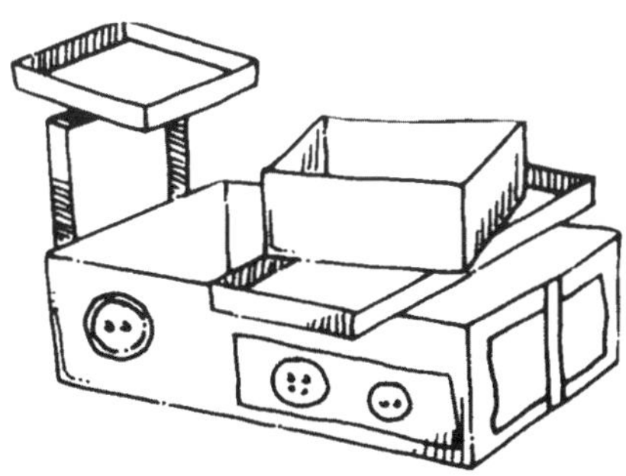

Móbile de mesa

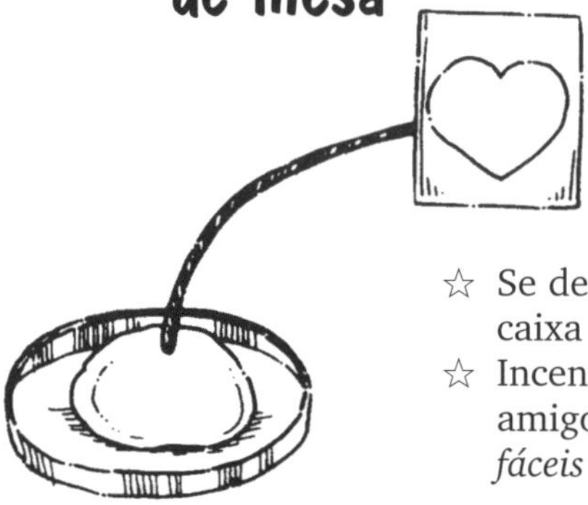

☆ Distribua a cada criança a tampa de um pote, arames ou fios encapados coloridos, massa de modelar ou argila e objetos recortados de cartões postais (ou pequenas fotografias de revistas).
☆ Oriente-as a colar os recortes em uma ponta do arame, colocar massa de modelar na tampa de pote e inserir a outra ponta do arame na massa.
☆ Sugira que coloquem vários arames, de diferentes tamanhos, torcidos em formas diversas.
☆ Se desejar, coloque os móbiles de mesa em uma pequena caixa para presenteá-los.
☆ Incentive as crianças a compartilhar seu trabalho com seus amigos. Oriente-as a descrever o que criaram. *Os arames são fáceis de moldar?*

Castelos de areia

☆ Em um dia quente e ensolarado, molhe a areia na caixa de areia até criar a consistência de areia de praia.
☆ Oriente as crianças a colocar roupas de banho e fazer castelos de areia.
☆ Distribua folhas e gravetos para fazer "paisagismo", se desejar.
☆ Mantenha uma mangueira pronta para quando os construtores de castelos de areia terminarem seu trabalho!

Tortas de lama

☆ Para fazer brincadeiras com água no verão (quando as crianças estiverem usando roupas de banho), coloque potes com água na caixa de areia para as crianças misturarem areia e água e fazerem tortas de lama.
☆ Coloque uma superfície lisa na caixa de areia para usar como mesa na produção de "biscoitos", de "tortas" e de outras esculturas.
☆ Peça para as crianças descreverem e darem nomes às tortas que criaram. Pergunte a elas por que as tortas se chamam "tortas de lama".

Massa de espuma de sabão

☆ Prepare massa de espuma de sabão (veja receita na página 45) para as crianças explorarem.
☆ Converse com as crianças enquanto elas trabalham com a massa. *Qual é a diferença da massa de modelar? Qual a semelhança? Qual você prefere e por quê?*

Esculturas de papel-alumínio

☆ Distribua um pedaço de 30 centímetros de papel-alumínio a cada criança.
☆ Oriente-as a moldar o papel-alumínio nas criações que desejarem.
☆ Converse com elas enquanto trabalham. *É fácil de trabalhar com o papel-alumínio? Que som ele faz? Qual é a sensação? Ele é pesado? É leve?*

Receitas de arte e artesanato

Qualquer receita que use um material ou equipamento potencialmente perigoso – como álcool, talco ou uma batedeira – ou que exija aquecimento ou água quente deve ser concluída apenas por adultos. Outras receitas podem ser feitas pelas crianças com supervisão constante e cuidadosa.

Sabão para bolhas

☆ Misture 1 colher de chá de glicerina, ½ xícara de detergente líquido e ½ xícara de água. Para obter melhores resultados, deixe a mistura descansar por uma noite antes de soprar bolhas.

Massinha de nuvens

☆ Misture 1 xícara de óleo vegetal, 6 xícaras de farinha de trigo e ½ xícara de água. Continue a adicionar água, 1 colher de sopa de cada vez, até que a mistura forme a consistência de massa. O óleo torna essa mistura gordurosa, proporcionando uma experiência tátil diferente da massa de modelar caseira.

Cola colorida

☆ Adicione guache à cola para fazer várias cores. Oriente as crianças a "espremer" suas pinturas (usando bisnagas) em vez de pintar.

Sal-gema colorido

☆ Tinja sal-gema colocando anilina em álcool e deixando o sal descansar na mistura por 10 minutos. Deixe secar sobre uma toalha de papel.

Tinta de sal de Epson*

☆ Misture 1 xícara de água quente com 4 colheres de sopa de sal de Epson. Deixe a mistura esfriar. Use-a como tinta. Quando a tinta seca, cria uma aparência vítrea.

*N. de R.T. Sal de Epson ou Sal Amargo é sulfato de magnésio ($MgSO_4$), um pó branco com um gosto amargo e salino, usado em colagem, manufatura de fertilizantes, explosivos e fósforos. Na medicina é usado como laxativo. Você poderá encontrá-lo em farmácias de manipulação.

Tinta para o rosto/corpo

☆ Misture 2 colheres de sopa de creme hidratante, ½ colher de chá de glicerina, 1 colher de chá de amido de milho, algumas gotas de corante de alimentos (até ficar da cor desejada) e 1 colher de chá de detergente. Certifique-se de que o detergente é do tipo que não agride a pele.

Tinta para pintura a dedo 1

☆ Coloque 1 colher de sopa de amido líquido sobre papel ou diretamente sobre a mesa. Pingue gotas de corante de alimentos (até ficar da cor desejada) e deixe as crianças misturarem.

Tinta para pintura a dedo 2

☆ Dissolva ⅓ de xícara de amido de milho em ¾ de xícara de água fria em uma panela. Adicione 2 xícaras de água quente e cozinhe no fogão até que a mistura fique transparente. Adicione um envelope de gelatina dissolvida em ¼ de xícara de água fria. Misture bem. Adicione ½ xícara de sabão em pó e misture bem. Deixe a mistura esfriar. Divida em potes. Para colorir, use pigmento em pó para tinta à base de água.

☆ **Observação de segurança:** Se as crianças ajudarem a preparar a tinta, supervisione o uso do fogão de perto.

Tinta para pintura a dedo 3

☆ Misture 1 ½ xícara de goma de roupa (usada em lavanderias) com ½ xícara de água fria e mexa até ficar uma pasta cremosa. Adicione 1 litro de água fervente até que a mistura fique transparente ou com aparência lustrosa. Mexa continuamente. Adicione ½ xícara de talco e deixe a mistura esfriar. Adicione 1 ½ xícara de sabão em pó e mexa até que esteja distribuído uniformemente. Coloque em potes. Para colorir, use pigmento em pó para tinta à base de água. Deixe a mistura esfriar antes de usar.

Tintas para o corpo

☆ Misture 2 colheres de sopa de creme hidratante, ½ colher de chá de glicerina, 1 colher de chá de amido de milho, 1 colher de chá de detergente líquido e algumas gotas de corante de alimentos (até ficar da cor desejada). Misture os ingredientes para criar tintas para o corpo. Faça várias cores diferentes.

☆ Distribua pequenos pincéis às crianças.

☆ Demonstre como usar a tinta para pintar flores, sóis, luas e outras imagens simples nas costas de suas mãos ou nos braços.

☆ Oriente as crianças a fazer um desenho em seus próprios braços e mãos e nos de um amigo.

☆ Converse com as crianças enquanto elas pintam. Faça perguntas. *Qual é a sensação do pincel na pele? Faz cócegas? A pintura não parece uma tatuagem? Qual é a diferença?*

Massaroca

☆ Combine 2 xícaras de cola, 1 ½ xícara de água e anilina (se quiser colorir a massa). Em uma tigela maior, misture 2 colheres de chá de bórax* e 1 xícara de água quente. Mexa até ficar sem bolinhas. Adicione a mistura de cola lentamente ao bórax. Ela engrossará rapidamente e se tornará difícil de mexer. Misture bem e tire o excesso de água. Deixe repousar por alguns minutos e coloque em uma bandeja rasa. Deixe secar por 10 minutos. Armazene em um saco plástico com fecho (ela se manterá por duas a três semanas).

Meleca

☆ Cozinhe 2 xícaras de sal e ½ xícara de água por 4 a 5 minutos em fogo brando. Tire do fogo. Adicione 1 xícara de amido de milho e ½ xícara de água. Retorne ao fogo. Mexa até a mistura engrossar. Deixe a mistura esfriar antes de usar. Armazene em um saco plástico com fecho ou em um pote coberto.

Tinta glacê

☆ Misture 1 xícara de pigmento em pó para tinta à base de água, 2 colheres de sopa de cola de papel de parede e entre ¼ e ½ xícara de amido líquido. Mexa até engrossar o suficiente, parecendo merengue. Use palitos de pirulito para espalhar sobre papelão ou sobre outra superfície rígida.

[3] N. de R.T. Bórax ou borato de sódio é um pequeno cristal, usado como anti-séptico. Você poderá encontrá-lo em farmácias de manipulação.

Variações de guache

☆ Adicione os seguintes ingredientes a 500ml de guache para mudar a consistência da tinta:

- ★ Tinta viscosa: adicione 2 colheres de sopa de xarope de milho
- ★ Tinta arenosa: adicione ½ colher de chá de areia
- ★ Tinta escorregadia: adicione 1 colher de chá de glicerina
- ★ Tinta granulosa: adicione 1 colher de sopa de farinha de trigo
- ★ Tinta áspera: adicione 1 colher de sopa de serragem
- ★ Tinta brilhosa: adicione ½ xícara de açúcar
- ★ Tinta cintilante: adicione ½ xícara de sal (use imediatamente)
- ★ Tinta cremosa: adicione ¼ de xícara de amido líquido

Dicas úteis:

☆ Adicione sabão líquido a todas as tintas para facilitar a lavagem das roupas.

☆ Adicione 1 colher de chá de álcool para prevenir que a tinta estrague.

Pasta de papel machê

☆ Misture 2 xícaras de pasta de trigo e 2 ½ xícaras de água.

Cola

☆ Misture 2 colheres de chá de farinha de trigo a uma pequena quantidade de água para formar uma pasta. Junte 2 xícaras de água fervente à mistura. Ferva por 3 minutos em fogo alto. Adicione ½ colher de chá de alume* e ½ colher de chá de óleo de gaultéria**. Adicione anilina, se desejar. Deixe a mistura esfriar antes de usar. Essa pasta se manterá por duas semanas (principalmente em climas mais frios).

Massa de modelar caseira 1

☆ Combine 3 xícaras de farinha de trigo, 1 ½ xícara de sal, 3 colheres de sopa de óleo vegetal, 2 colheres de sopa de creme tártaro*** e 3 xícaras de água. Cozinhe em fogo brando até a mistura não parecer mais grudenta. Quando esfriar, armazene em um pote plástico ou em um saco plástico com fecho para usar e reutilizar.

*N. de R.T. Alume é a designação dos sulfatos duplos de alumínio e de metais alcalinos, com propriedades adstringentes. Usado na fabricação de corantes, papel e porcelana, na purificação de água e na clarificação de açúcar, pode ser encontrado nas farmácias de manipulação.

**N. de R.T. O óleo de gaultéria é extraído de plantas do gênero *Gaultheria*, nativas do Leste da Ásia, da Malásia, da Austrália, da Nova Zelândia e das Américas, que são cultivadas para a fabricação de medicamentos. Você poderá encontrá-lo em farmácias homeopáticas ou de manipulação.

***N. de R.T. Creme tártaro é um pó branco e fino, usado para dar maior cremosidade e consistência às claras batidas em neve. Você poderá encontrá-lo em lojas especializadas em confeitaria.

Massa de modelar caseira 2

☆ Dissolva 1 colher de sopa de alume em 1 colher de sopa de óleo misturada a 1 xícara de água fervente. Adicione 1 xícara de farinha de trigo e ½ xícara de sal. Misture bem. Quando esfriar, armazene em um pote plástico ou em um saco plástico com fecho para usar e reutilizar.

Massa de modelar caseira 3

☆ Combine 1 xícara de farinha de trigo, ½ xícara de sal, 1 xícara de água, 1 colher de sopa de óleo vegetal e 2 colheres de chá de creme tártaro. Aqueça a mistura em fogo brando até formar uma bola. Misture bem. Após esfriar, armazene em um pote coberto para usar e reutilizar.

Tinta fofa

☆ Misture 2 colheres de sopa de guache, ⅓ de xícara de cola branca e 2 xícaras de creme de barbear. Use como tinta para pintura a dedo.

Tinta granulada

☆ Misture 1 colher de chá de sal em tinta para pintura a dedo para as crianças desfrutarem de uma diferente experiência tátil.

Massa de modelar caseira aromatizada

☆ Adicione 1 colher de chá de extratos aromáticos (menta, baunilha, limão) a uma das receitas básicas de massa de modelar caseira.

☆ Se desejar, use óleos de massagem aromáticos em vez de extrato.

Tinta para raspar e cheirar

☆ Prepare uma gelatina com sabor, mas use apenas a metade da água indicada. Use a mistura como tinta. Quando secar, as crianças podem raspar e cheirar.

Tinta de sabão

☆ Misture 1 xícara de sabão em pó e água suficiente para formar a consistência de chantili. Bata com uma batedeira até parecer espuma de barbear. Adicione corante alimentício ou anilina, se desejar. Use para pintura a dedo.

Massa de espuma de sabão

☆ Misture ¾ de xícara de sabão em pó (detergente de máquina) e 1 colher de sopa de água morna em uma tigela. Bata com uma batedeira elétrica até adquirir a consistência de argila.

CAPÍTULO

2

Um pote, uma panela e uma colher de pau – Culinária

Visão geral

Ao cozinhar junto com as crianças, é importante lembrar que o processo é tão importante quanto o produto. Muita coisa pode ser aprendida quando as crianças cortam frutas e legumes, misturam e medem ingredientes, contam itens e testemunham as mudanças de estado, à medida que ingredientes secos se tornam líquidos e líquidos se tornam sólidos. A culinária provavelmente é um dos melhores exemplos de uma única experiência de aprendizagem que incorpora e integra várias habilidades cognitivas, físicas e emocionais. A seguir, apresentamos algumas das coisas que as crianças experimentam à medida que cozinham.

Cozinhar é uma excelente experiência **sensorial**. As crianças aprendem sobre diferentes texturas, incluindo *pegajosa, fria, quente, molhada, dura, áspera, embolotada, lisa* e milhares de outras. Ouvem uma variedade de sons: *chiado, trituração, estouro, esguicho, fervura* e muitos mais. Vêem a comida mudar de dura a macia e de líquida a sólida. Testemunham a evaporação, o impacto da fricção, as mudanças de cor à medida que os alimentos cozinham e as mudanças na maneira como as texturas afetam a aparência da comida. Os aromas que ocorrem durante o cozimento ajudam as crianças a aguçar sua capacidade de discriminar diferentes odores. E, finalmente, as crianças experimentam uma variedade de sabores.

Do ponto de vista **cognitivo**, as crianças aprendem sobre cores, formas e tamanhos, sobre frações e princípios científicos. Elas aprendem a seguir instruções, a usar os instrumentos adequados e sobre o conceito de tempo.

A **língua** é introduzida e praticada durante atividades culinárias. Termos como *mais/menos, maior/menor, dentro/fora, derramar, agitar, mexer, espalhar, descascar, quebrar, moer, amassar, ralar* e *ferver* são experimentados de forma concreta.

As crianças também desenvolvem comportamentos sociais adequados quando cozinham. Aprendem a importância de cooperar ao trabalhar em grupo, compartilhando, alternando-se, planejando, retardando gratificações e usando utensílios adequados.

Curiosidades sobre o cérebro

☆ As atividades culinárias integram todos os cinco sentidos. Quanto mais sentidos envolvidos na experiência de aprendizagem, maior a probabilidade de que as informações tenham prioridade de processamento.

A culinária é uma experiência ativa e, portanto, permite que as crianças pratiquem **habilidades motoras finas e amplas**. Elas mexem, espalham, apertam, furam, cortam, enrolam, derramam e batem.

A culinária também oferece uma oportunidade para as crianças aprenderem sobre a **nutrição adequada**. Por meio de experiências culinárias, elas podem ser introduzidas a refeições saudáveis e equilibradas e podem aprender a fazer escolhas que sejam sadias do ponto de vista nutricional.

Finalmente, as crianças estão **aprendendo a cozinhar** e estão se divertindo. As crianças adoram cozinhar. Como a culinária costuma ser reservada aos adultos, e as crianças podem não participar da preparação dos alimentos em casa, elas adoram a oportunidade de experimentar atividades culinárias na escola. Tanto os garotos quanto as garotas podem ser úteis "*chefs* mirins".

Como existem tantos aspectos positivos de se cozinhar em conjunto, talvez você deseje fazer da culinária o tema do jornalzinho de sua classe ou escola, ou de cartas enviadas para a família sobre o que as crianças estão aprendendo. Use essas informações para ajudar as famílias a entender as muitas coisas que seus filhos podem aprender dividindo a preparação de uma refeição ou apenas cozinhando por diversão.

Importantes questões a lembrar ao cozinhar com crianças pequenas:

☆ Sempre pense na segurança. Ao usar determinados equipamentos, substâncias ou fogo, deve haver um adulto responsável por essas etapas.
☆ Propicie experiências diversas de medição antes de usar uma receita que exija muita medição. Algumas das melhores experiências para fazer medições ocorrem brincando com areia e água.
☆ Demonstre a maneira correta de usar utensílios para medir líquidos e sólidos. Deixe as crianças praticarem o seu uso.
☆ Propicie um local de trabalho com dimensões adequadas para as crianças.
☆ Revise as regras de segurança.
☆ Introduza novo vocabulário.
☆ Limpe enquanto cozinha. Prepare três bacias – uma para lavar, outra para enxaguar e outra para secar.
☆ Converse com as crianças enquanto elas provam o produto. *Que gosto tem? É doce? É cremoso ou crocante?*

- ☆ Avalie o processo. Faça perguntas relacionadas com a experiência total. *O que foi bom hoje? Que problemas tivemos? Todos dividiram o trabalho?*
- ☆ Selecione receitas que permitam a participação de várias crianças ou receitas que preparem porções individuais.
- ☆ Prepare os materiais antes de começar.
- ☆ Sempre lave as mãos antes de começar.
- ☆ Informe-se sobre alergias sempre que selecionar uma receita.
- ☆ Esteja ciente de limites alimentares culturais e religiosos ao planejar atividades culinárias.

Receitas sem cozimento

Baunileite

- ☆ Oriente cada criança a misturar ½ colher de chá de açúcar, ⅛ de colher de chá de essência baunilha e uma gota de corante de alimentos em 200ml de leite. Mexer e beber.
- ☆ Pergunte por que elas acham que essa bebida se chama "baunileite".
- ☆ Incentive-as a inventar outro nome para a bebida.

Vitamina da vaca roxa

- ☆ Oriente cada criança a colocar uma bola de sorvete de creme, 2 colheres de sopa de suco de uva e 2 colheres de sopa de leite em um frasco de vidro ou de plástico com tampa. Instrua-as a agitar bastante.
- ☆ Recite *A Vaca Roxa*, de Gelett Burgess, com as crianças, enquanto elas tomam suas batidas. Todos conseguem dizer a palavra no poema que rima com "vaca roxa"?

A Vaca Roxa
Eu nunca vi uma vaca roxa,
E espero nunca ver.
Mesmo assim eu sei, pôxa
Que é melhor ver do que ser.

Saquinho de sorvete

☆ Ajude as crianças a colocar ½ xícara de leite, 1 colher de sopa de açúcar e ¼ de colher de chá de essência de baunilha em um saco plástico pequeno com fecho e a fechá-lo.

☆ Coloque cada saco em um saco com fecho maior, adicione 3 colheres de sopa de sal grosso e cubos de gelo e feche-o. Isso faz uma porção de sorvete.

☆ Ensine a seguinte rima às crianças: “Um minutinho, dois minutinhos, três minutinhos, queremos sorvete em saquinhos”.

☆ Esta atividade é ótima para demonstrar a mudança de estado. Estimule as crianças a falar sobre o que transforma um líquido em sólido.

Lata de sorvete

☆ Coloque 2 xícaras de leite, 2 colheres de sopa de açúcar e 1 colher de chá de essência de baunilha em uma pequena lata e feche.

☆ Coloque a lata dentro de uma lata maior e adicione cubos de gelo e sal grosso.

☆ Oriente as crianças a rolar a lata pelo chão para mexer a mistura. Em 15 minutos, você terá sorvete.

☆ Converse com as crianças sobre o papel que o sal grosso desempenha no processo de congelamento. O sal impede que o gelo derreta.

Nata batida vira manteiga!

☆ Deixe um pacote de nata em temperatura ambiente.

☆ Peça para as crianças colocarem 2 colheres de sopa de nata (em temperatura ambiente) em um frasco de vidro ou de plástico com tampa.

☆ Oriente-as a sacudir os frascos até que a nata fique sólida. Tire o excesso de água (soro) e adicione sal a gosto.

☆ Converse com as crianças sobre a origem da nata e estimule-as a pensar em outros laticínios que são feitos de leite.

☆ Passe a manteiga em bolachas e aproveite!

Salada do sol

☆ Distribua uma metade de pêssego e um pouco de queijo cheddar ralado às crianças.

☆ Mostre a elas como virar o pêssego com o buraco para baixo em seu prato e acrescentar queijo ralado ao redor para criar raios de sol.

☆ Peça para as crianças pensarem em idéias de como criar uma “salada da lua”.

Manteiga de amendoim

☆ Convide as crianças para descascar amendoins. As crianças devem contar os amendoins em cada casca. *Qual é o número mais comum de amendoins dentro de cada casca? Alguém encontrou apenas um amendoim em uma casca?*

☆ Coloque 1 xícara de amendoins, 1 ½ colher de sopa de óleo vegetal e ¼ de colher de chá de sal em um liquidificador. Bata até a consistência desejada.

☆ Sirva em bolachas ou em fatias de maçã.
Observação de segurança: Antes de servir qualquer comida às crianças, informe-se sobre alergias.

☆ Discuta a consistência pegajosa da manteiga de amendoim. *O que a faz ser tão pegajosa?*

The Peanut Butter Song by Pam Schiller (Tune: "Three Blind Mice")

Peanut butter,
Peanut butter,
See how it spreads,
See how it spreads,
It sticks to my knife, and it sticks to my bread.
It sticks to my tongue and the top of my mouth
Have you ever tried to talk with a mouth full of
Peanut butter.
Peanut butter?

Bolinhas de manteiga de amendoim

☆ Misture ½ xícara de manteiga de amendoim, ½ xícara de mel e 1 xícara de leite em pó desnatado.

☆ Peça para as crianças fazerem pequenas bolas com a massa. Incentive-as a pensar em maneiras de fazer bolinhas uniformes de manteiga de amendoim.

☆ As bolas ficam menos pegajosas e mais fáceis de comer se forem refrigeradas por algumas horas.

☆ Comente os ingredientes dessa guloseima com as crianças. *São itens saudáveis? Se forem, por quê?*
Observação de segurança: Antes de servir qualquer comida às crianças, informe-se sobre alergias.

Mistura da amizade

☆ Peça para as crianças trazerem pequenos lanches, como cereais, biscoitos, frutas secas e outros ingredientes para dividir com os colegas.
☆ Coloque cada um dos itens em pequenas tigelas separadas e dê 1 xícara pequena a cada criança.
☆ Oriente-as a prepararem sua própria mistura colocando uma colher de cada item desejado em sua xícara.
☆ Sugira que pensem por que esse lanche poderia se chamar "mistura da amizade".

Pudim de banana

☆ Ajude as crianças a misturarem um pacote de pudim instantâneo de banana com leite (seguindo as instruções da caixa).
☆ Oriente-as a fatiar bananas usando uma faca de plástico.
☆ Distribua 1 xícara pequena a cada uma e sugira que coloquem um *wafer* de baunilha no fundo da xícara e depois adicionem algumas fatias de banana e algumas colheres do pudim.
☆ Comente as camadas em suas xícaras. *O que está no fundo? O que está por cima? O que está no meio?*

Pudim agitado

☆ Oriente cada criança a colocar 1 colher de sopa de pudim instantâneo e ¼ de xícara de leite em um pequeno pote de plástico com tampa e agitar até engrossar.
☆ Enquanto as crianças desfrutam de seu pudim, peça que descrevam a textura.

Rodinhas de banana

☆ Oriente as crianças a fatiar bananas usando facas plásticas.
☆ Coloque 1 colher de chá de gelatina em pó com sabor em um saco plástico com fecho.
☆ Peça para colocarem 3 ou 4 fatias de banana no saco e sacudir. Elas podem pegar as rodinhas de banana com palitos de dente e comer.
☆ Pegunte a elas por que esse lanche se chama "rodinhas de banana".

Balas refrescantes

☆ Junte 2 colheres de sopa de margarina, 2 colheres de sopa de gordura para bolo, 3 colheres de sopa de água morna, algumas gotas de corante de alimentos verde e 1 colher de chá de essência de limão. Adicione 5 xícaras de açúcar de confeiteiro.
☆ Peça para as crianças amassarem os ingredientes até se misturarem bem.
☆ Oriente-as a fazer bolinhas e a achatá-las como moedas.
☆ Cante a música *Limoeiro* do folclore infantil brasileiro.

Limoeiro
Meu limão, meu limoeiro
Meu pé de jacarandá
Uma vez esquindô lê lê
Uma vez esquindô lá lá

☆ Como essa bala é quase somente açúcar, limite o consumo. Pergunte se as crianças acham que a bala é saudável ou se é uma guloseima.

Marshmallows brilhantes

☆ Coloque ¼ de xícara de açúcar em um saco plástico com fecho ou em um pequeno pote com tampa.
☆ Adicione 1 ou 2 gotas de corante de alimentos e sacuda para misturar.
☆ Coloque uma lata de leite condensado em uma tigela pequena.
☆ Dê um *marshmallow* grande a cada criança e oriente-as a mergulhar seu *marshmallow* no leite condensado e na mistura de açúcar colorido para criar "*marshmallows* brilhantes".
☆ Pergunte às crianças qual é o valor nutritivo desse doce. *É uma escolha saudável ou apenas um doce gostoso?*

Torrada frutada

☆ Oriente as crianças a usar um rolo de massa para quebrar seis torradas.
☆ Misture as migalhas com ¼ de xícara de manteiga derretida e ¼ de xícara de melado claro (xarope de milho). Mexa até formar uma massa e deixe descansar.
☆ Ajude as crianças a ralar a casca de uma laranja e misture-a à massa juntamente com ½ xícara de passas de uva.
☆ Unte uma forma quadrada, espalhe a massa e deixe resfriar por uma noite no refrigerador.

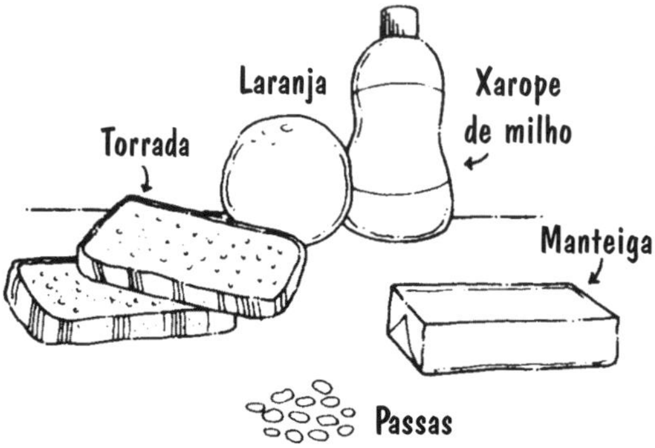

☆ No dia seguinte, corte em quadrados e sirva. *O que é interessante sobre o nome "torrada frutada"?* (rima)
☆ Peça para as crianças pensarem em outro nome para seu lanche que rime, como "torrada melada".

Salada de maçã e de cenoura

☆ Peça para as crianças lhe ajudar a descascar, fatiar e ralar 1 cenoura e 2 maçãs.
☆ Misture as maçãs e a cenoura raladas com ½ xícara de passas de uva, ⅓ de xícara de maionese e 1 colher de chá de suco de limão.
☆ Enquanto as crianças provam a salada, peça que descrevam a textura e o sabor.

Palitos de fruta

☆ Distribua às crianças morangos, uvas e pedaços de abacaxi e 1 espetinho de madeira.
☆ Oriente-as a colocar os pedaços de fruta no espetinho como em um churrasquinho.
☆ Sugira que usem as frutas para criar um padrão em seus espetinhos.
Observação de segurança: Os espetinhos de madeira têm pontas afiadas. Supervisione de perto.

Sanduíches animais

☆ Distribua 2 fatias de pão e 1 fatia de queijo ou presunto a cada criança. Sugira que passem manteiga levemente no pão e acrescentem o queijo ou o presunto.
☆ Peça para cada criança escolher um cortador de biscoito em forma de animal e pressionar com força, cortando o sanduíche no formato do animal desejado.
☆ Enquanto as crianças comem os sanduíches, comente outros recheios que poderiam usar. *Que outros alimentos podemos cortar com um cortador de biscoitos?*

Recheios de sanduíches

- ☆ Faça sanduíches usando algumas das sugestões a seguir para o recheio:
  - ★ Nata e geléia – partes iguais de nata e geléia.
  - ★ Bananteiga – partes iguais de manteiga e bananas amassadas.
  - ★ Requeijão e frutas – misture requeijão com passas de uva ou com frutas.
  - ★ Surpresa doce – misture manteiga com canela e açúcar.
  - ★ Melanteiga – misture partes iguais de manteiga e mel.
- ☆ Convide as crianças para provarem os sanduíches. *Qual recheio você gosta mais?*

Receitas assadas

Com a supervisão adequada, as crianças podem ajudar em todos os passos, com exceção de torrar e cozinhar.

Petiscos torrados

- ☆ Oriente as crianças a passar manteiga em uma fatia de pão para fazerem suas próprias torradas. Para torrada de canela, oriente-as a salpicar sobre a manteiga uma mistura de açúcar e canela.
- ☆ Coloque a mistura de açúcar e canela em um saleiro para que as crianças consigam controlar a quantidade de cobertura.
- ☆ Torre em forno a gás ou elétrico até as torradas ficarem douradas (somente adultos).
- ☆ Enquanto as crianças comem suas torradas, estimule sua imaginação de maneira informal, comentando a forma da torrada depois de morder. *Minha torrada parece uma árvore. Leandro, o que a sua parece? Elisa, experimente virar a torrada ao contrário.*
- ☆ As crianças podem continuar a comer suas torradas em pontos diferentes para criar formas imaginárias.

Rostos de pizza

☆ Fazer rostos de pizza pode ajudar a reforçar conceitos de feições faciais.
☆ Distribua uma massa de minipizza para cada criança.
☆ Disponibilize calabresa, pimentões, azeitonas em rodelas, queijo ralado e uma tigela pequena de molho para pizza.
☆ Mostre às crianças como passar um pouco de molho na parte de cima da massa e use os outros itens para criar olhos, nariz, boca e cabelos.
☆ Asse no forno elétrico a 350° por 3 minutos ou no forno a gás preaquecido (somente adultos). (Os tempos de cozimento podem variar de acordo com os com diferentes fornos. Quando o queijo derreter, geralmente é sinal de que as pizzas estão prontas.)

Garras de urso

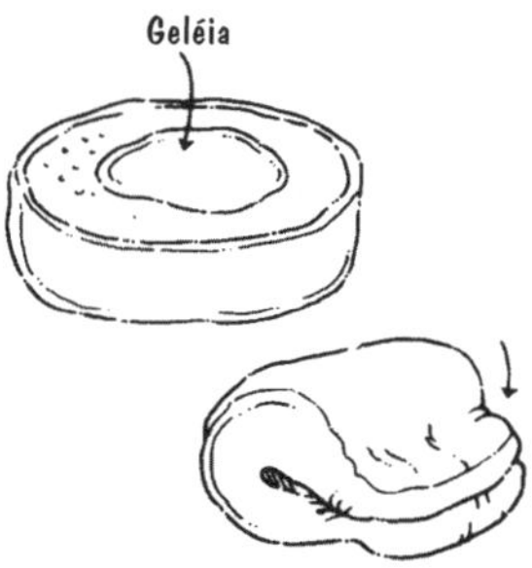

☆ As garras de urso são ótimas como uma extensão para a atividade de "Caça ao urso" (páginas 125-126).
☆ Distribua uma massa de pastel para assar crua para cada criança.
☆ Peça para as crianças passarem uma pequena quantidade de geléia sobre a massa, dobrando-a e apertando as bordas para criar uma "garra de urso".
☆ Asse no forno elétrico a 350º por 4 minutos de um lado e 2 minutos do outro ou no forno a gás em temperatura média até dourar a massa dos dois lados (somente adultos). (O tempo de cozimento varia de acordo com os os diferentes fornos. Quando a massa estiver dourada, geralmente é sinal de que está pronta para virar ou para tirar do forno.)

Porquinho enroladinho

☆ O porquinho enroladinho é perfeito para temas como fazendas e animais ou como uma extensão para a história dos "Três Porquinhos".
☆ Distribua massa de pastel para assar crua para cada criança e uma salsicha pré-cozida (use salsichas saudáveis, com pouca gordura e/ou sal).
☆ Mostre às crianças como enrolar a massa em torno da salsicha.
☆ Asse no forno elétrico a 350º por 4 minutos em lado e 2 minutos do outro ou no forno a gás em temperatura média até dourar a massa dos dois lados (somente adultos). (O tempo de cozimento varia com diferentes fornos. Quando a massa estiver dourada, geralmente é sinal de que está pronta para virar ou para tirar do forno.)
☆ Pergunte às crianças por que esse salgadinho se chama "porquinho enroladinho". Pergunte se elas sabem como se faz a massa.

Receitas geladas

Marzipan

- ☆ Oriente as crianças a misturar 200g de coco, 100g de gelatina de qualquer sabor, ⅔ de xícara de leite condensado, 1 ½ colher de chá de açúcar e 1 colher de chá de essência de amêndoas.
- ☆ Sugira às crianças que criem as formas que desejarem e coloquem o doce em uma bandeja. Refrigere até secar. **Observação:** Sirva ocasionalmente como um petisco.

Formas dançantes de gelatina

- ☆ Misture gelatina com sabor com a metade da quantidade de água sugerida na caixa. Deixe endurecer e corte em quadrados ou use um cortador de biscoitos para fazer formas.
- ☆ Mostre a mudança de estado que ocorre quando a gelatina líquida torna-se sólida.

Salada da xícara

- ☆ Oriente as crianças a misturar 1 xícara de cada item: bananas, frutas variadas, *marshmallows* em miniatura e creme de leite.
- ☆ Pergunte às crianças por que ela se chama "salada da xícara".
- ☆ Esta é uma boa receita para reforçar o conceito de número um e da medida da xícara.
- ☆ Mostre como ela é diferente de uma salada verde típica.

Picolés festivos

- ☆ Oriente as crianças para ajudar a encher uma fôrma de gelo com suco de laranja.
- ☆ Peça para colocarem um pedaço de abacaxi em cada cubo da forma.
- ☆ Deixe no freezer por 30 minutos, retire-os e finque um palito de picolé ou de dentes em cada pedaço de abacaxi
- ☆ Coloque novamente no freezer para congelar.
- ☆ Este é um ótimo lanche para um dia quente de verão.

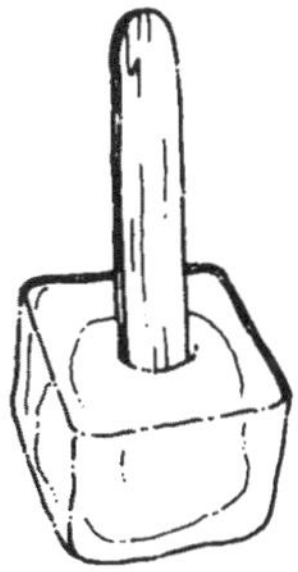

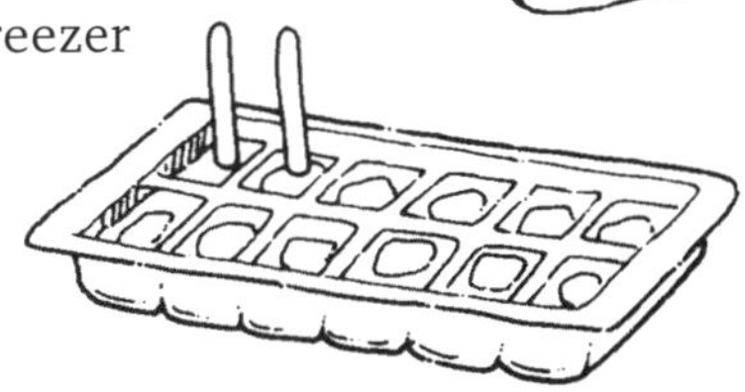

Receitas fritas e saltitantes

Com a supervisão adequada, as crianças podem ajudar em todos os passos, com exceção do uso de uma frigideira ou pipoqueira.

Estrelas cadentes

- ☆ Cubra o chão com papel kraft ou com uma cortina de banho. Desenhe círculos, quadrados e outras formas no papel ou na cortina.
- ☆ Coloque uma pipoqueira no meio do papel e faça pipocas sem usar a tampa.
  Observação de segurança: Certifique-se de que as crianças estão sentadas pelo menos a 1,5 metro da pipoqueira. Essa atividade exige supervisão constante de um adulto.
- ☆ Peça para as crianças descreverem onde as pipocas caem, se perto do círculo, dentro do círculo ou ao lado do quadrado.

Pipocante

- ☆ Faça pipocas em uma pipoqueira ou no forno de microondas.
- ☆ Coloque 1 colher de sopa de margarina derretida sobre as pipocas.
- ☆ Oriente as crianças a misturar ¼ de colher de chá de cominho moído, 1 ¼ de colher de pimenta em pó e uma pitada de sal.
- ☆ Coloque o tempero sobre a pipoca e misture bem.
- ☆ Peça para as crianças descreverem o sabor das pipocas. *É mais ou menos salgado do que as pipocas comuns? É apimentado? Vocês gostam mais do que da pipoca normal?*

Biscoitos de frigideira

- ☆ Peça para as crianças ajudar a medir e a misturar 2 xícaras de aveia em flocos crua, ¾ de xícara de farinha de trigo integral, 1 colher de chá de canela em pó e ½ colher de chá de sal. Deixe a mistura seca repousar.
- ☆ Oriente-as a misturar 1 xícara de manteiga derretida, 1 xícara de açúcar, 2 ovos, 2 colheres de sopa de água e 1 colher de chá de essência de baunilha.
- ☆ Misture os dois conjuntos de ingredientes e acrescente 1 xícara de passas de uva.

☆ Preaqueça uma frigideira e ajude as crianças a colocar a massa de biscoitos com colheres arredondadas na superfície quente. Frite por cerca de 4 minutos de cada lado. **Observação de segurança:** Esta atividade exige supervisão constante de um adulto. Não deixe as crianças sozinhas manuseando a frigideira quente.

Bolinhos de chuva

☆ Em um dia chuvoso, prepare massa pré-pronta de bolinho de chuva com as crianças.

☆ Frite os bolinhos em uma frigideira com óleo (somente adultos). Não deixe as crianças colocarem ou tirarem os bolinhos do óleo.
Observação de segurança: Esta atividade deve ser supervisionada por adultos o tempo todo.

☆ Remova os bolinhos do óleo e oriente as crianças a salpicá-los com uma mistura de açúcar e canela. Isso funciona melhor colocando-se a mistura em um saleiro.

☆ Ensine às crianças a canção *Chove, chuva*, de Jorge Ben Jor. Estimule-as a cantar enquanto comem os bolinhos.

Chove chuva

Chove chuva, chove sem parar...
Chove chuva, chove sem parar...
Pois eu vou fazer uma prece
Pra Deus nosso senhor
Pra chuva parar de molhar
O meu divino amor
Que é muito lindo
É mais que o infinito
É puro e belo
Inocente como a flor
Por favor chuva ruim
Não molhe mais o meu amor assim

Delícias de queijo derretido

- ☆ Dê duas fatias de pão e uma fatia de queijo para cada criança. Peça que elas passem manteiga no pão e coloquem a fatia de queijo entre as duas fatias (deixando a manteiga para fora).
- ☆ Coloque o sanduíche em uma frigideira e deixe grelhar em fogo baixo, até dourar de cada lado. Deixe esfriar antes de servir às crianças.

  Observação de segurança: Esta atividade exige supervisão constante de um adulto.

CAPÍTULO 3

A magia do faz-de-conta — Artes dramáticas

Visão geral

As artes dramáticas são essenciais para o desenvolvimento da criatividade e da imaginação. As crianças pequenas não precisam de textos escritos para memorizar ou de regras para seguir. Por imitação e fantasia, o mundo é delas e, por meio das artes dramáticas, elas assumem o controle. A dramatização permite que elas expressem seus sentimentos interiores dentro de um contexto significativo e inofensivo.

Por meio das artes dramáticas, as crianças aprendem a se relacionar com os outros, aprendem a negociar, a fazer concessões e a esperar a sua vez. Um dos principais objetivos da educação infantil é ajudar as crianças a desenvolver e praticar as nuanças da socialização com outras pessoas.

A dramatização permite que as crianças exercitem a resolução de problemas de maneiras práticas e significativas, estimulando-as a prever conseqüências, a organizar situações e a se adaptar a eventos que não foram planejados, além de trabalhar dentro dos limites da situação.

Um dos feitos mais importantes das artes dramáticas é o desenvolvimento das capacidades lingüísticas das crianças. A dramatização permite que as crianças experimentem a língua em um contexto natural e de um modo que nenhum outro ambiente pré-escolar pode proporcionar. As crianças aprendem novo vocabulário à medida que exploram o material de apoio que estão usando nas peças. Elas aprendem a ser mais precisas e descritivas em sua expressão à medida que seus colegas indicam a necessidade de mais informações, e sua sintaxe torna-se mais refinada à medida que imitam a fala de outras pessoas.

É importante proporcionar uma variedade de materiais de apoio para estimular as dramatizações das crianças. Manter uma caixa cheia deles é uma maneira fácil de ter uma coleção de objetos estimulantes ao alcance das crianças, relacionados com o desenvolvimento ou com o enriquecimento de atividades dramáticas em torno de um tema central. Escolha uma caixa firme, que possa ser rotulada e facilmente armazenada.

As possibilidades de materiais de apoio são intermináveis. Eles podem ser reunidos com a ajuda de familiares e podem vir de lojas, depósitos, porões e sótãos. A lista a seguir apresenta sugestões de caixas de materiais de apoio que enriquecerão as aventuras na Sala de Teatro* da escola. Descrições e sugestões mais completas para outras caixas de materiais podem ser encontradas nas páginas 64-65.

Tema da caixa	Materiais
Artista	Variedade de papéis, tintas, cavalete, giz, paleta (feita de papelão), variedade de pincéis, avental (camisa velha).
Oficina mecânica	Catálogo de peças, funis, fios, filtros, martelo de brinquedo, bomba de ar, cabos, velas, chaves, pinças, engrenagens, chave de fenda, lanterna, camisas velhas, luvas.
Padaria	Rolo de massa, xícaras e colheres de medição, massa de modelar, cortadores de biscoitos, tigelas para misturar, colheres para misturar, fôrmas de bolo, chapéu de padeiro, avental, telefone.
Acampamento	Barraca, saco de dormir, lanterna, mochila, gravetos para fogueira, potes e panelas, cadeira, botas, caniço.
Dança	Malhas, meias, roupas de bailarina, sapatilhas, sapatos de sapateado, espelho, CDs e aparelho de som.
Oculista	Óculos, letras de teste, pequena lanterna (sem pilhas).
Floricultura	Vasos, flores de plástico ou de tecido, fitas, placa, pinça, fios, cartões, tesoura, bloco de pedidos, caixa registradora, papel alumínio, caixas, papel de embrulho, telefone.
Armazém	Potes vazios de alimento, cesta de compras, caixa registradora, dinheiro de brinquedo, cupons, etiquetas de preço, sacos de papel.
Correio/carteiro	Pilha de cartas (envelopes), selos, separador de correspondência (caixa dividida com nomes), revistas, elásticos, lápis, canetas, furador de papel, almofada de carimbo.
Pizzaria	Bandejas de pizza, cardápios, pacotes vazios de ingredientes de pizza, massa de modelar, caixas de pizza, pratos, guardanapos, toalhas de mesa, jarras de água, caixa-registradora, dinheiro de brinquedo.

*N. de R.T. Caso a escola não possua uma sala específica para as artes dramáticas, crie com as crianças um espaço em algum local da escola que esteja disponível ou na própria sala de aula, como o "Cantinho do Teatro" ou o "Cantinho do Faz-de-conta", por exemplo.

Restaurante	Menus, guardanapos, toalha de mesa, pratos plásticos, talheres, bloco de pedidos, caixa registradora, dinheiro de brinquedo, aventais.
Salão de beleza	Espelhos, tubos vazios (xampu, condicionador, laquê e assim por diante), secador de cabelos sem o fio, rolos, pentes, escovas, material de manicure, agenda, telefone, caixa registradora, dinheiro de brinquedo, guarda-pós ou aventais.
Cientista	Microscópio, guarda-pós ou aventais (camisa longa), lentes de aumento, slides.
Mergulhador	Nadadeiras, máscara de mergulho, tanques de ar (garrafas de refrigerante de 2 litros vazias), conchas, peixes de plástico.
Professor/escola	Livros, papel, quadro-negro, lápis, canetas, livro de notas, cadernos, cartões, letras do alfabeto de parede, mapas.

Curiosidades sobre o cérebro

- ☆ As conexões cerebrais para o bem-estar socioemocional formam-se entre o nascimento e os 4 anos.
- ☆ Crianças entre 2 e 5 anos usam brincadeiras imaginativas para organizar padrões mentais e emocionais mais complexos.
- ☆ A comunicação interativa acelera o desenvolvimento da criatividade.

A oportunidade de usar artes dramáticas não se limita à Sala de Teatro da escola ou ao Cantinho do Teatro. Ela acontece naturalmente na sala de aula e no pátio. Fingir que está abastecendo uma motocicleta no pátio, representar personagens no círculo de histórias, construir uma cidade com blocos, fingir ser um artista ao pintar com um cavalete e caminhar conforme músicas "gigantes" durante a hora de Música e movimento são exemplos de atividades dramáticas que podem ocorrer na sala de aula ao longo do dia. Neste livro, existem idéias para representar histórias no capítulo de Língua e alfabetização e idéias para caminhar como gigantes ou duendes no capítulo de Música e movimento, mas elas ainda carregam em seu contexto a oportunidade para que as crianças ampliem e enriqueçam suas habilidades imaginativas, lingüísticas e de resolução de problemas.

As transições proporcionam mais uma oportunidade para brincadeiras dramáticas. Andar de uma sala para outra como coelhos, como borboletas ou como palhaços propicia uma maneira interessante de alcançar um objetivo e de se divertir enquanto isso.

Seu papel é o do observador discreto. O fluxo direto de acontecimentos dramáticos não deve ser interrompido, a menos que haja problemas ou que a atividade se dirija para comportamentos inaceitáveis. É necessário praticar para aprender a interceder sem controlar a situação.

Para estimular novos enredos e idéias, troque os materiais da Sala de Teatro ou Cantinho do Teatro regularmente. Da mesma forma, os materiais também devem ser interessantes para meninos e meninas.

Durante os primeiros anos, as crianças estão começando a formar conceitos e a entender as habilidades necessárias para suas interações sociais. As artes dramáticas auxiliam muito na formação dessas habilidades, mas dependem de um professor que entenda o valor da dramatização para o desenvolvimento social, emocional e cognitivo de crianças pequenas.

Brincadeiras imaginativas

Caixas de materiais

Prepare as seguintes caixas de materiais e apresente ao longo do ano.

Caixa de materiais de escritório

- ☆ Prepare uma caixa de materiais de escritório, incluindo itens como uma máquina de escrever velha ou um teclado e um monitor de computador (sem os fios), blocos de papel, rolos de fita, um telefone velho, caixas, pastas e outros objetos relacionados com um escritório.
- ☆ Envolva as famílias na preparação dessa caixa, de modo que as crianças tenham possíveis substitutos ou objetos identificáveis do local de trabalho de algum familiar.
- ☆ Traga a caixa para uma área com pequenas mesas e cadeiras que as crianças podem arrumar como desejarem.
- ☆ Converse com as crianças enquanto elas brincam usando e esclarecendo o vocabulário adequado. Por exemplo, as crianças provavelmente não conhecem máquinas de escrever. Explique o teclado e suas características. Compare com um computador.
- ☆ Pergunte se as crianças sabem algo sobre os locais onde seus familiares trabalham.
- ☆ Leve-as em um rápido passeio ao escritório da direção e deixe-as olhar os objetos necessários para a diretora fazer o seu trabalho. Leve uma prancheta e faça uma lista dos instrumentos de trabalho.

Caixa de materiais de circo

- ☆ Prepare uma caixa de materiais de circo, incluindo objetos como fantasias de palhaço, sapatilhas de balé e roupas de bailarina, perucas, uma sombrinha pequena, um tubo plástico redondo, um canudo com lã em um dos lados para usar como chicote e bolas para malabarismo.
- ☆ Peça para as crianças trazerem bichinhos de pelúcia na semana em que essa caixa for usada.

- ☆ Coloque a caixa em uma área em que as crianças possam organizar cadeiras para a platéia e marque o picadeiro com fita no chão.
- ☆ Converse com as crianças sobre suas experiências com circos. *Vocês já foram ao circo? Qual é o seu animal preferido no circo? Por quê? O que torna os palhaços engraçados?*

Caixa de salão de beleza

- ☆ Faça uma caixa de salão de beleza, incluindo objetos como secadores de cabelo (sem o fio), rolos plásticos, pentes (esterilizados), tubos de laquê vazios, tubos de xampu e de condicionador vazios, toalhas, telefone, calendário, lápis e revistas, agenda, dinheiro de brinquedo e guarda-pós.
- ☆ Coloque os materiais em uma área onde haja algumas cadeiras e uma mesa (para a recepcionista).
- ☆ Converse com as crianças enquanto elas brincam. Introduza novo vocabulário para melhorar a sua comunicação, como “horário”, “marcar hora”, “secador de cabelo”, “cliente” e outras palavras apropriadas.

Caixa de chapéus

- ☆ Reúna uma variedade de coisas para usar na cabeça e fotografias de pessoas usando coisas parecidas. Coloque em uma caixa de materiais. Exemplos de chapéus incluem boinas, bonés, quepes militares, turbantes, capuzes de pele, sombreiros, chapéus de palha, lenços, chapéus de caubói, barretes, quepes de motorista e capacetes de bombeiro.

☆ Convide as crianças a experimentar os chapéus. Certifique-se de incluir um espelho.
☆ Comente sobre os chapéus com as crianças enquanto elas os examinam. *Quem usa este tipo de chapéu? Por que vocês acham que este chapéu tem aba? Por que o capacete de bombeiro é duro?* **Observação de segurança:** Verifique o estado e a limpeza dos chapéus periodicamente, especialmente se houver crianças com piolhos na sala. Limpe quando necessário.

Lava-carros

☆ Em um dia próprio para brincar com água, conecte uma mangueira e permita que as crianças brinquem de lava-carros (usando brinquedos com rodas).
☆ Distribua baldes com sabão suave e panos para lavar e panos grandes ou toalhas para secar.
☆ Faça perguntas às crianças enquanto elas brincam. *Por que os carros ficam tão sujos? Vocês ajudam a lavar o carro da família? Vocês já foram a um lava-carros?*

Posto de gasolina

☆ Monte um posto de gasolina semipermanente no pátio.
☆ Conecte uma mangueira velha em um poste para usar como bomba de gasolina e use outras mangueiras para ar e água. Coloque um rótulo com o nome em cada uma.
☆ Deixe uma "caixa de ferramentas" com ferramentas de brinquedo perto do posto de gasolina. Guarde a caixa depois de usar.

Cidade de barracas

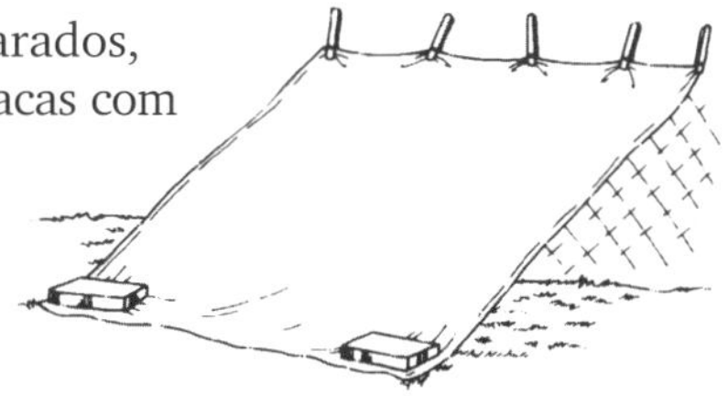

☆ Em dias quentes e ensolarados, faça sombra criando barracas com lençóis.
☆ Prenda um lençol (ou outro tecido grande) a uma cerca com prendedores de roupas.
☆ Prenda a ponta oposta do lençol colocando-a sob uma mesa de piquenique ou colocando pneus ou tijolos sobre suas pontas.
☆ Um método alternativo é prender o lençol em uma cerca e amarrar as pontas opostas a uma árvore ou a algum equipamento do pátio.
☆ Monte várias barracas para desenvolver brincadeiras de arte dramática entre "vizinhos".

Drive-thrus

☆ Obtenha uma caixa grande de eletrodomésticos e corte uma porta e uma janela na caixa para criar um "*drive-thru*" de restaurante de *fast-food*.
☆ Coloque a caixa no pátio perto da pista de bicicleta para que as crianças possam "dirigir" até a janela para fazer seu pedido.
☆ Distribua sacos de papel para os pedidos "para levar". Organize-os sobre uma pequena mesa dentro da caixa.
☆ Dê um boné para o "atendente" usar. As crianças podem se alternar atuando como atendentes e servindo os "fregueses" que chegam à janela.
☆ Sugira que as crianças desenhem as coisas que queiram comprar e entreguem uma "lista de compras" para o atendente.

O jantar está servido

☆ Coloque uma toalha sobre uma mesa na Sala de Teatro ou no Cantinho do Teatro.
☆ Disponibilize pratos e talheres para montar a mesa.
☆ Recorte fotografias de revistas de alimentos variados e cole sobre um papelão para representar pratos de comida.
☆ Oriente as crianças a representar suas experiências com a hora da comida.

- ☆ Converse com elas enquanto brincam. Talvez elas tenham pouca experiência com refeições organizadas.
- ☆ Use essa oportunidade para discutir as maneiras à mesa. Estimule conversas adequadas para a mesa, fazendo perguntas. *O que você fez na escola hoje? Qual foi a melhor coisa que lhe aconteceu hoje?*

Hora do banho do bebê

- ☆ Cubra uma mesa com toalhas.
- ☆ Coloque uma banheira de bebê sobre a mesa e encha com água até a metade.
- ☆ Disponibilize bonecas que possam ser lavadas, toalhas extras, esponjas, um patinho de borracha e sabão suave.
- ☆ Deixe as crianças dar banho e vestir os "bebês".
- ☆ Ensine às crianças as canções *Meu banhinho,* uma adaptação de *Meu lanchinho* e *O Ratinho tomando banho,* de Hélio Ziskind.

Meu banhinho

(Melodia: Meu lanchinho)
Meu banhinho, meu banhinho,
Vou tomar, vou tomar
Pra ficar limpinho,
Pra ficar limpinho
E descansar
E descansar

O Ratinho tomando banho

(Hélio Ziskind)
Tchau preguiça
Tchau sujeira
Adeus cheirinho de suor
Oh...
Lava lava lava
Lava lava lava
Uma orelha uma orelha
Outra orelha outra orelha
Lava lava lava lava
Lava a testa, a bochecha,
Lava o queixo
Lava a coxa
E lava até...
Meu pé
Meu querido pé
Que me agüenta o dia inteiro
Oh Oh
E o meu nariz
Meu pescoço
Meu tórax
O meu bumbum
E também o fazedor de xixi
Oh...
La la
Laia laia la
Laia la la la
Laia la
La la la la la
Hum... Ainda não acabou não
Vem cá vem... vem
Uma enxugadinha aqui
Uma coçadinha ali
Faz a volta e põe a roupa de paxá
Ahh!
Banho é bom
Banho é bom
Banho é muito bom
Agora acabou!

O quarto do bebê

☆ Disponibilize materiais para montar um quarto de bebê, como uma cadeira de balanço, um saco de fraldas, um carrinho de bebê, um berço, cobertores, bonecas e roupas, para as crianças brincarem na Sala de Teatro ou no Cantinho do Teatro.
☆ Ensine às crianças a canção *Nana nenê*, para cantarem enquanto brincam com os bebês.
☆ Converse com as crianças enquanto elas brincam. *Como se pega um bebê? O que os bebês comem? Por que as pessoas usam carrinhos de bebê?*

Casa de caixa

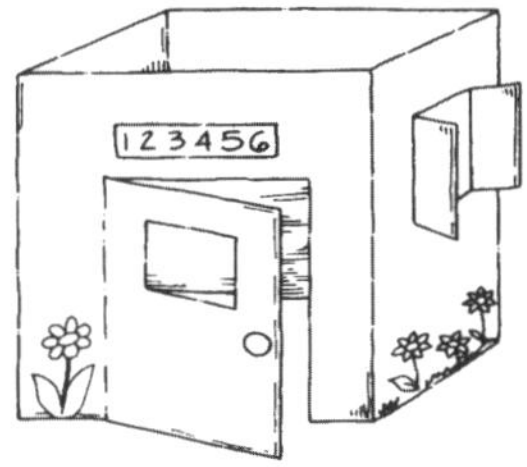

☆ Obtenha uma grande caixa de papelão de eletrodomésticos e recorte uma porta e uma janela para criar uma casa de brinquedo.
☆ Convide as crianças a pintar o exterior da casa.
☆ Cole cortinas nas janelas e flores de papel nas paredes.
☆ Estimule as crianças a criar situações para brincar com a casa. Dê sugestões de enredos (uma visita está chegando, é dia de faxina, é dia de decorar a casa, entre outras idéias).

Esconderijo de caixa

☆ De vez em quando, traga caixas de tamanhos médio e grande para a sala, para as crianças usarem como desejarem. As caixas devem ser grandes o suficiente para as crianças sentarem dentro.
☆ Recorte uma abertura na parte de cima da caixa. Recorte painéis de celofane de diferentes cores para colocar na abertura.
☆ Coloque a caixa em uma área iluminada.
☆ Oriente as crianças a entrar na caixa e a descobrir o efeito da luz no mundo exterior. Peça para as crianças descreverem o que enxergam. *O que é diferente quando vemos as coisas através de uma janela colorida?*
☆ Mude os painéis coloridos de vez em quando para proporcionar uma visão diferente.

Despensa cheia

☆ Junte pares de latas e de caixas de alimentos (atum, milho, arroz, macarrão).
Observação de segurança: Certifique-se de que possíveis bordas cortantes estejam protegidas.

- ☆ Coloque um conjunto de embalagens em uma prateleira.
- ☆ Oriente as crianças a colocar as embalagens correspondentes na prateleira.
- ☆ Converse com as crianças enquanto elas brincam. Pergunte como elas sabem quais itens devem colocar juntos. Incentive-as a falar sobre alimentos de que gostam e não gostam.

O que tem no baú?

- ☆ Coloque diversas fantasias e material para fazer fantasias dentro de um velho baú, mala ou caixa.
  Observação de segurança: Certifique-se de que o baú ou a mala possuam travas de segurança que não tranquem, e que possam ser abertos por dentro para que as crianças possam sair.
- ☆ Inclua objetos divertidos, como chapéus, óculos, luvas, contas, gravatas, roupas femininas, sapatos variados, boás, mantas, capas e máscaras.
- ☆ Peça para os familiares contribuírem com objetos interessantes. Os brechós costumam ser minas de ouro para obter fantasias e roupas diferentes.
- ☆ Incentive as crianças a explorar os objetos dentro do baú. Desafie-as a criar roupas excêntricas, bonitas, divertidas, e assim por diante.
- ☆ As crianças podem fazer um desfile de roupas e "excentricidades".

Brincadeiras criativas

Arranjos florais

- ☆ Coloque argila ou isopor no fundo de uma pequena caixa ou cesta. Prenda ao fundo da cesta com arame ou fita.
- ☆ Distribua uma variedade de flores e de plantas de plástico ou pano. (Ver na página 62 para sugestões adicionais de materiais.)
- ☆ Oriente as crianças a preparar arranjos florais conforme desejarem.
- ☆ Converse com as crianças sobre o trabalho dos floristas. *Por que as pessoas compram flores?* Faça uma lista de ocasiões em que podemos usar ou enviar flores.

Meu chapéu

- ☆ Recorte o centro de um prato de papelão e faça um furo de cada lado para amarrar uma fita.
- ☆ Distribua o prato, tiras de papel de seda, fitas de embrulho e outros itens decorativos.
- ☆ Oriente as crianças a passar cola em seus chapéus e a decorá-los como desejarem.
- ☆ Amarre uma fita nos furos para prender o chapéu ao queixo.
- ☆ Peça para as crianças descreverem seus chapéus. *Onde vocês vão usar os seus chapéus?*
- ☆ Como inspiração para esta atividade, leia histórias que falem sobre chapéus ou sobre personagens que os usam, como *Jennie's Hat*, de Ezra Jack Keats, e *Chapeuzinho Amarelo*, de Chico Buarque de Holanda.

O chapeleiro louco

- ☆ Disponibilize uma variedade de cestas, fitas, flores e contas.
- ☆ Oriente as crianças a inverter as cestas e decorá-las para fazer chapéus.
- ☆ O interesse das crianças pode ser estimulado com a leitura do trecho do livro *Alice no País das Maravilhas,* no qual aparece o personagem chamado *Chapeleiro Louco*.

A padaria

- ☆ Prepare massa de modelar caseira para as crianças usarem para representar alimentos de padaria, como biscoitos, pães e bolos. (Veja receitas nas páginas 44-45 do Capítulo 1.)
- ☆ Dê rolos de massa, cortadores de biscoitos para fazer biscoitos e *cookies*, formas e bandejas para as crianças.
- ☆ Converse com as crianças enquanto elas brincam. *O que vocês estão fazendo? Como se faz isso? Quem gosta de comer isso? Quanto custa?*

  Adaptação comemorativa: Adicione anilina à massa de modelar para eventos especiais.

Pequenos *designers*

- ☆ Na Sala de Teatro ou no Cantinho do Teatro, disponibilize uma variedade de roupas masculinas e femininas (chapéus, lenços, sapatos, cintos, gravatas, bijuterias, bolsas e pastas de executivo).
- ☆ Coloque também um espelho grande, se possível.
- ☆ Disponibilize tempo suficiente para as crianças explorarem todas as combinações possíveis até que tenham desenvolvido uma vestimenta agradável. A forma final pode variar muitas vezes.
- ☆ Inclua uma variedade de roupas multiculturais, como dashikis, ponchos, saris e quimonos.

Bugigangas, braceletes, cintas e contas

☆ Distribua tubos de papelão, contas, isopor, fivelas de cintos velhos, pedaços de palha e outras coisas que possam ser trançadas.
☆ Recorte um pedaço de lã ou de cordão do comprimento de um colar (ou cinto). Faça um grande nó em uma das extremidades e prepare a outra para inserir em itens decorativos, mergulhando a ponta em cola (e deixando secar) ou enrolando fita crepe.
☆ Oriente as crianças a organizar os materiais como desejarem. O produto final pode ser usado como um cinto ou como um colar de festas.
☆ Peça para as crianças descreverem o item que fizeram. *Que padrão você usou? Quando você vai usar o cinto/colar?*

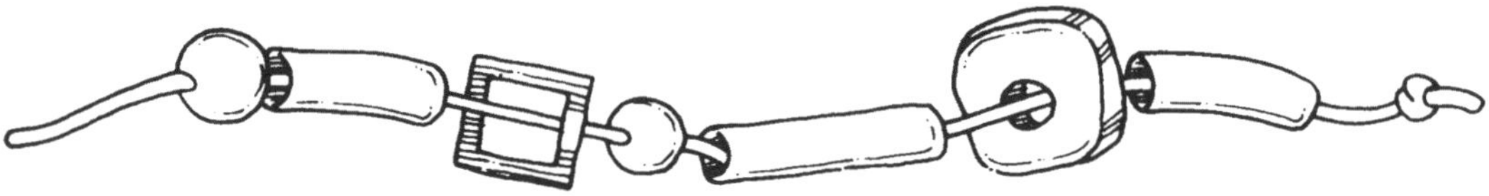

O que é isso?

☆ Fixe um lençol na parede para usar como tela de cinema.
☆ Crie uma fonte de luz usando uma lâmpada forte ou um retroprojetor.
☆ Coloque suas mãos entre a luz e a tela e use-as para projetar sombras sobre a tela. Peça para as crianças descreverem o que vêem.
☆ Deixe as crianças criarem sombras com as mãos. Peça para as outras crianças descreverem o que vêem.

Cobras de meia

☆ Corte a perna de uma meia-calça.
☆ Oriente as crianças a encher a perna com bolinhas de isopor até chegar no comprimento desejado.
☆ Feche a ponta da meia com cordão ou fita crepe.
☆ Acrescente olhos, língua ou listras usando pincel atômico.
☆ O resultado final é uma linda cobra ondulante para levar para casa.
☆ Sugira que as crianças coloquem nomes em suas cobras. Desafie as crianças a contar uma história sobre suas cobras.

Blocos leves

- ☆ Distribua grandes sacolas de papel e uma pilha de jornais velhos às crianças.
- ☆ Oriente-as a amassar os jornais e encher as sacolas firmemente.
- ☆ Dobre as pontas das sacolas, formando ângulos retos, e feche com fita crepe.
- ☆ As crianças podem usar os "blocos leves" para criar fortes ou outras estruturas/cenários.

  Observação: Se a estrutura cair, ninguém se machuca com esses blocos leves.

Vamos fingir

- ☆ Peça para as crianças sugerirem cenários para uma peça de fingimento, como um malabarismo de palhaços, um jogador de basquete driblando com a bola, um elefante comendo ou um bebê começando a caminhar.
- ☆ Estimule todos a participar e deixe que cada indivíduo faça sua interpretação.

CAPÍTULO 4

Ampliando horizontes – Língua e alfabetização

Visão geral

Os programas de alfabetização para crianças pequenas são ricos em atividades e experiências que estimulam a escuta, o desenvolvimento da linguagem oral, a sensibilidade fonológica, o conhecimento e o reconhecimento de letras e a consciência da escrita. Não existe outro momento na vida em que uma criança pequena esteja mais sensível à aquisição da linguagem do que o período do nascimento até os 5 anos. Sua sensibilidade é evidente no rápido desenvolvimento lingüístico durante esses anos. A expressão "eu faz!" do bebê avança a um uso mais complexo da língua – "deixe que eu faço isso" – aos 5 anos.

O desenvolvimento da linguagem oral envolve aprender a escutar, adquirir novo vocabulário, aperfeiçoar a sintaxe, aumentar o tamanho das sentenças e ter clareza na comunicação. As atividades de escuta incluem aquelas que exigem que as crianças prestem atenção a detalhes, bem como atividades que ajudam as crianças a utilizar o tempo de atenção adequado à sua idade. A construção do vocabulário exige que as crianças sejam expostas a novas palavras de maneira significativa. As crianças são mais capazes de lidar com vocabulário sofisticado do que podemos pensar. A duração das sentenças, a sintaxe adequada e a clareza na comunicação desenvolvem-se à medida que as crianças usam a língua de forma ativa. Como também aprendem a partir de modelos, o uso da língua pelo professor torna-se uma poderosa ferramenta de ensino. Canções, leituras e discussões são valiosas para o desenvolvimento da linguagem oral.

A sensibilidade fonológica é o aspecto da "paixão pela língua" na alfabetização. Ela ocorre quando se permite que as crianças brinquem com a língua e escutem a língua em uma variedade de formatos, como poemas, histórias, canções, trocadilhos e assim por diante. A sensibilidade fonológica inclui a capacidade de ouvir palavras ritmadas, de usar **onomatopéias** (palavras que soam como seu significado, como "trim trim", "au-au", "tic-tac") e de reconhecer "aliterações" (palavras que começam com a mesma letra ou som, como "O rato roeu a roupa do rei de Roma"). A sensibilidade fonológica ajuda as crianças a desenvolver o ouvido para os sons e, no nível pré-escolar, isso não inclui memorizar e praticar relações entre sons e símbolos (fonética).

O conhecimento e reconhecimento de letras é a capacidade de reconhecer as letras do alfabeto. Ela ocorre em conjunto com a consciência da escrita. A maioria das crianças de 4 anos consegue reconhecer visualmente todas as letras do alfabeto, maiúsculas e minúsculas. Quanto mais experiências as crianças tiverem com o alfabeto (aprender sua seqüência, aprendê-lo fora de ordem, invertê-lo, repeti-lo de trás para frente), mais elas serão capazes de usá-lo mais tarde de maneiras que não exijam ter de recitá-lo por memorização dizendo uma lista de nomes em ordem alfabética.

A consciência escrita ocorre quando as crianças experimentam um ambiente rico em escrita, no qual esta é usada em seu contexto natural. Rotulam-se objetos na sala de aula, existem livros disponíveis para ler diariamente, usam-se listas quando for adequado, os nomes das crianças são visíveis em seus materiais e objetos, e as lições e atividades envolvem chamar atenção às funções da escrita, sua intenção e seu valor. A consciência escrita não envolve ensinar crianças pequenas a escrever de maneira formal. Escrever é uma habilidade que emerge após as crianças terem uma variedade de experiências que desenvolvam os músculos de seus dedos, de suas mãos e de seus pulsos, e a coordenação de seus olhos com o movimento de suas mãos.

A compreensão é a internalização da comunicação e de conceitos. Ela se desenvolve quando as crianças têm a oportunidade de contar histórias, dramatizá-las e ouvi-las sem ilustrações e pode ser amparada por estratégias de questionamento que exijam que as crianças apliquem, analisem e avaliem as informações. As crianças demonstram habilidades de compreensão quando conseguem identificar quais partes de uma história são reais e quais são de faz-de-conta, quando conseguem escolher um personagem na história que gostariam de representar e explicam por que escolheram aquele personagem, ou quando conseguem descrever como uma história poderia mudar se um personagem fosse retirado ou se um evento fosse alterado.

O desenvolvimento da língua e da alfabetização envolve aprender diversas habilidades discretas que são integradas ao desenvolvimento da linguagem oral, da sensibilidade fonológica, do reconhecimento de letras e da consciência escrita. Na próxima página, apresentamos uma lista de habilidades de alfabetização com suas definições, incluindo habilidades discretas e habilidades abrangentes mais amplas.

Curiosidades sobre o cérebro

- ☆ Não existe época mais fértil para o desenvolvimento do vocabulário do que entre o nascimento e os 5 anos.
- ☆ As crianças são particularmente receptivas para ouvir os sons da língua durante os cinco primeiros anos de vida.

Aliteração – repetição do mesmo som ou letra no começo de uma palavra.

Classificação – capacidade de reconhecer itens ou objetos por critérios semelhantes ou comuns.

Compreensão – internalização de conceitos expressados por meio de linguagem escrita e oral.

Consciência escrita – compreensão de que símbolos comunicam pensamentos e sentimentos. Além disso, compreensão de que a escrita assume muitas formas, como listas, cartas, livros de história, rótulos, sinais e assim por diante.

Consciência/sensibilidade fonológica – um termo amplo que abrange os sons da linguagem, dos balbucios e arrulhos aos fonéticos.

Coordenação entre mãos e olhos – sincronização do movimento das mãos e dos olhos.

Desenvolvimento do vocabulário – descoberta do significado de palavras e identificação de novas palavras.

Discriminação auditiva – capacidade de reconhecer e de identificar sons, de ouvir semelhanças e diferenças.

Discriminação visual – capacidade de enxergar semelhanças e diferenças.

Linguagem oral – capacidade de usar a linguagem para auto-expressão.

Memória auditiva – capacidade de lembrar sons depois de ouvi-los.

Memória visual – capacidade de lembrar o que é visto e de identificar itens que faltam no que foi visto.

Onomatopéia – uma palavra que soa como seu significado.

Progressão da esquerda à direita – varredura ocular natural necessária para a leitura.

Relações entre o todo e as partes – capacidade de entender que as partes formam o todo – por exemplo, diversas letras formam uma palavra – ou diversas peças formam um quebra-cabeça completo.

Rima – combinação do som final de uma palavra.

Escuta

Ajudante do dia

☆ Selecione uma criança para ser o ajudante do dia e dê a ela instruções com dois pedidos, por exemplo, *leve o livro para a mesa e pegue a tesoura.*
☆ Se a criança conseguir cumprir instruções em duas partes, dê instruções em três partes. *Ponha a xícara na mesa, feche a gaveta e traga uma colher para o Pedro.*
☆ Aumente a dificuldade das instruções até quando a criança consiga cumprir.

Caminhada auditiva

☆ Oriente as crianças a pensar em uma lista de sons que podem ouvir em uma caminhada auditiva. Coloque a lista em uma prancheta.
☆ Leve as crianças para dar uma volta, oriente-as a fazer silêncio e a se concentrar em usar os ouvidos mais do que os olhos.
☆ Marque na lista os sons que as crianças disseram ouvir.

Tubos sonoros

☆ Encha tubos de filme fotográfico ou pequenas latas com pequenos objetos que façam um som distinto, como clipes de papel, guizos, botões ou pedrinhas.
☆ Prepare dois tubos para cada som e cole as tampas com firmeza.
☆ Oriente as crianças a sacudir os tubos e encontrar o par com o mesmo som.

De onde vem o som?

☆ Peça para as crianças fecharem os olhos ou espere por uma oportunidade em que elas saiam da sala.
☆ Esconda uma caixinha de música ou um relógio.
☆ Oriente-as a encontrar o objeto, ouvindo seu som.

Siga aquele som

☆ Peça para as crianças fecharem os olhos.
☆ Toque uma sineta e peça para as crianças caminharem até o som.

Sons misteriosos

☆ Reúna objetos que façam um som distinto, como um despertador, um instrumento rítmico, uma caixa de música e uma sineta.
☆ Diga para as crianças fecharem os olhos e faça sons com os objetos, um de cada vez.
☆ Peça para adivinharem qual é o objeto pelo som que faz.

Está quente, está frio musical

☆ Selecione uma criança para ser "quem sai da sala".
☆ Peça para "quem sai da sala" sair. Enquanto a criança estiver fora da sala, esconda um objeto.
☆ Quando "quem sai da sala" retornar, explique que você e as crianças vão cantar uma música.
☆ Quando ela estiver perto do objeto, cantem alto. Quando estiver longe, cantem suavemente.
☆ Quando a criança encontrar o objeto, escolha outra criança para ser "quem sai da sala" e brinquem novamente.

Telefone-sem-fio

☆ Sente em um círculo com as crianças.
☆ Comece o jogo sussurrando uma palavra ou expressão para a criança ao seu lado.
☆ Essa criança deve repetir a palavra ou frase, sussurrando-a no ouvido da criança ao seu lado.
☆ Continue até que a palavra ou frase retorne a você (ou à pessoa que começar o jogo).

☆ Comente com o grupo se a palavra ou frase realmente é aquela que começou o jogo.
☆ Continue a jogar, permitindo que as crianças alternem-se para começar.

Orelhas em pé

☆ Escolha uma criança para ser o líder.
☆ Peça para o líder dar instruções para o grupo.
☆ O grupo segue apenas as instruções precedidas pelas palavras "orelhas em pé". Por exemplo: "Orelhas em pé, toque nos dedos do pé". Se o líder disser "toque nos dedos do pé", as crianças não devem tocar.
Variação: Altere essa atividade inserindo uma nova palavra de sinalização, como "olhos atentos" ou "dedos prontos".

Que instrumento vocês estão ouvindo?

☆ Coloque vários instrumentos musicais no chão à sua frente.
☆ Peça para as crianças fecharem os olhos.
☆ Toque um instrumento.
☆ Desafie-as a adivinhar qual instrumento estão ouvindo.

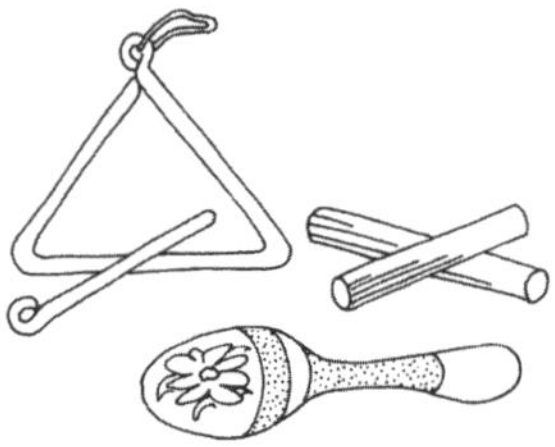

Vocês estão ouvindo o mesmo que eu?

☆ Sente as crianças em um círculo e coloque três instrumentos no centro.
☆ Diga para fecharem os olhos e solicite um voluntário, que, de olhos abertos, fará um som com cada instrumento, na ordem que escolher.
☆ Peça para que as crianças abram os olhos e que uma delas repita a ordem de sons produzidos pelo voluntário.
☆ Para aumentar o nível de dificuldade, aumente o número de instrumentos.

O som do silêncio

☆ Peça para as crianças sentarem o mais quietas e paradas possível por um minuto.
☆ Diga que durante esse tempo devem escutar cuidadosamente os sons que ocorrerem, como uma porta abrindo, um carro passando, alguém falando na outra sala, o ar condicionado ou aquecedor, e assim por diante.

- ☆ Coloque um *timer* de um minuto à sua frente e ligue-o.
- ☆ Ao final de um minuto, peça para listarem os sons que ouviram e registre suas respostas no quadro.
- ☆ Discuta sons que ocorrem no ambiente todo o tempo, mas que raramente são notados por causa de todos os outros sons que os abafam. Diga às crianças que algumas pessoas chamam esse ruído de "ruído de fundo" e outras o chamam de "ruído branco".

Tenho ritmo

- ☆ Oriente cada criança a criar um padrão rítmico batendo palmas, por exemplo: *palma, palma, estala os dedos, estala os dedos, palma, estala os dedos*; ou *palma, pausa, pausa, palma, pausa, pausa*.
- ☆ Grave o padrão de cada criança em uma fita. Toque a fita para as crianças e desafie-as a identificar seus próprios padrões.
- ☆ Toque a fita novamente e peça que adivinhem os padrões de seus colegas.

Criadores de sons

- ☆ Distribua às crianças 3 ou 4 latas com tampas (latas de achocolatado ou de leite em pó) e 1 caixa com objetos que caibam dentro das latas.
- ☆ Peça para colocarem os objetos nas latas.
- ☆ Oriente-as a sacudir as latas para determinar quais fazem os sons mais altos e quais fazem os sons mais suaves.
- ☆ Se for adequado, peça para elas classificarem as latas, do som mais suave ao mais alto.

Instruções gravadas

- ☆ Grave instruções de diferentes atividades de aprendizagem. Veja um exemplo:
  - ★ Primeiramente, prepare sabão líquido para fazer bolhas, misturando 1 xícara de água, 3 colheres de sopa de detergente e 6 colheres de chá de guache. Faça uma variedade de cores e coloque-as em diferentes potes.

- ★ Registre as seguintes instruções em um gravador:
  1. Coloque o canudo no líquido da cor que desejar.
  2. Sopre o canudo até que as bolhas cheguem à borda do pote.
  3. Pressione o papel sobre as bolhas.
  4. Vire o papel e dê uma olhada.
- ★ As crianças devem seguir as instruções gravadas para criar um padrão em uma folha de papel.
- ☆ Esta atividade é ótima para ensinar preposições e conceitos de posição.

Espião

- ☆ Selecione uma criança para ser o "espião".
- ☆ O "espião" começa o jogo, dizendo: "Estou espionando..." e descreve alguém na sala. Por exemplo: *Estou espionando alguém que está de sapato vermelho e calça verde*.
- ☆ O resto das crianças deve adivinhar quem o "espião" está descrevendo. Se não houver informações suficientes, a criança que é o "espião" dá outra pista.
- ☆ A primeira criança a adivinhar a pessoa correta torna-se o próximo "espião".

Ouvindo histórias

- ☆ Crie histórias curtas com as crianças.
- ☆ Selecione uma palavra especial na história, à qual as crianças devem reagir. Por exemplo, se a sua história for sobre um carro, as crianças podem dizer "bi-bi" quando for mencionado o carro. Se a história for sobre um cão, elas podem latir quando o nome do cão for mencionado.

O mestre mandou

- ☆ Forme uma fila com as crianças e peça para seguirem suas instruções, mas somente quando forem precedidas por "o mestre mandou".
- ☆ Comece dando instruções lentamente e enfatize as palavras "o mestre mandou" no começo do jogo. Depois de brincar um pouco, pare de enfatizar as palavras.
- ☆ As crianças que seguirem uma instrução que não seja precedida por "o mestre mandou", devem sentar e esperar um novo jogo começar.
- ☆ A última criança de pé vence.

Músicas gêmeas

- ☆ Peça para a metade da classe cantar *Cai, cai balão* enquanto a outra metade escuta.
- ☆ Depois, peça para a metade que está ouvindo cantar *Vem cá, Bidu.*
- ☆ Alterne-as cantando e escutando.
- ☆ Peça para ambos os lados cantarem ao mesmo tempo, observando que as melodias são iguais.

Ouvindo músicas

- ☆ Cante canções que estimulem a audição, como *Tião Zoreia, o que escuta tudo*, de Gustavo Finkler e Jackson Zambelli.
- ☆ A seguir, uma brincadeira cantada para começar:

Atenção, concentração

Atenção (batem palmas três vezes)
Concentração (batem palmas três vezes)
Ritmo (batem palmas três vezes)
Vai começar (batem palmas três vezes)
Começa com A (as crianças têm que dizer alguma coisa que inicie com o som da letra escolhida, como um objeto ou onomatopéia, por exemplo: arroz, au, au, au, abacaxi)

Batendo palmas para os nomes

- ☆ Oriente as crianças a bater palmas conforme as sílabas de seus nomes.
- ☆ Peça para escutarem cuidadosamente enquanto uma criança diz o seu nome.
- ☆ Repita o nome da criança lentamente, enfatizando cada sílaba. Diga o nome novamente e bata palmas enquanto pronuncia cada sílaba do nome.
- ☆ Peça para dizerem o nome e baterem palmas nas sílabas com você.
- ☆ Oriente-as a dizer os dias da semana, os meses do ano, as estações e assim por diantc, batendo palmas nas sílabas.

Nomes longos e apelidos curtos

- ☆ Converse com as crianças sobre palavras longas e curtas. Se houver crianças cujos nomes possuam apelidos, use seus nomes como exemplo (Fred para Frederico, Su para Suzana).
- ☆ Prepare uma lista de nomes e apelidos antes desta atividade. Escreva cada palavra individualmente em pequenos cartões. Coloque uma pilha de nomes e uma pilha de apelidos à sua frente, virados para baixo.

☆ Tire uma palavra de cada pilha e diga a palavra para as crianças, sem mostrar a palavra escrita. Peça para identificarem o nome ou apelido correspondente, apenas ouvindo.

☆ Fale cada par de palavras e peça para voluntários dizerem qual é o nome e qual é o apelido.

☆ Depois de as crianças escolherem, mostre as palavras. Segure os cartões um acima do outro para que possam ver a diferença de comprimento.

Linguagem oral

Vocabulário com leituras

☆ Antes de ler um livro de histórias, revise algumas palavras que possam ser vocabulário novo para as crianças.

☆ Introduza as novas palavras antes da leitura, pare quando chegar a elas na história e peça para as crianças dizerem o seu significado.

☆ É bom manter uma lista para anotar todas as novas palavras aprendidas a cada semana.

Vocabulário com música

☆ Discuta, a partir de canções, palavras que possam ser vocabulário novo para as crianças. Elas muitas vezes cantam palavras em músicas sem saber o que significam. Por exemplo, as crianças podem recitar *aranha tatanha, aranha tatinha, mexe e arranha a sua casinha*, mas poucas sabem o que significa "arranhar".

☆ Use canções para ensinar vocabulário. Mudar uma palavra descritiva em uma canção muitas vezes ajuda a esclarecer o significado. Usando a "aranha tatanha" como exemplo, você pode substituir "tatinha" por "pequeninha". Esse exemplo não apenas introduz novo vocabulário, como esclarece as palavras originais.

A palavra do dia

☆ Selecione uma palavra por dia como a "palavra do dia". Você pode escolher uma palavra relacionada com o tema atual da sala de aula ou com o projeto que a turma está desenvolvendo. Não tenha medo de palavras grandes. As crianças muitas vezes as assimilam mais rapidamente do que os adultos.

☆ Escreva a palavra do dia em um cartão e apresente-a durante a Rodinha das Novidades ou Hora da Rodinha, depois cole-a no Cantinho da Escrita ou em local bem visível.

☆ Use a palavra muitas vezes durante o dia e estimule as crianças a também usá-la o máximo possível. Elogie-as quando lembrarem da palavra.

Uma fotografia vale por mil palavras

☆ Tire fotos das crianças fazendo atividades na sala de aula. Peça que elas descrevam as atividades representadas nas fotos.

☆ Desenvolva um arquivo de fotos de revistas com objetos diferentes.

☆ Deixe as crianças escolherem fotografias e descreverem como os objetos são usados (cadeiras são para sentar, escadas são para subir, carros são para dirigir e assim por diante).

Álbum de fotos ensacadas

☆ Grampeie seis sacos plásticos com fecho pela parte de baixo e cubra os grampos com fita crepe ou uma fita colorida para formar a espinha do livro.

☆ Recorte pedaços de papelão ou papel cartonado que caibam em cada saco.

☆ Peça para cada criança trazer uma foto de sua família para a aula e coloque-as no Álbum. Os plásticos protegem as fotos.

☆ Incentive-as a falar sobre as fotos. *Quem são as pessoas na foto? Seus irmãos são mais velhos ou mais moços do que você? Quando essa foto foi tirada?*

☆ Mude as fotos de vez em quando. Outras idéias para o tema das fotografias podem ser fotos de bebês, fotos de aniversários, fotos tiradas em um passeio e fotos de animais de estimação.

Diversão com vocabulário

☆ Após ler uma história, escolha uma ou duas palavras para discutir.
☆ Por exemplo, "na história, Paula sentava em um toco". *O que é um toco? Tem algum toco aqui na sala? Onde podemos encontrar um?*

Diversão com compras

☆ No momento da Rodinha das Novidades ou Hora da Rodinha, coloque vários itens vendidos em armazéns no meio do círculo.
☆ Dê uma cesta para uma das crianças e peça que encontre o item usando uma rima:

(Nome da criança) *anda, anda*
Até encontrar (nome do item)
(Nome da criança) *anda, anda*
Será que ele encontrará (nome do item)?

☆ Selecione outra criança e repita a atividade até que todos os itens tenham sido apanhados.

Seqüências de objetos concretos

☆ Leia a história dos *Três Porquinhos* e discuta os materiais que eles usam para fazer suas casas.
☆ Distribua gravetos, palhas (grama seca) e um tijolo e peça para as crianças colocarem os materiais na ordem em que aparecem na história.
☆ Leia a história de *Cachinhos Dourados e os Três Ursos* e discuta a ordem em que a personagem encontra itens que pertencem à família dos ursos (tigelas de mingau, cadeirinhas e caminhas).
☆ Disponibilize uma tigela, uma cadeirinha e uma caminha e peça para as crianças ordenarem os itens conforme aparecem na história.
☆ Disponibilize também tigelas, cadeirinhas e caminhas em três tamanhos diferentes e peça para as crianças organizarem os itens na ordem em que Cachinhos Dourados os encontra na história.

Na sacola

- ☆ Coloque diversos objetos em uma bolsa, maleta ou sacola.
- ☆ Oriente as crianças a olhar dentro da bolsa ou sacola e descrever os objetos que encontrarem.
- ☆ Após as crianças adquirirem experiência com a atividade, deixe-as se alternarem, descrevendo um objeto sem deixar as outras crianças verem. As outras terão que adivinhar o que é.

  Observação: Esta atividade é uma ótima oportunidade para os professores ampliarem a linguagem das crianças, fazendo perguntas sobre cada objeto.

Palavras de posição

- ☆ Dê um saquinho de areia* a cada criança.
- ☆ Peça para colocarem seus sacos *sobre* o ombro, *abaixo* do queixo, *ao lado* do sapato, *em cima* da cabeça, e assim por diante.
- ☆ Use outras palavras espaciais para reforçar o vocabulário sobre posição.

Opostos

- ☆ Disponibilize diversos objetos que sejam opostos, por exemplo, um bloco grande e um pequeno, um copo alto e um baixo, uma bola dura e uma mole.
- ☆ Oriente as crianças a formar pares com objetos opostos.
- ☆ Para praticar mais, ensine a seguinte canção às crianças.

Música dos opostos

(Melodia: Pirulito que bate, bate)
Isto é grande, isto é pequeno,
Isto é grande, isto é pequeno,
Isto é grande e isto é pequeno,
Vamos cantar mais uma vez

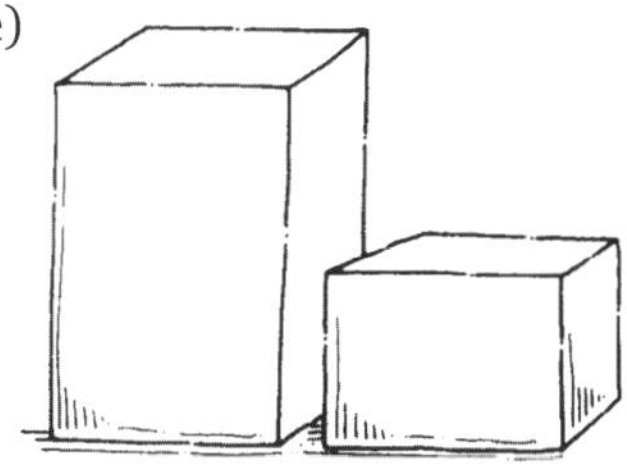

- ☆ Outras possibilidades:

Isto é alto, isto é baixo...
Em cima, embaixo...
Isto está dentro, isto está fora...
Estou triste, estou alegre...
Isto é mole, isto é duro...
Isto é rápido, isto é lento...
Isto está aqui, isto está lá...

*N. de R.T. Os saquinhos de areia são pequenos sacos de tecido com enchimento de areia ou de arroz, como pequenas almofadas, e servem para substituir as pedras em algumas atividades.

Caça aos opostos

☆ Convide as crianças para uma "caça aos opostos".
☆ Peça para revistarem a sala em busca de pares de opostos (janelas abertas e fechadas, blocos pequenos e grandes e assim por diante).

Vocabulário em língua de sinais

☆ Mostre às crianças alguns sinais básicos. Apresente um livro de língua de sinais que os ilustre.
☆ Você também pode encontrar sinais básicos na internet. Experimente o site: http://www.masterstech-home.com/ASLDict.html*

Mostre e conte

☆ O "mostre e conte" proporciona a primeira oportunidade para as crianças fazerem uma narrativa oral.
☆ Peça para elas trazerem um objeto de casa para mostrar aos seus amigos.
☆ Diga para descreverem seu objeto e faça perguntas para ajudá-las a organizar seus pensamentos. *Rafael, onde você conseguiu esse caminhão? O que você gostaria de fazer com ele? Ele é um dos seus brinquedos preferidos? Por que ele é um dos seus brinquedos preferidos?*
☆ Você não vai querer que todas as crianças da sala tragam algo no mesmo dia, por isso, crie um horário e combine com elas quem irá trazer objetos no dia (não mais do que três crianças para não esgotar a capacidade delas de prestar atenção).

Cócegas

☆ Diga para as crianças deitarem no chão, cada uma com a cabeça sobre a barriga de outra criança e peça para rirem.
☆ Solicite para duas ou três crianças descreverem a sensação que têm quando a outra está rindo.

*N. de R. Consultar o site do Dicionário de Língua Brasileira de Sinais: http://www.acessobrasil.org.br/libras/

Mostre e conte especial

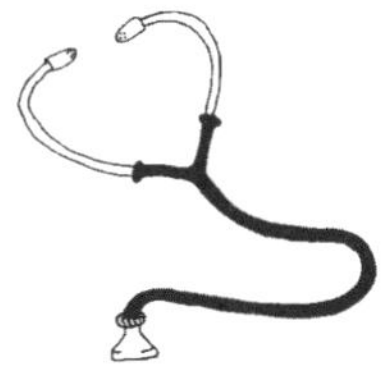

- ☆ Peça para as crianças trazerem um objeto do local de trabalho de algum familiar ou de casa e para conversarem com a família sobre o uso do objeto.
- ☆ No momento da Rodinha das Novidades ou Hora da Rodinha, deixe as crianças alternarem-se descrevendo o objeto e seu uso. Uma criança pode dizer: "Meu pai é barbeiro. Ele usa esta tesoura para cortar cabelos" ou "Minha mãe é médica. Ela use este estetoscópio para escutar corações".

O fio da meada

- ☆ Enquanto você segura uma bola de lã nas mãos, comece uma história com as crianças, por exemplo: "Ontem eu vi um monstro verde no supermercado. Ele era..."
- ☆ Segurando a ponta da linha, passe a bola para uma criança, que acrescenta uma "linha" à história.
- ☆ Quando aquela criança terminar, passa a lã para outra criança, e assim por diante.
- ☆ Continue até que todas as crianças tenham acrescentado uma linha à história.

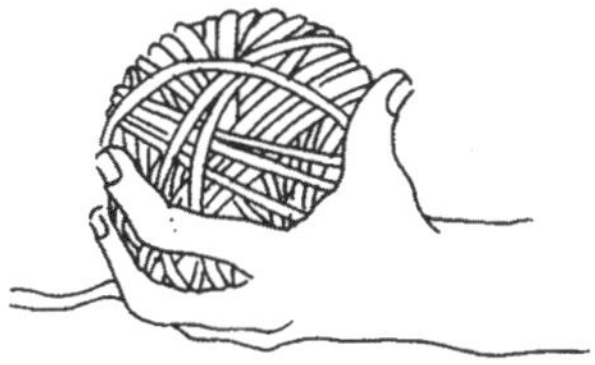

Pantomima em rima

- ☆ Faça uma fogueira de mentirinha usando rolos de papel higiênico vazios (lenha) e papel de seda ou celofane amarelo, laranja e vermelho (fogo).
- ☆ Peça para algumas crianças pularem sobre a fogueira para interpretar a música *Pula a fogueira,* do folclore brasileiro e de autoria de João Barbosa Filho. Não diga para as demais crianças qual mimica os colegas estão interpretando.
- ☆ As demais crianças do grupo devem advinhar qual rima esá sendo interpretada.

Pula a fogueira
(João Barbosa Filho)

Pula a fogueira Iaiá,
pula a fogueira Ioiô.
Cuidado para não se queimar.
Olha que a fogueira
já queimou o meu amor.
Nesta noite de festança
todos caem na dança
alegrando o coração.

Foguetes, cantos e troca
na cidade e na roça
em louvor a São João.
Nesta noite de folguedo
todos brincam sem medo
a soltar seu pistolão.
Morena flor do sertão,
quero saber se tu és
dona do meu coração.

Espelho mágico

☆ Solicite que as crianças sentem em círculo e passe um espelho de mão em mão.
☆ Peça para cada criança dizer algo sobre o que enxerga no espelho.
☆ Depois de cada criança ter a sua vez, peça para produzirem seus auto-retratos.

Pedrinha mágica

☆ Mostre uma pedrinha às crianças e peça para fingirem que é mágica e que pode lhes conceder desejos.
☆ Deixe cada criança segurar a pedra e fazer um pedido. Oriente-as a usar sentenças completas.

Varinha de condão

☆ Distribua um lenço a cada criança para usar como uma "varinha de condão".
☆ Coloque música.
☆ Oriente-as a balançar as suas "varinhas de condão" *sobre* a cabeça, *sob* a mesa, *entre* as pernas, *ao lado* da cadeira, e assim por diante.
☆ Use palavras espaciais para reforçar o desenvolvimento do vocabulário sobre posição.

Felipe feliz e Tina triste

☆ Cole dois pratos de papel em palitos de picolé e desenhe um rosto feliz (Felipe) e um rosto triste (Tina).
☆ Deixe as crianças alternarem-se segurando os rostos e apresentando razões por que "Tina" está triste e "Felipe" está feliz. "Eu sou a Tina triste, e estou triste porque..." e "eu sou o Felipe feliz, e estou feliz porque..."

Festa de fantoches

☆ Distribua às crianças pratos de papelão, folhas de papel colorido, giz de cera, cola e palitos de picolé.
☆ Oriente-as a desenhar rostos nos pratos e decorá-los para criar um rosto de fantoche. Mostre como colar os palitos para fazer hastes.
☆ Sugira que se dividam em pares e façam uma apresentação com os fantoches para o grupo.
☆ Lembre-se que as crianças podem não conseguir criar o enredo, de modo que qualquer diálogo é aceitável, uma vez que qualquer interação desenvolve conceitos lingüísticos.

O que vocês sabem sobre isto?

☆ Traga algo interessante para estimular descrições, afirmações e questões, como uma borboleta em uma caixa, um animal empalhado, um peixe dourado ou um hamster.
☆ Incentive as crianças a falar sobre o objeto em questão. Faça perguntas abertas (questões que exijam respostas além de "sim" e "não").
☆ Amplie as suas declarações. Por exemplo, se uma criança disser: *o peixe está nadando*, você pode acrescentar: *para um lado e para o outro no aquário*.

Fazendo perguntas

☆ Faça perguntas abertas que permitam que as crianças descrevam circunstâncias, eventos e pensamentos.
☆ Exemplos de questões que exigem pensamento superior podem ser encontradas na página 115 (Estratégias de questionamento).

Ditado de receitas

☆ Crie um livro de receitas com os alimentos preferidos das crianças.
☆ Peça para as crianças dizerem qual é a comida que preferem que alguém faça para elas.
☆ Pergunte como se faz a comida e escreva suas descrições exatamente como disseram. Não seja tentado a editar.
☆ Este pode ser um grande presente para alguém especial.

Histórias do flanelógrafo

☆ Proporcione oportunidades para as crianças recontarem histórias usando personagens do flanelógrafo.
☆ Se não tiver personagens de flanelógrafo comerciais, faça alguns usando imagens de livros.

Ampliando conceitos de histórias

☆ Leia um livro que termine com algo que sirva de trampolim para ampliar a história, como *David's Father*, de Robert Munsch, e *Imogene's Antlers*, de David Small.
☆ Peça para as crianças contarem como acham que a história pode continuar.

Polícia de palavras

☆ Leia rimas ou poemas conhecidos para as crianças. Enquanto lê, troque ou adicione algumas palavras ocasionalmente.
☆ Desafie-as a encontrar os seus enganos, ligando seus ouvidos de "polícia de palavras".

☆ Recite "um elefante incomoda muita gente" e pule o quarto e o quinto elefantes; ou "um dois, feijão com arroz, três quatro, feijão no prato" e troque os números do verso seguinte.

Consciência fonológica

Pir lim pim pim, diga o seu nome para mim

☆ Ensine a seguinte rima às crianças:

Pir lim pim pim, diga o seu nome para mim
Pir lim pim pim (todos batem palmas no ritmo)
Diga logo o seu nome para mim? (o professor aponta para uma criança)
Joana (a criança diz seu nome)
Joana (o professor repete o nome)
Batendo palmas. Jo-a-na (todos batem palmas conforme as sílabas em Joana)
Estalando os dedos. Jo-a-na (todos estalam os dedos conforme as sílabas em Joana)
Batendo na mesa. Jo-a- na (todos batem na mesa conforme as sílabas em Joana)

☆ Diga a rima novamente, apontando para outra criança. Continue até que o nome de todas tenha sido usado.

Palavras com palmas

☆ Junte diversos objetos pequenos (lápis, bloco, pincel, giz de cera) e coloque-os em uma caixa ou cesta. Selecione objetos que sejam diferentes no número de sílabas em seus nomes.
☆ Peça para uma criança selecionar um objeto da cesta e identificá-lo, usando uma sentença completa: *Isto é um giz de cera.*
☆ O resto das crianças repete o nome do objeto e bate palmas segundo as suas sílabas.

Sentenças simples

☆ Crie uma série de sentenças rítmicas simples para as crianças repetirem.
☆ Exemplos:

Davi deu os dados ao soldado.
Bárbara é bacana e gosta de banana.
O sol saiu cedo e aqueceu o bicharedo.

Trava-línguas

☆ Ensine às crianças alguns de seus trava-línguas favoritos.
  ★ *O peito do pé do Pedro é preto.*
  ★ *Três tigres tristes comendo trigo em um trigal.*
  ★ *Um tigre, dois tigres, três tigres.*
  ★ *Enquanto a pia pinga, o pinto pia.*
☆ Diga a sentença duas ou três vezes lentamente e tente acelerá-la.
☆ Pergunte às crianças qual é o som que se repete na sentença. Não é necessário que elas digam a letra que faz o som. No estágio pré-escolar, o importante é a capacidade de ouvir o som repetitivo.

Diversão com aliteração

☆ Dê nomes com aliterações para atividades da sala de aula, como "torres tortas" para construções com blocos ou "tinta tonta" para pinturas com muitas cores.
☆ Faça o mesmo com o lanche. O leite pode ser "leite legal", bananas podem ser "bananas bacanas", salada de frutas pode ser "frutas frias". Seja criativo!

Canções com aliterações

☆ Cante canções que tenham aliterações, como *O Pato*, de Vinícius de Moraes e Toquinho, ou recite parlendas do folclore nacional, como *Corre Cotia* e *Não sei se é fato ou se é fita*.
☆ Altere outras canções para incluir aliterações.

☆ Fale sobre **aliteração** (veja a definição na página 77) e dê exemplos.
☆ Escreva palavras com aliterações no quadro para que as crianças possam ver a letra repetitiva.
☆ Neste estágio, saber que o som que ouvem no grupo de palavras é o mesmo, é mais importante do que identificar o som da letra (mais importante que a relação entre o som e o símbolo). Esta atividade é uma atividade de escuta e de sensibilidade fonológica.

Os sons da chuva

- ☆ Obtenha um borrifador de água com bico ajustável.
- ☆ Proporcione uma variedade de superfícies para as crianças borrifarem – um papel encerado, uma cortina de banho, um pedaço de papelão e jornais.
- ☆ Estimule as crianças a borrifar em diferentes superfícies mudando a força do borrifo. Peça para descreverem os diferentes sons que a água faz.

Canções com onomatopéia

- ☆ Cante canções que tenham onomatopéias, como a cantiga popular *No Sítio do Seu Lobato* ou *O Relógio*, de Vinícius de Moraes e Paulo Soledade.
- ☆ As onomatopéias são palavras que soam como a coisa que estão tentando descrever (buzinas fazem "bip bip", telefones fazem "trim trim" e vacas fazem "muuuu").
- ☆ Ensine às crianças a palavra **onomatopéia** (veja a definição na página 77). Elas vão adorar e você verá como elas podem aprender a palavra e como se divertirão pronunciando-a.

Jogo dos nomes

- ☆ No decorrer do dia, quando for necessário chamar uma criança pelo nome, transforme isso em um momento de aprendizagem para as crianças aprenderem sons que rimem. *A criança com um nome que rime com anel pode entrar na fila?*
- ☆ Gabriel, Rafael e qualquer outra pessoa cujo nome rime com "anel" respondem ao pedido.

Pegue um par

- ☆ Coloque diversos pares de objetos que rimem entre si em uma cesta (gato/pato, boliche/sanduíche, pente/dente).
- ☆ Peça para as crianças formarem pares de objetos que rimem.

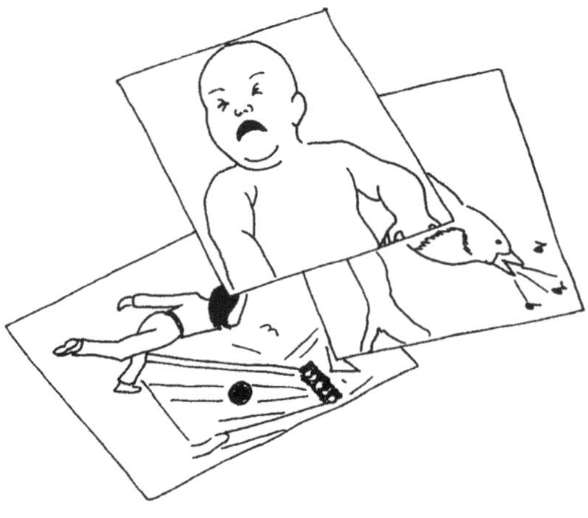

Rimas curtas

☆ Ensine às crianças rimas curtas:

Amar o mar, o mar amar.
Quem foi ao ar, perdeu o lugar.
Quem foi ao vento, perdeu o assento.

☆ Outros grupos de rimas incluem:

Pé, chulé, picolé, jacaré...
Tupi, guarani, sagüi, jabuti, açaí, abacaxi...
Pão, mão, limão, mamão, melão...

Rima ou razão

☆ Peça para as crianças sentarem em círculo.
☆ Comece o jogo dizendo uma palavra para a criança sentada à sua direita. A criança deve dizer uma palavra que rime com a sua palavra ou mudar a palavra para uma palavra nova que seja relacionada com a sua.
☆ Por exemplo, se você começar com a palavra "bola", a criança pode dizer "cola" para rimar com "bola" ou "jogar" porque está relacionado com "bola".
☆ A criança sentada à direita dessa criança agora diz uma palavra que rime ou que esteja relacionada com "cola" ou com "jogar".
☆ Continue o jogo até que todos tenham tido a sua vez.

Jogo de rimas

☆ Dê às crianças uma caixa com pequenos objetos de brinquedo.
☆ Peça para dizerem o nome de cada objeto.
☆ Quando você tiver certeza de que as crianças conseguem identificar cada objeto, peça para encontrarem objetos com nomes que soem parecidos (bolo e rolo, pincel e chapéu, e assim por diante).

Cantigas de ninar para completar

☆ Selecione rimas e cantigas de ninar em livros.
☆ Leia as rimas em voz alta e pare ao final de cada uma para que as crianças completem com a palavra que falta. Por exemplo:

Boi, boi, boi
Boi da cara preta
Pega este menino
Que tem medo de ________.

Cantigas de ninar rítmicas I

☆ Cante versos individuais de rimas de ninar, colocando a mesma ênfase em cada palavra.
☆ Peça para as crianças repetirem os versos no mesmo ritmo.
☆ Acrescente palmas em palavras específicas, como as que terminam cada verso.

Professora: *Dorme, Suzana,*
*que eu tenho o que **fazê***
Vou lavar, vou engomar
*Camisinhas pra **você***

Crianças: *Dorme, Suzana,*
*que eu tenho o que **fazê***
Vou lavar, vou engomar
*Camisinhas pra **você***

☆ Você pode mudar o ritmo, enfatizando sílabas alternadas:

***Dor**me, Su**za**na,*
*que eu **te**nho o que fazê*
*Vou la**var**, vou engo**mar***
*Cami**si**nhas pra vo**cê***

Cantigas de ninar rítmicas II

☆ Acompanhe rimas de ninar cantadas com um pandeiro ou tambor.
☆ Alterne os versos cantados entre garotos, garotas e o grupo todo.

Por exemplo:

Todos: *Carneirinho, carneirão*
Meninos: *neirão,neirão*
Todos: *Olhai pro céu, olhai pro chão*
Meninas: *pro chão, pro chão*

Rimas sussurradas

☆ Leia versos de ninar conhecidos, sussurrando as palavras que rimam.
☆ Depois, faça o inverso, lendo os versos de ninar sussurrando, e dizendo as palavras que rimam em voz alta.

Rimas enlatadas

☆ Coloque diversos objetos que rimem em uma lata – pata, lata e batata.
☆ Oriente as crianças a criar uma história que inclua todos os itens.

Diga e toque

☆ Ensine as crianças a seguinte rima:

Diga e toque
Diga "ré", toque o pé.
Diga "pêlo", toque o cabelo.
Diga "aço", toque o braço.
Diga "fecho", toque o queixo.
Diga "abelha", toque a orelha.
Diga "desça", toque a cabeça.
Diga "cão", toque a mão.

☆ Para crianças com mais experiência com rimas, dê a pista e deixe que as crianças digam a palavra. Diga "ré, toque o ________ ".

Aprendizagem e reconhecimento de letras

O que está faltando?

☆ Disponibilize para as crianças uma caixa com objetos pequenos, por exemplo, um giz de cera, tesoura, tubo de cola, um bloco e um livro.
☆ Deixe-as escolher quatro objetos.
☆ Peça para fechar os olhos e retirar um dos objetos.
☆ Desafie-as a dizer o que está faltando.
☆ Continue o jogo, trocando os objetos.

Opa!

- ☆ Desenhe um grande número de objetos grandes ou de pessoas em um pedaço de papel kraft ou em uma cartolina.
- ☆ Em cada desenho, omita um traço importante (uma perna de uma mesa, uma sobrancelha de um rosto ou uma roda de um carro).
- ☆ Peça para as crianças descobrirem o que está faltando.
- ☆ À medida que se tornarem mais proficientes, aumente a complexidade da característica que falta (um botão de uma camisa, um cadarço de um sapato).
- ☆ Este tipo de atividade prepara as crianças para notar detalhes. Quando estão proficientes, elas conseguem enxergar as pequenas diferenças entre "b" e "p", "t" e "d" e assim por diante.

Qual é a ordem?

- ☆ Reúna três ou quatro objetos da sala de aula, como um bloco, um giz de cera, um livro e um boneco. Como variação, use personagens do flanelógrafo.
- ☆ Organize os objetos em uma ordem específica.
- ☆ Peça para as crianças fecharem os olhos.
- ☆ Mude a ordem dos objetos.
- ☆ Peça para uma criança colocar os objetos na ordem original.
- ☆ Esta atividade aprimora a capacidade das crianças de prestar atenção a detalhes – uma habilidade necessária ao aprender as diferenças no formato das letras.

  Variação: Faça esta atividade com objetos relacionados com uma área específica de estudo.

Você lembra?

- ☆ Peça para as crianças sentarem em um círculo e fecharem os olhos.
- ☆ Faça perguntas sobre a sala. *Qual é a cor da porta do banheiro? O que colamos na janela ontem?*
- ☆ Esta atividade aprimora a capacidade das crianças de prestar atenção a detalhes.

Loto de papel contact

☆ Recorte 18 padrões diferentes de papel contact em quadrados duplicados de 5 centímetros.
☆ Recorte 2 quadrados de papelão de 15 centímetros e divida-os em 9 quadrados de 5 centímetros para criar tabuleiros de loto. Cole 9 dos padrões diferentes de contact, recortados anteriormente em quadrados de 5 centímetros, em cada tabuleiro. Reserve as duplicatas de padrões como cartas para jogar.
☆ O jogo é para duas crianças de cada vez.
☆ Distribua um tabuleiro a cada uma e vire as cartas com a face para baixo.
☆ Cada criança tira uma carta e tenta encontrar o quadrado correspondente em seu tabuleiro. Acertos são colocados sobre o tabuleiro e erros são virados novamente e usados quando a primeira pilha de cartas acabar.
☆ O jogo termina quando ambas as crianças cobrirem seus tabuleiros completamente.
☆ Quando as crianças tornarem-se proficientes em combinar os padrões, crie um novo jogo usando letras.

Ordem alfabética

☆ Ensine o alfabeto às crianças em seqüência normal.
☆ Cante a música do alfabeto.

O alfabeto
(Melodia: canção do ABC tradicional)

A B C D E F G
H I J K L M N O P
Q R S T U V
W X Y e Z
Já disse todo o ABC
Da próxima vez quero cantar com você

Z Y X W V U T
S R Q P O N M
L K J I H G
F E D C B A
Já disse todo o ABC
Da próxima vez quero cantar com você

Que letra está faltando?

☆ Coloque quatro pranchas alfabéticas consecutivas no chão e peça para as crianças dizerem as letras.
Observação: Use pranchas alfabéticas comerciais ou faça um conjunto imprimindo cada letra do alfabeto em um pedaço de cartolina de 12x17 centímetros.

☆ Diga para as crianças taparem os olhos e remova uma das letras.

☆ A seguir, peça para abrirem e identificarem a letra que falta.

Sacos de gel

☆ Coloque ½ xícara de gel para cabelos em um saco plástico com fecho e feche-o com cola.

☆ Oriente as crianças a fazer letras no saco usando o dedo indicador.

Letras de massa de modelar

☆ Prepare massa de modelar caseira usando uma das receitas apresentadas nas páginas 44-45.

☆ Oriente as crianças para formar letras do alfabeto com a massa.

☆ Como variação, as crianças podem fazer as letras sobre pranchas alfabéticas.

Letras de *pretzels*

☆ Prepare massa de *pretzels* misturando os seguintes ingredientes:

1 ½ xícara de água quente
1 envelope de fermento
4 xícaras de farinha
1 colher de chá de sal

☆ Dê massa suficiente para que cada criança molde a primeira letra do seu nome.

☆ Passe ovo batido nas letras, salpique sal grosso e asse em forno alto, até ficarem dourados.

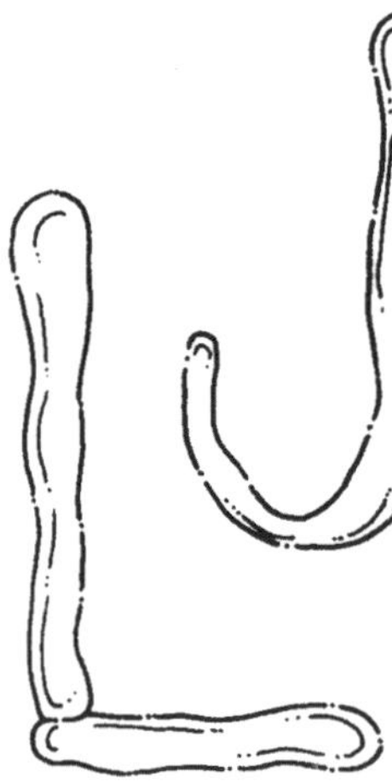

Letras digitais

- ☆ Imprima diversas letras do alfabeto em pranchas de 10x12 centímetros, uma letra por prancha.
- ☆ Disponibilize uma almofada de carimbo para as crianças.
- ☆ Oriente-as a pressionar seus polegares na almofada de carimbo e fazer impressões digitais sobre as linhas das letras impressas.

Nomes sardentos

- ☆ Escreva o nome de cada criança em um pedaço separado de cartolina. Use uma letra maiúscula para a primeira letra do nome de cada criança e minúsculas para as demais.
- ☆ Peça para as crianças contornarem seus nomes na cartolina com cola.
- ☆ Dê a cada uma bolinhas de furador de papel (ou confetes) para salpicar sobre a cartolina. Retire o excesso.

Traçando letras

- ☆ Escreva palavras conhecidas em pranchas de 10x12 centímetros usando um traço espesso.
- ☆ Cubra cada prancha com papel vegetal ou com papel de seda branco, usando clipes para prender o papel à prancha.
- ☆ Distribua grandes lápis de cera ou de cor e oriente as crianças a "passar por cima" das palavras.

Combinando letras

- ☆ Escreva diversas letras em pranchas.
- ☆ Distribua letras de EVA às crianças e peça para colocarem cada uma delas sobre a letra correspondente escrita nas pranchas.
- ☆ Escreva uma palavra no quadro ou em papel kraft e oriente as crianças a copiá-la usando as letras.

Formem pares, pensem e dividam

- ☆ Peça para as crianças selecionarem um parceiro.
- ☆ Atribua a cada par de crianças uma letra do alfabeto e desafie-os a pensar em um modo de formar a letra usando seus corpos.
- ☆ Permita que cada par compartilhe a sua idéia sobre como formar a letra.
- ☆ Peça para o resto do grupo identificar a letra.

Circule a letra

- ☆ Use uma copiadora para ampliar uma página de um jornal ou revista.
- ☆ Escreva uma letra em uma prancha e mostre às crianças.
- ☆ Peça para circularem todas as letras na página que se pareçam com a letra que você escreveu na prancha.

Atenção, concentração... de letras

- ☆ Explique às crianças como jogar *Atenção, concentração...* usando as letras do alfabeto.
- ☆ Cada criança corresponderá a uma letra, e, à medida que for mencionada na brincadeira, deverá dizer o nome de outra letra. A criança que corresponder à letra mencionada pelo colega deverá se manifestar dizendo uma outra letra e assim sucessivamente até que todos tenham sido mencionados.

Atenção, concentração...de letras
Atenção (batem palmas três vezes)
Concentração (batem palmas três vezes)
Ritmo (batem palmas três vezes)
Vai começar (batem palmas três vezes)
(começa no A)
Do A para o B (a criança que corresponde à letra A se apresenta e diz: do A para o B)
Do B para o C,...

Escrita na areia

- ☆ Encha uma assadeira ou uma bandeja com areia.
- ☆ Oriente as crianças a criar desenhos com os dedos.
- ☆ Use pranchas com palavras ou letras como exemplos.

Letras de areia

- ☆ Para cada criança, desenhe uma grande letra do alfabeto em uma prancha de 12x17 centímetros.
- ☆ Distribua às crianças um tubo de cola para que contornem a letra.
- ☆ Oriente-as a salpicar areia sobre a cola e a sacudir o excesso.
- ☆ Isso cria uma letra tátil para as crianças usarem e reusarem no reconhecimento de letras.

Escrita com o dedo

- ☆ Oriente as crianças a usar seus dedos indicadores para fazer letras em uma superfície de areia.
- ☆ Como variação, substitua a superfície de areia por creme de barbear, gel de cabelos, cascalho, etc.

Letras táteis

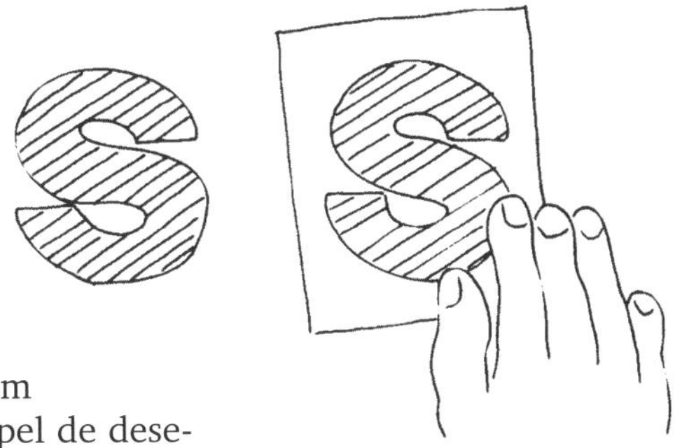

- ☆ Recorte letras em lixa e cole-as em pranchas individuais.
- ☆ Oriente as crianças a tocar as letras com os dedos. Elas também podem colocar papel de desenho sobre as letras e passar um giz de cera para criar uma letra com textura.
- ☆ Você também pode recortar letras táteis de juta, de papelão corrugado ou de tecidos com textura.

Loto de toalha de mesa

- ☆ Com fita adesiva, cole papel kraft em uma mesa e escreva o alfabeto nele.
- ☆ Faça um jogo de cartões com as letras do alfabeto, escrevendo cada uma em um cartão separado de 10x15 centímetros.
- ☆ Desafie as crianças a combinar as pranchas com as letras na toalha de mesa.

Letras de sorte

- ☆ Escreva cada letra do alfabeto em uma prancha grande. Faça um jogo menor de cartas com as letras correspondentes.
- ☆ Coloque as 26 pranchas no chão em um círculo, em ordem alfabética ou aleatória. (Pode-se começar com ordem alfabética e trocar para o modo aleatório posteriormente.)
- ☆ Toque música e oriente as crianças a caminhar ao redor do círculo de cartas.
- ☆ Quando a música parar, cada criança deve pegar a carta mais próxima.
- ☆ Mostre uma das cartas alfabéticas pequenas e a criança que estiver com a letra grande correspondente deverá identificá-la. (Se você tiver o H, a criança com o H em sua mão identifica a letra.)
- ☆ Continue o jogo até as crianças cansarem.

Bingo

☆ Prepare cartelas de bingo com letras para as crianças e distribua-as juntamente com botões ou feijões.
☆ Tire letras aleatoriamente de uma tigela. Use letras prontas ou escreva-as em pequenos quadrados de papelão.

☆ Mostre a letra e cante-a para o grupo. As crianças que tiverem aquela letra em suas cartelas de bingo devem usar os botões ou feijões para marcá-la.
☆ O jogo termina quando uma criança cobrir todas as letras em seu cartão de bingo.

Letras de *Scrabble**

☆ Disponibilize letras de *scrabble* e oriente as crianças a encontrar as letras necessárias para escrever os seus nomes.
☆ À medida que as criança se familiarizarem com outras palavras, podem usar as letras para escrevê-las também.

IA-IA-Ô

☆ Cante *No Sítio do Seu Lobato.*
☆ Escreva as letras "A", "I" e "O" em um pedaço de papel kraft. Aponte para as letras enquanto as canta.
☆ Cante a canção novamente, mudando as letras para três outras letras? Como fica?

Chegou carta

☆ Escreva o nome de cada criança em um envelope de cartas e coloque-o em uma sacola.
☆ Faça um crachá para cada uma e peça para sentarem em um círculo e segurando-os.
☆ Deixe as crianças alternarem-se entregando as "cartas" (tirando os envelopes da sacola e entregando-os aos nomes correspondentes nos crachás).
☆ Para mais diversão, acrescente presentes-surpresa, como adesivos ou fotografias, aos envelopes.

ABC manual

☆ Ensine às crianças o alfabeto usando as mãos, utilizando a brincadeira *Onde está a minha mão?*

---

*N. de R.T. *Scrabble* é um jogo de tabuleiro que tem as letras do alfabeto impressas em pequenos quadrados de madeira. Você pode encontrá-lo em lojas de brinquedos por este mesmo nome.

Onde está a letra ____?
Onde está a letra A?
Está aqui! Está aqui! (faça a letra "A" com a mão direita e mantenha a mão esquerda nas costas)
E a outra letra A?
Está aqui! Está aqui! (traga a mão esquerda para a frente e faça a letra "A" com a mão esquerda)
Como vai você? (pergunta a mão direita à mão esquerda)
Eu vou muito bem. (responde a mão esquerda)
Eu já vou embora. (diz a mão direita, retornando para a posição atrás das costas)
Eu já vou também. (responde a mão esquerda retornando também para a posição atrás das costas)

- ☆ Continue cantando a canção, avançando no alfabeto.
- ☆ Instruções para o alfabeto manual podem ser encontradas em diversos *websites*, como http://www.deafblind.com/card.html.*

Consciência escrita

Parte de cima, do meio e de baixo

- ☆ Dobre folhas de papel de desenho em três partes iguais e abra novamente. Distribua uma para cada criança.
- ☆ Peça para elas fazerem um desenho e, quando tiverem terminado, solicite que mostrem seus desenhos aos colegas e descrevam o que está na parte de cima, na do meio e na parte de baixo do papel.
- ☆ Mostre às crianças uma página impressa de um livro e comente que a impressão começa na parte de cima da página e termina na parte de baixo.

Mais parte de cima, do meio e de baixo

- ☆ Cante *Cabeça, ombro, perna e pé* com as crianças.
- ☆ Peça para identificarem quais partes do corpo estão na parte de cima dos seus corpos, quais estão no meio e quais estão na parte de baixo.
- ☆ Mostre às crianças uma página impressa de um livro e comente que a impressão começa na parte de cima da página e termina na parte de baixo. *O que está no meio?*

*N. de R. Consultar o site do Dicionário de Língua Brasileira de Sinais: http://www.acessobrasil.org.br/libras/

Da esquerda para a direita

☆ Faça uma grade com 16 quadrados.

☆ Oriente as crianças a fazer um padrão ABC-ABC-ABC na grade usando três cores diferentes de botões (botão vermelho, botão azul, botão verde; botão vermelho, botão azul, botão verde).

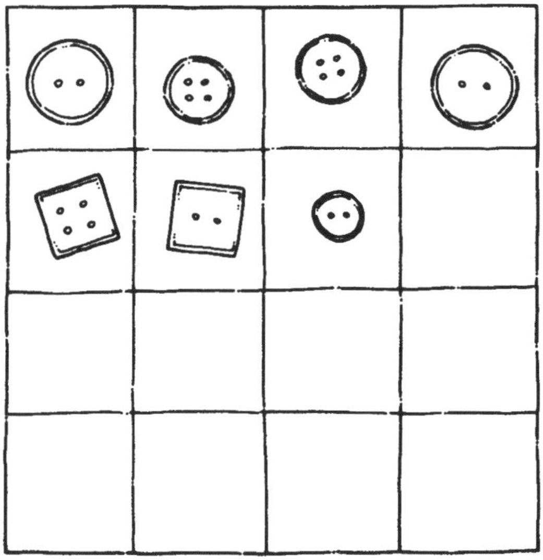

☆ Peça para elas preencherem a grade com os botões da esquerda para a direita e de cima para baixo. O padrão deverá cobrir a grade na segunda vez que for repetido.

☆ Mostre uma página impressa de um livro e comente que a impressão começa no alto e à esquerda da página e mover-se para a direita, repetindo tal movimento até o fim da página.

Tirinhas caseiras

☆ Recorte tirinhas (histórias em quadrinhos) do jornal de domingo e traga-as para a classe.

☆ Nos momentos em que você puder trabalhar individualmente ou em pequenos grupos com as crianças, leia as tirinhas para elas.

☆ Comente a ordem das imagens da esquerda para a direita à medida que lê.

A dança do leitor

☆ Ensine a brincadeira *A dança do leitor* para as crianças:

A dança do leitor

Quando leio um livro (abre as mãos como se estivesse lendo)
Vou da esquerda para a direita (balança a mão esquerda e vira a mão direita em cima)
E faço o mesmo (sacode o dedo como se estivesse dizendo "eu te disse")
Quando quero escrever (balança a mão esquerda e vira a mão direita em cima)
Eu danço a dança do leitor (põe a mão na cabeça e balança os quadris)
E giro (gira o corpo)
É assim que eu leio e escrevo! (sacode o dedo como se estivesse dizendo "eu te disse")

Eu danço a dança do leitor (põe as mãos sobre a cabeça, balança os quadris e gira o corpo)
Eu danço a dança do leitor (repete)
Eu danço a dança do leitor,
É assim que eu leio e escrevo! (sacode o dedo como se estivesse dizendo: "eu te disse")

Quando leio Cachinhos Dourados e os Três Ursos (abre as mãos como se estivesse lendo)
Vou da esquerda para a direita (balança a mão esquerda e vira a mão direita em cima)
Ando de palavra em palavra (aponta o dedo como se estivesse colocando-o sobre cada palavra)
Eu danço a dança do leitor (põe a mão na cabeça e balança os quadris)
E giro (gira o corpo)
É assim que eu leio e escrevo! (sacode o dedo como se estivesse dizendo "eu te disse")

Eu danço a dança do leitor (põe as mãos sobre a cabeça, balança os quadris e gira o corpo)
Eu danço a dança do leitor (repete)
Eu danço a dança do leitor,
É assim que eu leio e escrevo! (sacode o dedo como se estivesse dizendo "eu te disse")

☆ Estimule as crianças a criar seus próprios movimentos para a "dança do leitor"

Quebra-cabeças com nomes

☆ Escreva o nome de cada criança em uma tira de cartolina ou papel cartonado.
☆ Corte a cartona em peças de quebra-cabeça, tornando cada letra uma peça.
☆ Oriente as crianças a juntar as letras para escrever seus nomes corretamente.
☆ Recortando a cartolina entre as diferentes letras, você tornará as peças mais fáceis de encaixar corretamente.

Quebra-cabeças com letras

☆ Escreva uma palavra em uma tira de cartolina de 7x20 centímetros, deixando espaço suficiente entre as letras para fazer uma linha para recortar peças de quebra-cabeça.
☆ Recorte as letras para fazer as peças do quebra-cabeça.
☆ Oriente as crianças a montar os quebra-cabeças. *Que palavra apareceu?*
☆ Mostre uma página impressa de um livro e comente que as letras se unem para formar as palavras. Explique que o espaço entre as palavras é sinal de que uma nova palavra está começando.

Varal de letras

☆ Recorte círculos de cartolina ou papel cartonado com 7 centímetros de diâmetro, escreva letras nos mesmos e plastifique-os. Faça furos nos círculos usando um furador de papel.
☆ Distribua cadarços ou cordões.
☆ Oriente as crianças a amarrar as letras para formar uma palavra.

Quebra-cabeças de caixas de cereais

☆ Recorte a frente de caixas de cereais em pedaços para criar peças de quebra-cabeças.
☆ Oriente as crianças a montar os quebra-cabeças.
☆ Discuta a relação entre as *peças* do quebra-cabeças e *todo* jogo. Explique que o quebra-cabeças é feito de muitas peças, que são importantes para a imagem inteira.

Rótulos

- ☆ Rotule objetos e áreas da sala (cantinho da leitura, porta, pia e assim por diante)
- ☆ A rotulagem ajuda a desenvolver o conceito de que símbolos escritos representam palavras faladas.
  Observação: Limite o número de rótulos, pois uma quantidade exagerada pode passar despercebida.
- ☆ Pode ser interessante deixar que as crianças decidam quais itens na sala devem ser rotulados. Troque os rótulos periodicamente.

Crachás

- ☆ Quando cada criança chegar à sala, pergunte o seu nome e escreva-o em um crachá autocolante.
- ☆ Deixe que as crianças observem à medida que você transcreve seus nomes da forma falada para a forma escrita. Diga as letras enquanto as escreve no crachá e use uma letra maiúscula para a primeira letra e letras minúsculas para as restantes.
- ☆ Peça para as crianças usarem seus crachás durante todo o dia.
- ☆ Em outro dia, faça a mesma atividade usando os nomes e os sobrenomes.

Guardando as compras

- ☆ Obtenha caixas e latas de produtos alimentares. Certifique-se de obter pelo menos dois de cada item.
- ☆ Coloque um conjunto de produtos em uma prateleira ou mesa e outro conjunto com mesmos itens em uma sacola de supermercado.
- ☆ Peça para as crianças guardarem as compras, procurando na prateleira o lugar dos itens correspondentes aos da sacola.

Jornais divertidos

☆ Recorte tirinhas (histórias em quadrinhos) de jornais. Cubra as palavras das tirinhas (corretivo líquido funciona bem para isso). Distribua às crianças.

☆ Peça para as crianças criarem sua própria versão da história usando as imagens como pistas.

☆ Escreva as histórias que as crianças ditarem sobre as palavras cobertas para ajudá-las a desenvolver o conceito de que a escrita é um símbolo para a fala.

Ditado de histórias

☆ Escolha um tema e oriente as crianças a ditar uma história sobre ele. Escreva as palavras das crianças.

☆ Incentive-as a ilustrar suas histórias.

Experiências escritas

☆ Peça para as crianças descreverem suas experiências ou sentimentos sobre diferentes experiências.

☆ Escreva no quadro de modo esquemático as descrições das crianças enquanto elas falam. Por exemplo:

Fomos visitar os estábulos.
Vimos vacas e cavalos.
Brincamos no feno.
O feno tinha cheiro bom.

☆ Sempre que possível, use as oportunidades para as crianças descreverem eventos e vê-los transcritos para a forma escrita.

Correspondências na sala de aula

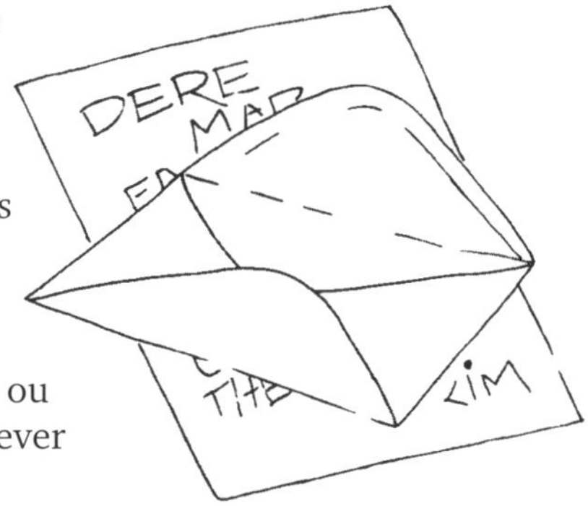

☆ Tenha um suprimento de envelopes disponível.
☆ Oriente as crianças a fazer desenhos para contar algo a seus amigos ou a criar outras formas de registro gráfico para transmitir uma mensagem. Se necessário, você ou outro adulto podem escrever suas palavras.
☆ Deixe as crianças colocarem suas “cartas” nos envelopes e entregá-las aos colegas por meio dos escaninhos (caixa postal).
☆ Lembre as crianças de que a escrita é usada para nos comunicarmos com os nossos amigos.

Logogrifos

☆ Escreva trava-línguas, canções, rimas e as experiências das crianças em folhas grandes de papel.
☆ Acrescente desenhos que ilustrem alguns substantivos do texto usado. Por exemplo: “Eu fui ao rodeio com meu chapéu (desenho) e minhas botas novas (desenho)”.
☆ Peça para as crianças ajudarem você a “reler” o que escreveram.

Caça ao tesouro com logogrifos

☆ Faça um desenho (mapa) com pistas para encontrar um tesouro. Ordene as pistas da esquerda para a direita e de cima para baixo.
☆ Divida a classe em dois grupos e dê um conjunto de pistas a cada grupo.
☆ Oriente-os a procurar o tesouro usando as pistas.
☆ O primeiro grupo a encontrar o tesouro é o vencedor.

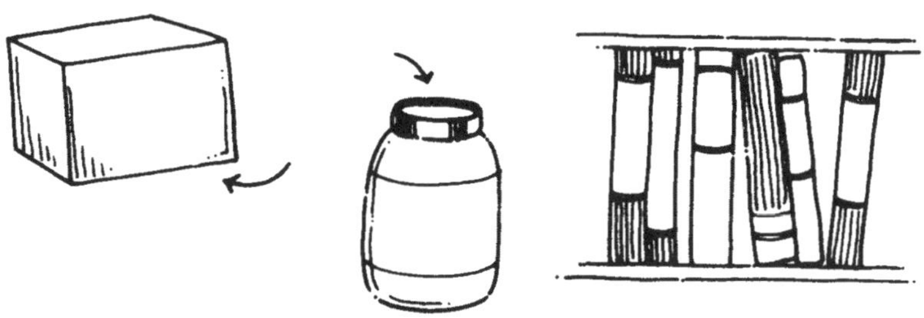

Receitas com logogrifos

☆ Desafie as crianças a usar instruções em logogrifos para fazer um lanche simples.
☆ A Mistura da amizade, na página 52, a Vitamina da vaca roxa, na página 49, e o Pudim agitado, na página 52, funcionam bem como logogrifos.

Rimas infantis para preencher

☆ Escreva uma rima simples em um painel ou cartaz.
☆ Use nessa rima ilustrações em logogrifo onde for possível.
☆ Apresente as ilustrações e peça para as crianças lerem a rima com você.

Escrevendo rimas

☆ Leia rimas simples para as crianças. As rimas infantis são um bom exemplo de rimas simples.
☆ Crie rimas simples com as crianças e escreva-as em um painel. Por exemplo:

Corra agora
Se quer chegar na hora.

Prefiro caminhar
Para não me cansar.

Idéias para histórias

☆ Sugira uma idéia para começar e incentive as crianças a contar uma história para você.
☆ Veja alguns exemplos:

- ★ Olhei pela janela e vi um cão correndo atrás de um porquinho na rua.
- ★ O melhor presente que eu ganhei de aniversário foi ________.
- ★ Ontem encontrei um homem engraçado que disse que era de outro planeta.

Livros sem palavras

☆ Junte alguns livros sem palavras e mostre-os às crianças. Esses livros proporcionam o enredo, as personagens e os temas, deixando que os leitores forneçam as palavras.

Livros ensacados

- ☆ Oriente as crianças a usar desenhos para criar uma história.
- ☆ Grampeie seis sacos plásticos com fecho pela parte de baixo e coloque uma tira de fita adesiva ou fita colorida sobre os grampos para formar a "espinha" do livro.
- ☆ Recorte pedaços de papelão ou de cartolina para colocar em cada saco.
- ☆ Peça para as crianças ditarem e ilustrarem histórias e coloque-as na seqüência adequada nos sacos.
- ☆ Use papéis adesivos na parte de baixo das páginas para escrever a história ditada.
- ☆ Mude as histórias, removendo as páginas atuais e colocando uma história nova.
- ☆ Use livros populares como modelos a imitar. Por exemplo, *Sítio do Picapau Amarelo*, de Monteiro Lobato pode tornar-se *Sítio da Arara-azul*.

Listas

- ☆ Faça listas de atividades de sala de aula quando adequado.
- ☆ Oportunidades típicas incluem uma lista de sons que você espera ouvir em uma saída pela natureza, pensar em uma lista de nomes possíveis para o mascote da sala, e uma lista de lugares para visitar em um passeio da classe.
- ☆ Fazer e usar listas ajuda as crianças a se familiarizarem com uma das tantas maneiras em que se usa a comunicação escrita.

Escrevendo um diário

☆ Pegue algumas folhas de papel branco e um pedaço de cartolina, dobre-os ao meio e grampeie na dobra (certifique-se de que a cartolina está por fora) para fazer um diário ou peça para as crianças trazerem uma caderneta para a escola.

☆ Todos os dias, peça para as crianças escreverem ou desenharem em uma página de seu diário. Elas podem fazer um desenho sobre o dia ou usar letras de "faz-de-conta" para registrar seus pensamentos para aquele dia.

☆ Proporcione oportunidades para as crianças "lerem" uma página do diário para outras pessoas.

☆ O importante não é o que elas escrevem, mas o conceito a ser enfatizado.

Observação: Esta atividade ajuda as crianças a entenderem que seus pensamentos podem ser transmitidos por meio de símbolos.

Amigos por correspondência

☆ Encontre uma turma de outra escola ou centro que queira trocar cartas de vez em quando.

☆ Escrever cartas é uma das tantas maneiras em que se usa a comunicação escrita.

Notícias

☆ Oriente as crianças a pedir para seus pais ajudarem a encontrar um artigo simples no jornal e a recortá-lo.

☆ Peça para trazerem o artigo para a aula.

☆ Comente as principais informações de cada artigo brevemente com as crianças. Concentre-se no conceito de que a escrita é usada para comunicar notícias para o mundo.

Compreensão

Detetives de histórias

☆ Após ler uma história para as crianças, faça perguntas de múltipla escolha.
☆ Por exemplo, leia *Chapeuzinho Vermelho*. Peça para as crianças escolherem a resposta certa para a seguinte questão: *"O que Chapeuzinho Vermelho estava carregando para a casa de sua avó?"* (mala, bolsa, cesta ou caixa)
Observação: Uma ou duas questões desse tipo após uma história ajudam as crianças a se familiarizarem com esse tipo de estratégia de questionamento.

Verdadeiro/ falso

☆ Apresente pares de sentenças às crianças – uma verdadeira e uma falsa.

★ Todas as pessoas nesta sala são meninos.
★ Nossa turma é composta de meninos e meninas.

☆ Peça para selecionarem a afirmação verdadeira.
☆ Após as crianças terem confiança em como selecionar esse tipo de afirmação categórica, apresente pares de sentenças, nos quais uma sentença é parcialmente verdadeira e a outra é completamente verdadeira.

Estratégias de questionamento

☆ Faça perguntas que exijam que as crianças ampliem seu raciocínio e sua compreensão. Faça perguntas que usem todos os níveis de raciocínio descritos por Benjamin Bloom (A Taxonomia de Bloom): recordação, compreensão, aplicação, análise, síntese e avaliação.
☆ Por exemplo, se você acaba de ler *A Galinha Ruiva*, aqui estão algumas questões que usam todos os níveis de pensamento:

★ **Recordação**: *O que a Galinha Ruiva estava tentando fazer?*
★ **Compreensão**: *Para quem ela pediu ajuda?*
★ **Aplicação**: *Você pode pensar em uma vez em que alguém lhe pediu ajuda com algo e você não quis ajudar? O que você fez?*
★ **Análise**: *Que partes da história podem ter acontecido de verdade? Que partes são apenas faz-de-conta?*
★ **Síntese**: *Como a história teria sido diferente se os animais tivessem ajudado a galinha a fazer o bolo de milho?*
★ **Avaliação**: *Você acha que está certo a Galinha Ruiva não ter dividido o bolo de milho com os animais que não ajudaram? Por quê?*

Mapa da história

☆ Faça um mapa para as histórias que você lê para a classe. Veja o exemplo abaixo de um formato sugerido.

TÍTULO ______________________

AUTOR ______________________

TEMA ______________________

ENREDO

PERSONAGENS

CENÁRIOS

CONFLITO

RESOLUÇÃO

Teia de palavras

☆ Escreva uma palavra relacionada com o tema atual da classe no centro de uma folha de papel. Se as crianças estiverem estudando animais de estimação, por exemplo, você pode escrever "gato" no meio da folha.

☆ Faça um círculo ao redor da palavra. Peça às crianças para dizerem tudo o que sabem sobre gatos. Escreva palavras descritivas para o que eles disserem ao redor da palavra "gato". Faça linhas da palavra no círculo às descrições para criar uma teia de palavras.

☆ Para crianças menores ou com menos experiência, você pode fazer esta atividade de forma mais concreta. Coloque um gato de plástico, de pelúcia ou uma foto de um gato no chão e faça um círculo de lã ao redor. Escreva as palavras descritivas que as crianças disserem sobre gatos em cartões e coloque-os no chão ao redor do gato no círculo. Use lã para fazer linhas do gato aos cartões.

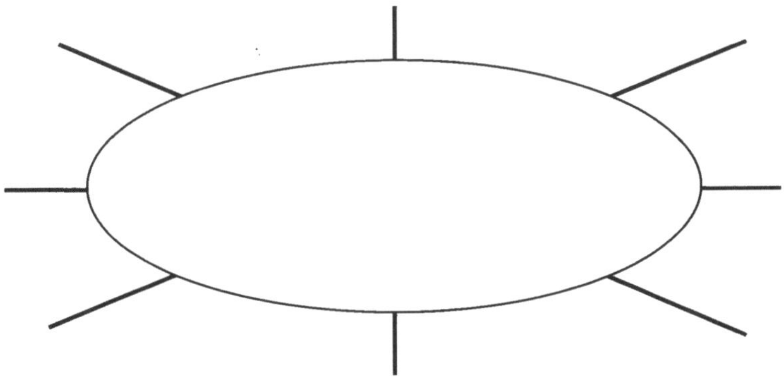

Dramatização de histórias

☆ Marque um canto da sala para ser um jardim florido.

☆ Conte a história *O Gigante Egoísta,* de Oscar Wilde. As crianças dramatizam que são as crianças da história brincando no jardim e outra criança representa o gigante.

☆ Peça para as crianças se alternarem na dramatização dos personagens.

☆ Use esta atividade com o jogo "Quem está bagunçando o meu jardim?", descrito à página 189, para ampliar a compreensão.

☆ Conte a história de *Cachinhos Dourados e os Três Ursos*.

☆ Após contar a história, coloque três tigelas sobre uma mesa, três cadeiras contra a parede e três lençóis no chão (representando caminhas).

☆ Conte a história novamente, deixando que as crianças representem os papéis dos três ursos e de Cachinhos Dourados.

☆ Incentive as crianças a criar seus próprios diálogos em momentos críticos da história. (*"Está muito quente!", "Está muito frio!", "Está ótimo!"*)

Histórias em pantomima

☆ Leia uma história, como *Pé de Pilão*, de Mário Quintana, ou outra história favorita.

☆ Peça para uma ou mais crianças representarem em pantomima a atividade da personagem principal, quando o pato vai tirar retrato e fica "*duro e sem graça como se fosse de massa!*'.

☆ Conte a história novamente e deixe outras crianças interpretarem-na.

Histórias de ação

☆ Use histórias de ação com as crianças.

☆ As histórias de ação permitem que as crianças envolvam-se fisicamente com a história, ajudando-as a internalizá-la. *Caça ao urso* (ver páginas 125-126) é um bom exemplo de uma história de ação.

☆ A seguir, outra história de ação que as crianças vão adorar.

O velho gato

O velho gato está dormindo, dormindo, dormindo.
O velho gato está dormindo em sua casa.
(uma criança interpreta o gato e se enrola, fingindo dormir)

Os ratinhos estão se arrastando, arrastando, arrastando.
Os ratinhos estão se arrastando pela casa.
(as outras crianças interpretam ratinhos, arrastando-se ao redor do gato adormecido)

O velho gato está acordando, acordando, acordando.
O velho gato está acordando em sua casa.
(o gato se senta e se alonga lentamente)

O velho gato está caçando, caçando, caçando.
O velho gato está caçando pela casa.
(o gato caça os ratinhos)

Os ratinhos estão gritando, gritando, gritando.
Os ratinhos estão gritando pela casa.
(os ratinhos gritam; quando o gato pega um ratinho, esse ratinho torna-se o gato e a brincadeira continua).

CAPÍTULO 5

Primeiro as primeiras coisas — Colocando significado na matemática

Visão geral

Para crianças pequenas, a matemática deve ser concreta, prática, significativa, evolutiva, cheia de brincadeiras e exploração, e ensinada com uma terminologia consistente. Ao manipular materiais, as crianças internalizam os padrões inerentes à matemática. Por meio de experiências práticas, elas aprendem que, muitas vezes, existe mais de uma solução para um mesmo problema.

Contar até 10 por memorização não significa que uma criança entende o significado do número 10. Se as crianças contam 10 bolinhas de gude e as colocam em um copo fino e alto e contam outras 10 bolinhas e as colocam em uma tigela rasa e baixa, elas dirão que há mais bolinhas no copo fino e alto. Assim, use o tempo necessário para desenvolver conceitos minuciosamente. Não se apresse, as crianças aprendem a contar quando contar torna-se significativo para elas. Elas aprenderão a contar até quatro e, ao mesmo tempo, entender o que o número quatro significa muito mais quando contarem quatro velas em seu bolo de aniversário do que contando quatro bolinhas de gude em um copo.

Este capítulo está organizado por seqüência evolutiva. Seguir uma seqüência evolutiva ao ensinar matemática permite que as crianças construam cada conceito a partir de conceitos já aprendidos. É importante que as crianças pequenas realmente entendam conceitos básicos antes de passarem para operações mais abstratas como adição e subtração. O uso de uma seqüência evolutiva para ensinar matemática ajuda as crianças a construírem a sua compreensão gradualmente. Por exemplo, as crianças devem ser capazes de reconhecer e dar nome a atributos (exploração livre) e entender a posição de objetos (relações espaciais) antes que possam classificar objetos (classificação) em grupos. Elas devem ser capazes de identificar, criar e ampliar padrões (que são formados por semelhanças e diferenças). Aderindo a essa seqüência e proporcionando às crianças uma variedade de oportunidades para praticar e internalizar matemática, você as está preparando para atividades mais complexas quando forem introduzidas mais adiante.

Torne a matemática divertida. Use brincadeiras e oportunidades de exploração. Cante canções relacionadas com a matemática, jogue jogos relacionados com a matemática e insira a matemática nas atividades cotidianas, como contar o número de crianças no pátio ou quantas vezes uma bola é rebatida. Tenha intenção e propósito em sua aula. Pare e discuta o número "três" ao cantar *"o meu chapéu tem três pontas, tem três pontas o meu chapéu..."*

Seja coerente com sua terminologia ao ensinar matemática. Um grupo de objetos é um *conjunto*, então use a palavra "conjunto". Ao fazer brincadeiras com os dedos e cantar canções que reduzam o número no conjunto (*Polegares, polegares, onde estão?, aqui estão, eles se saúdam, eles se saúdam, e se vão, e se vão*), não ensine o conceito como "tirar". Ensine o conceito de "menos um". A expressão "tira um" é apenas uma maneira de separar conjuntos ao se usar subtração. Ela não é verdadeira em todos os problemas de subtração.

A lista seguinte apresenta definições e conceitos matemáticos, e também representa uma seqüência evolutiva adequada para introduzir cada conceito. Ela começa com a primeira habilidade matemática que a criança necessita internalizar e continua com habilidades consecutivas, cada uma construída com base na habilidade anterior.

Adição – a união de conjuntos.
Atributos – palavras descritivas que definem objetos, por exemplo, blocos *vermelhos*, blocos *quadrados*, e assim por diante.
Classificação – processo de agrupar ou organizar objetos em classes ou categorias segundo uma característica sistemática, critérios ou princípios.
Contagem – a adição sistemática de um membro de um conjunto de cada vez.
Correspondência um a um – processo de formar pares ou combinar objetos ou itens, por exemplo, um guardanapo para cada pessoa.
Exploração livre – a investigação de itens, como botões, rolhas, arruelas, blocos e tampas de vidros, para se familiarizar com seus atributos.
Frações – método para dividir itens.
Gráfico – processo de classificação dados.
Medição – comparação de itens por uma unidade padronizada.
Numeração – capacidade de reconhecer numerais e colocar um numeral correto em um determinado número de objetos. "Três" é um número; "3" é um numeral.
Ordenação e seqüenciamento – o processo de ordenar relações, por exemplo, do menor ao maior, do mais leve ao mais pesado, ou de menos a mais.
Padronização – processo de criar repetições de símbolos ou de objetos com base em semelhanças e diferenças, como

Curiosidades sobre o cérebro

- ☆ A acuidade matemática tem seu pico na pré-adolescência.
- ☆ As habilidades matemáticas, musicais e espaciais são relacionadas entre si. Elas localizam-se aproximadamente no mesmo ponto do cérebro.
- ☆ Quando as crianças conseguem enxergar padrões em atividades matemáticas (por exemplo, a contagem é a adição sistemática de um membro a um conjunto de cada vez; os números avançam de forma par/ímpar; e assim por diante), desenvolvem uma compreensão mais racional da matemática.
- ☆ Ensinar conceitos matemáticos por memorização com repetição faz com que as informações sejam armazenadas na parte do cérebro que tem funcionamento inferior.

círculo vermelho, triângulo azul; círculo vermelho, triângulo azul; e assim por diante.
Relações espaciais – a compreensão de termos, como *em cima, em baixo, acima, abaixo, dentro* e *fora*, usados para descrever posições e instruções.
Subtração – a separação de conjuntos.

O uso dos momentos de aprendizagem espontânea é valioso no ensino de matemática. Conte os meninos na fila e depois as meninas. Conte o número de polichinelos durante a educação física e o número de biscoitos na merenda. Isso significa usar a matemática e a contagem no contexto significativo das experiências cotidianas.

Exploração livre

Bugigancaixa

- ☆ Junte objetos para colocar em caixas de "bugigangas" (o tamanho da caixa depende do tamanho dos objetos). Escolha objetos que as crianças gostem de explorar, como chaves, rolos de linha vazios, botões, porcas e parafusos de todos os tamanhos, rolhas, tampas de garrafas e outros itens interessantes.
- ☆ Peça para as famílias ajudarem a arrecadar esses objetos.
- ☆ Coloque as caixas em uma prateleira baixa no Cantinho da Matemática.
- ☆ Incentive as crianças a explorar os materiais. Fale com elas enquanto manuseiam os objetos. Ajude-as a desenvolver a linguagem necessária para descrever os objetos (nomeando atributos).

Nomeando atributos

- ☆ Explique às crianças que os *atributos* são palavras que descrevem algo ou alguém.
- ☆ Demonstre o conceito usando as crianças como exemplos. Mostre que algumas das crianças têm olhos azuis e outras têm olhos castanhos, chame atenção para suas diferentes alturas e cores de cabelo.
- ☆ Selecione um item da sala, como um tapete ou uma mesa, e ajude as crianças a fazer uma lista dos atributos que descrevem o objeto. Por exemplo, os atributos de uma mesa podem ser quatro pernas, superfície lisa, grande, quadrada e bege.

Eu vejo

- ☆ Jogue "Eu vejo" com as crianças.
- ☆ Escolha um objeto da sala e descreva um atributo do objeto. *Eu vejo algo que é vermelho, mole e quadrado*.
- ☆ Deixe as crianças alternarem-se tentando adivinhar o objeto que você está descrevendo.
- ☆ Quando adquirirem habilidade em nomear atributos, deixe que se alternem dando pistas sobre algo que elas vejam.

Você consegue encontrar?

- ☆ Esconda um objeto na sala de aula antes de as crianças chegarem.
- ☆ Dê a elas pistas que descrevam o objeto oculto e desafie-as a encontrá-lo.
- ☆ Se não conseguirem, dê pistas adicionais ou informações que reduzam o espaço onde elas procuram.

Abraço na árvore I

- ☆ Peça para as crianças ajudarem a fazer uma lista de palavras que possam ser usadas para descrever uma árvore (alta, baixa, folhas verdes, sem folhas, tronco áspero, tronco liso e assim por diante).
- ☆ Leve-as ao pátio ou a uma praça próxima.
- ☆ Descreva uma árvore. *Eu vejo uma árvore que não é muito alta, tem tronco liso e folhas verdes e amarelas.*
- ☆ Assim que as crianças determinarem a árvore que você está descrevendo, correm até ela e a abraçam.

Abraço na árvore II

☆ Reúna fitas de cores diferentes.
☆ Amarre uma fita de cada cor em árvores próximas.
☆ Escolha uma cor e diga o seu nome. As crianças devem correr e abraçar a árvore daquela cor.
☆ Diga outra cor e as crianças devem correr para a árvore com aquela cor de fita.
☆ Continue até as crianças cansarem do jogo.

Comparando mãos

☆ Oriente as crianças a comparar o tamanho de suas mãos com o tamanho das de seus amigos.
☆ Oriente-as a encontrar um amigo com mãos maiores, menores, e mãos que sejam do mesmo tamanho das suas.

Vocabulário descritivo

☆ Reúna diversos objetos que sejam opostos, por exemplo, um bloco pequeno e um grande, um copo alto e um baixo.
☆ Peça para as crianças formarem pares com os objetos opostos.
☆ Peça para as crianças descreverem quais atributos tornam os objetos opostos.

Mais vocabulário

☆ Reúna diversos objetos de uma sala de aula e coloque-os em um saco ou em uma caixa.
☆ Remova os objetos do saco, um de cada vez, e oriente as crianças a fornecer o maior número de palavras descritivas que conseguirem para ele.

Relações espaciais

Parte de cima, do meio e de baixo

☆ Dobre folhas de papel de desenho em três partes iguais e distribua uma para cada criança.
☆ Peça para as crianças desenharem um auto-retrato em seu papel, com a cabeça na parte de cima (dentro da dobra) e as pernas na parte de baixo. Oriente-as a desenhar seus dorsos e braços no meio. *O que há de engraçado nesse desenho?*
☆ Peça para as crianças mostrarem seus retratos para seus amigos e descreverem em qual seção cada parte do corpo se localiza.

Atividade para casa: Escreva "aula de relações espaciais" na parte de trás de cada retrato e os envie para casa. Sugira que as crianças conversem com suas famílias sobre o arranjo de seus corpos no papel.

Caixinha de surpresas

☆ Cubra pequenas caixas de jóias e outras caixas semelhantes com papel contact.
☆ Coloque um botão dentro de cada caixa e dê uma para cada criança.
☆ Peça para a criança tirar o botão da caixa e colocá-lo *em cima* da caixa, *ao lado* da caixa, *embaixo* da caixa e *dentro* da caixa.
☆ Deixe as crianças escolherem um local para colocar seus botões em relação à caixa e descreverem onde decidiram colocar seus botões.

Dentro e fora

☆ Disponibilize saquinhos de areia e uma caixa para arremessá-los dentro. Use fita crepe para identificar uma linha de lançamento no chão.
☆ Oriente as crianças a ficar atrás da linha e arremessar o saquinho de areia dentro da caixa.
☆ Peça para descreverem onde o saco cai a cada vez, dentro ou fora da caixa.

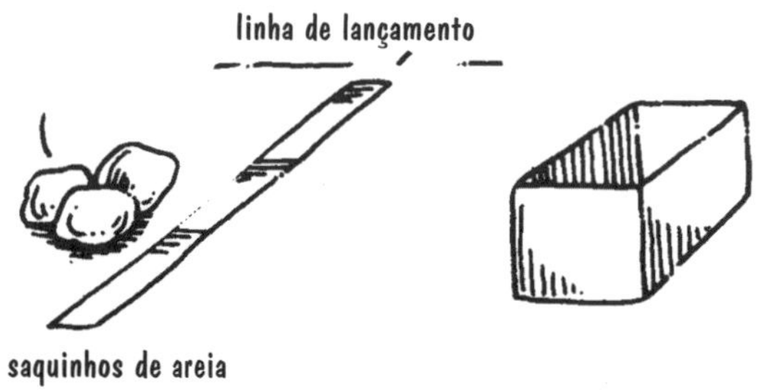

☆ Divida uma folha de papel em duas colunas e faça um desenho para representar *dentro da caixa* na parte de cima da primeira coluna e *fora da caixa* na segunda.

☆ Oriente as crianças a registrar os resultados de seus lançamentos, colocando um visto na coluna adequada cada vez que arremessarem.

Por cima e por baixo

☆ Faça um tear passando fio de lã horizontalmente por uma bandeja de isopor vazia, recortando pequenas fendas nos lados da bandeja para manter o fio fixo.

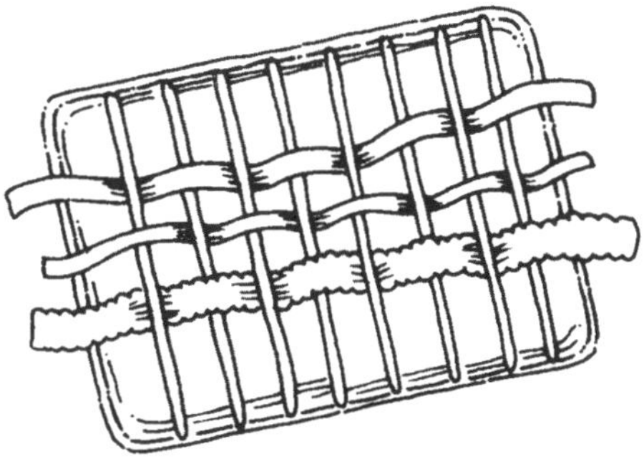

☆ Distribua fios de lã, cordões, fitas e laços e oriente as crianças a usar esses itens para fazer um padrão em seus teares.

☆ Peça para dizerem por cima e por baixo, enquanto manobram os fios e fitas através do fio no tear.

Onde está o botão?

☆ Escolha uma criança, peça para ela sair da sala e esconda um botão na área da Rodinha.

☆ Quando ela voltar, apresente pistas de onde o botão está. Chame atenção para o uso de palavras que descrevam relações espaciais usadas para ajudar nas pistas.

☆ Quando ela encontrar o botão, jogue novamente, pedindo para ela esconder o botão e escolher outra criança para procurá-lo.

Caça ao urso

☆ Ensine às crianças a seguinte canção de ação: *Caça ao urso.*

☆ Peça para as crianças identificarem as palavras que indicam relações espaciais na canção.

Caça ao urso

Vamos caçar ursos. (só o líder diz o primeiro verso)
Querem vir comigo? (as crianças respondem "sim")
Então vamos. Vamos lá! (bata nas pernas alternando as mãos como se estivesse caminhando)

Vejam! É um rio. (as crianças repetem)
Não podemos voar por cima dele. (as crianças repetem)
Não podemos passar por baixo dele. (as crianças repetem)

Não podemos dar a volta nele. (as crianças repetem)
Vamos ter que atravessar. (as crianças repetem)
(finja entrar no rio, atravessar a água e sair na outra margem; faça um som de água e bata nas pernas novamente como se caminhasse)

Vejam! É uma árvore. (as crianças repetem)
Não podemos voar por cima dela. (as crianças repetem)
Não podemos passar por baixo dela. (as crianças repetem)
Não podemos dar a volta nela. (as crianças repetem)
Vamos ter que passar por cima dela. (as crianças repetem)
(finja subir na árvore e passar por cima, depois bata nas pernas novamente como se caminhasse)

Vejam! É uma plantação. (as crianças repetem)
Não podemos voar por cima dela. (as crianças repetem)
Não podemos passar por baixo dela. (as crianças repetem)
Não podemos dar a volta nela. (as crianças repetem)
Vamos ter que atravessar. (as crianças repetem)
(assobie, esfregue as mãos e bata nas pernas novamente como se caminhasse)

Vejam! É uma caverna. (as crianças repetem)
Querem entrar? (as crianças respondem "sim")
Oh, está escuro aqui dentro. (as crianças repetem)
(olham ao redor, apertando os olhos)
Estou vendo dois olhos. (as crianças repetem)
É fofo e peludo. E é grande.
É um urso! Vamos fugir! (repita as etapas, batendo as mãos nas pernas como se corresse)
(Repita as ações na seqüência inversa – campo, árvore, rio e pare)
Chegamos em casa! Sãos e salvos! (finja limpar o suor da testa)

Instruções no círculo

☆ Peça para as crianças sentarem em um círculo.
☆ Dê instruções para elas seguirem, usando palavras espaciais. *Coloque as mãos "nos seus quadris". Coloque o pé "à sua frente" Coloque o cotovelo "sobre o joelho".*

Twister

- ☆ Jogue uma partida de *Twister* com as crianças.
- ☆ Se não tiver um jogo comercial, crie o seu próprio jogo, recortando círculos amarelos, azuis e vermelhos de papel contact e colando-os em uma cortina de banho cortada ao meio.
- ☆ Cubra uma caixa de 5x5 centímetros com papel branco para fazer um dado. Desenhe um par de mãos vermelhas de um lado, mãos amarelas em outro e mãos azuis no terceiro. Desenhe pares de pés vermelhos, amarelos e azuis nos outros três lados.
- ☆ Duas crianças podem jogar de cada vez, alternando-se a jogar o dado para determinar seus movimentos.
- ☆ Se o dado marcar mãos vermelhas, a criança deve colocar as mãos sobre um círculo vermelho na cortina. Se cair em pés azuis, deve colocar os pés em um círculo azul. O jogo continua até que uma das crianças perca o equilíbrio.
- ☆ Discuta o vocabulário de relações espaciais usado neste jogo.

Classificação

Classificações de colegas

☆ Cole uma fita no chão.
☆ Escolha um menino para ficar de um lado da fita e uma menina para ficar do outro.
☆ Pergunte à turma o que é diferente nas duas crianças.
☆ Quando alguém identificar as características que distinguem meninos e meninas, chame outra criança e pergunte às demais onde ela deverá ficar.
☆ Faça uma vez com cada criança.
Observação: Faça a atividade de vez em quando, usando outros critérios de classificação, como o tipo dos sapatos ou a cor das roupas.
☆ Use atividades cotidianas para reforçar a classificação. Por exemplo: *Todas as crianças com sapatos brancos podem ir para a mesa do lanche.*

Livros de classificação

☆ Grampeie algumas folhas de cartolina para fazer um livro.
☆ Peça para as crianças procurarem em revistas e jornais velhos fotografias de itens que possam classificar em grupos. Por exemplo, podem ter uma página dedicada a pessoas, outra a animais e outra a alimentos.

Combinando botões

☆ Junte diversos tipos diferentes de botões (com dois furos, quatro furos, pretos, vermelhos, quadrados e assim por diante).
☆ Cole um botão dentro de cada seção de uma caixa de ovos.
☆ Oriente as crianças a dividir os botões restantes entre as seções segundo um critério estabelecido, como o número de furos, a cor ou a forma.

Sapatos, sapatos, sapatos

☆ Peça para as crianças tirarem os sapatos.
☆ Oriente-as a classificar os sapatos segundo o tipo (tênis, sapatos sociais, mocassins) ou segundo a maneira de fechar (sapatos com fivelas, sapatos de amarrar, sapatos com elástico ou com velcro).

Olhos abertos, olhos fechados

☆ Distribua olhos de brinquedo para as crianças e peça para jogarem-nos em uma caixa (como se fossem dados).
☆ Oriente-as a dividir os olhos em "olhos abertos" (aqueles que caem virados para cima) e "olhos fechados" (aqueles que caem virados para baixo).
☆ Quando as crianças tiverem mais habilidade, oriente-as a comparar os olhos, usando comparação um a um para ver se há mais olhos abertos ou fechados.

Classificando lanches

☆ Disponibilize vários tipos diferentes de frutas para o lanche e peça para as crianças experimentarem cada tipo de fruta e escolherem a sua preferida.
☆ Faça uma tabela com as possibilidades de escolha no chão. Use um quadrado de papel vermelho para representar maçãs, um de papel roxo para representar uvas, um laranja para as laranjas e um amarelo para as bananas.
☆ Peça para as crianças formarem uma fila atrás do quadrado que representa a fruta que elas escolheram como sua preferida.
☆ Explique que elas criaram uma tabela humana. Dê um quadrado de papel a cada criança para representar as suas escolhas e peça para colocarem seus quadrados no local onde se encontram. Agora elas podem enxergar a tabela e ver os resultados.
☆ Faça perguntas. *Que fruta teve mais votos? Qual teve menos? Alguma teve o mesmo número de votos?*
☆ Quando as crianças tiverem mais habilidade para fazer tabelas, dê a elas um papel dividido em uma grade e oriente-as a colorir os quadrados para representar os quadrados no chão. Esta será uma representação simbólica da tabela que antes era uma tabela humana, tornando-se uma tabela feita de representações concretas.

Classificando por cor

Cor das contas

☆ Distribua contas para as crianças e peça para dividirem-nas por cor.
☆ Oriente-as a procurar outras coisas na sala de aula e dividi-las pela cor.

Cor dos tecidos

☆ Disponibilize uma caixa de retalhos de tecido ou de papel.
☆ Oriente as crianças a dividir o tecido ou o papel por cor.
☆ Crie uma categoria especial para cores misturadas.

Olhos de todas as cores

☆ Peça para as crianças olharem-se no espelho para determinar a cor de seus olhos.
☆ Escolha um local na sala para cada cor de olhos e oriente-as a ir para a área que represente a cor de seus olhos.

Classificando por forma

Combinando formas

☆ Cole tiras de um metro de fita crepe no chão para criar quatro colunas. Cole uma forma diferente – quadrado, círculo, triângulo ou retângulo – na parte de cima de cada coluna.
☆ Recorte uma variedade de formas de círculos, triângulos, retângulos e quadrados coloridos.
☆ Peça para as crianças colocarem as formas na coluna correspondente.
☆ Avance para formas mais difíceis – rombo, octógono e trapezóide – quando as crianças estiverem prontas.

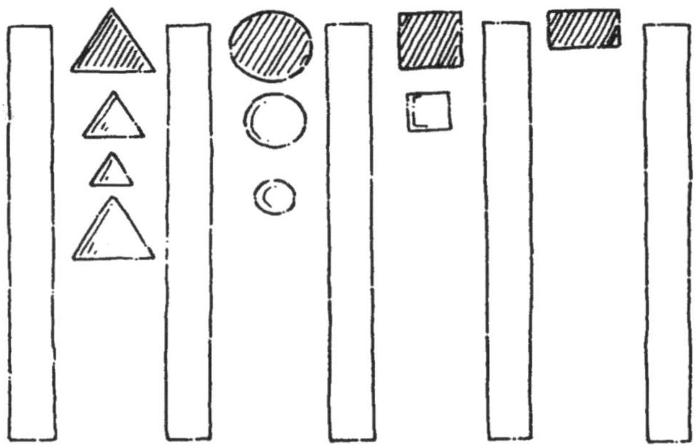

Adaptações: Use o mesmo formato de colunas, mas crie novas categorias, como expressões faciais, formas de folhas e tipos de animais.

Organização de blocos

☆ Discuta o arranjo de blocos enquanto as crianças os guardam. *Todos os retângulos vão aqui. Os quadrados vão na prateleira de cima.*

Lanches com bolachas

☆ Distribua bolachas com formas diferentes para o lanche.
☆ Peça para as crianças classificarem-nas por forma antes de comê-las.

Formas de cortadores de biscoitos

☆ Disponibilize cortadores de biscoitos com formas diferentes e massa de modelar caseira (veja as receitas nas páginas 44-45).
☆ Peça para as crianças cortarem formas de biscoitos e colocá-las em bandejas de acordo com suas formas.

A dança das formas

☆ Recorte diferentes formas de várias cores e coloque-as no chão.
☆ Toque músicas e peça para as crianças dançarem.
☆ Pare a música e peça para cada criança pisar sobre uma forma diferente.

Atividade para casa: Sugira às crianças que procurem outras formas em seu caminho para casa. No dia seguinte, pergunte sobre as formas que viram.

Classificando por tamanho

Pequeno e grande

☆ Disponibilize uma caixa com objetos pequenos e grandes. Tente usar pares de objetos com diferença clara de tamanho, como um livro grande e um pequeno, uma bola grande e uma pequena e uma luva grande e uma pequena.
☆ Oriente as crianças a dividir os objetos em categorias de *pequenos* e *grandes*.
☆ Peça para procurarem objetos grandes e pequenos na sala de aula.

☆ Peça também para pensarem em outras palavras usadas para designar tamanho (como enorme e minúsculo).
☆ Diga a seguinte rima de ação com as crianças e reforce o conceito de tamanho.

Pequeno e grande

Eu posso ficar bem grandão (fica na ponta dos pés)
É só ficar em pé e me espichar.
Mas quando canso de ficar grandão
Posso também me apequenar. (agacha-se)

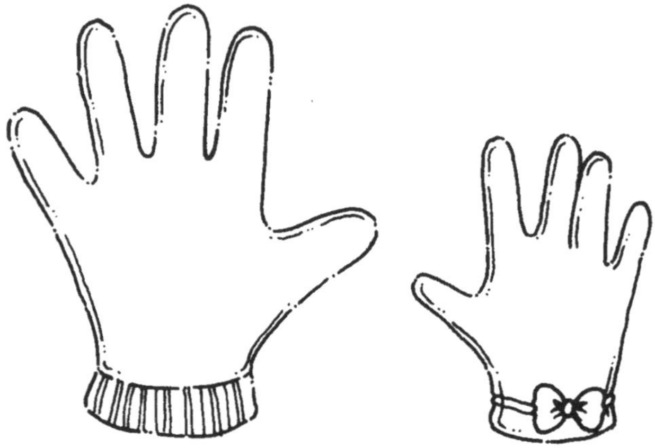

Baixo e alto – longo e curto

☆ Disponibilize uma caixa de objetos baixos/curtos e altos/longos. Tente usar pares de objetos cuja diferença de tamanho seja bastante clara, como um copo alto e um baixo, um canudo longo e um curto, uma planta alta e uma baixa e um cadarço longo e um curto.
☆ Oriente as crianças a dividir os objetos em categorias de *curto* ou *baixo* e *alto* ou *longo*.
☆ Desafie as crianças a encontrar objetos baixos/curtos e altos/longos na sala de aula.

Classificando e usando os sentidos além da visão

Áspero e macio

☆ Disponibilize tecidos com texturas diferentes para as crianças classificarem.
☆ Peça para classificarem os tecidos nas categorias *liso* e *áspero*.
☆ Oriente-as a procurar outros objetos lisos e ásperos na sala de aula.

Sons altos e baixos

☆ Disponibilize uma cesta com objetos pequenos – alguns que emitam som ao cair (um botão, uma moeda) e outros, que não (uma bola de algodão, uma pena, um pedaço de pano).
☆ Oriente as crianças a largar os objetos sobre uma assadeira de metal para determinar se eles fazem som quando caem. Peça para classificarem os objetos em categorias de *som alto* ou *som baixo*, dependendo do som que fizerem quando tocarem o metal.
☆ Peça para as crianças criarem uma lista de outros objetos que façam sons altos ou baixos.

Doce e salgado

☆ Distribua guloseimas para as crianças provarem, algumas doces e outras salgadas (bolinhos de chocolate, passas, pipocas, biscoitos).
☆ Diga para as crianças provarem um item de cada e classificarem-no como *doce* ou *salgado*.
☆ Peça para pensarem em uma lista de outras comidas que sejam doces e salgadas.

Cheira bem?

☆ Molhe algumas bolas de algodão em essências, óleos, perfumes e temperos e coloque-as sobre uma bandeja.

☆ Peça para as crianças cheirar cada bola e classificá-la como um cheiro de que gostam ou não. Elas podem não concordar sempre. Não há problema, pois não temos sempre as mesmas opiniões com relação a cheiros e a aromas.
Observação de segurança: Certifique-se de que nenhuma das crianças da classe tenha alergia a nenhum dos materiais aromáticos usados.

Classificação aberta

Coisas que são..., coisas que não são...

☆ Coloque itens diversos em um saco plástico com fecho, como um arame, um clipe de papel, um giz de cera, uma moeda e um prendedor de roupa.

☆ Peça para as crianças classificarem os itens no saco de acordo com seus próprios critérios, mas usando a frase "*coisas que são...; coisas que não são...*".

☆ Por exemplo, uma criança pode colocar o arame, o clipe de papel e o prendedor de roupas em uma pilha e os itens restantes em outra pilha, e dizer: "*Coisas que são prendedores; coisas que não são prendedores*".
Observação: Este tipo de classificação ajuda as crianças a enxergar atributos múltiplos de um item e também aumenta a percepção da criança de como desenvolver critérios de classificação.

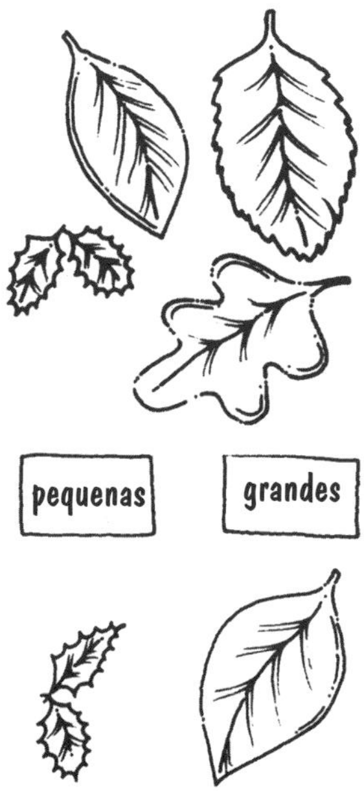

Classificação de folhas

☆ Pegue uma variedade de folhas de árvores e arbustos (folhas grandes, folhas pequenas, brilhantes, opacas, com bordas ásperas e assim por diante).

☆ Coloque as folhas em uma pilha e peça para as crianças escolherem uma característica de classificação (por exemplo, folhas grandes e folhas pequenas) e colocarem as folhas em duas pilhas, conforme a característica que escolheram.

☆ Agora peça para dividirem as duas pilhas em mais duas pilhas (em um total de quatro). Continue o processo enquanto as crianças conseguirem pensar em formas de classificar as folhas.

☆ Esta atividade pode ser feita ao ar livre. Faça círculos de giz ao redor de cada grupo de folhas para que as crianças possam ver como as pilhas cresceram. Se a atividade for feita dentro da sala, o mesmo padrão pode ser criado em papel kraft.

☆ Veja se as crianças conseguem inverter o processo para devolver as folhas a uma só pilha.

Classificação de livros

☆ Peça para as crianças ajudarem a classificar vários livros da biblioteca.
☆ Elas podem classificá-los por assunto (animais, transporte, insetos) ou podem preferir categorias de ficção e não-ficção, capa dura ou normal ou livros grandes e pequenos.
☆ Deixe as crianças escolherem seus próprios critérios enquanto classificam e peça para explicarem quais critérios estão usando.

Aplicações de classificações

Perguntas

☆ Faça perguntas que exijam que as crianças usem suas habilidades de classificação. *Que tipo de história você mais gosta de ouvir? Como você organiza suas roupas em casa?*
☆ Faça perguntas que requeiram que as elas façam escolhas. Classifique as suas escolhas.

Usos na vida real

☆ Discuta usos de classificações na vida real, como livros na biblioteca, produtos no supermercado e utensílios domésticos na cozinha de casa.
☆ Explique que as classificações nos ajudam a nos manter organizados, são padrões que podemos usar quando procuramos alguma coisa.
☆ Dê uma volta até o escritório, a cozinha ou a biblioteca e peça para as pessoas que trabalham lá para mostrarem algumas das maneiras em que classificam itens que usam em seu trabalho.

Atividade para casa: Peça para as crianças procurarem coisas em casa que sejam classificadas (talheres, alimentos na despensa e assim por diante). Discuta os itens quando retornarem à escola no dia seguinte.

Padronização

Padrões com pessoas

☆ Coloque seis crianças sentadas (ou de pé) em uma fila, alternando a direção para onde estão viradas.
☆ Quando a classe identificar o padrão (olhando para a frente, olhando para trás), peça para as outras crianças continuarem o padrão, sentando-se na posição correta em cada vez.

☆ Verbalize o padrão, como crianças sentadas para a frente, para trás, para a frente, para trás e assim por diante.
Observação: Em outra ocasião, auxilie as crianças a criar outros padrões com pessoas (sentado/de pé, braços levantados/abaixados e outros).

Padrões com objetos

☆ Coloque objetos comuns como garfos plásticos, tampas de potes ou xícaras sobre a mesa.
☆ Crie um padrão colocando os objetos em uma seqüência repetitiva, por exemplo, xícara, pote, tampa, garfo, pote, tampa, garfo.
☆ Peça às crianças para primeiramente copiarem o padrão e depois criarem o seu.

Padrões com papéis

☆ Recorte círculos, quadrados e triângulos que sejam da mesma cor.
☆ Deixe as crianças criarem padrões com as formas geométricas.
☆ Após explorar várias possibilidades de padrões, as crianças podem colar seu padrão preferido no papel.

Padrões com lápis de cera

☆ Esvazie várias caixas de lápis de cera sobre a mesa ou no chão.
☆ Peça para as crianças criarem um padrão com lápis de cera – dois lápis vermelhos, um lápis roxo, dois lápis vermelhos e assim por diante.

Correntes de papel

☆ Recorte folhas de papel colorido em faixas de 2x20 centímetros. Use pelo menos duas cores, mas não mais de três.
☆ Peça para as crianças colarem as tiras de papel para formar uma corrente colorida.
☆ Use as correntes como colares, braceletes ou decorações para a sala.

Padrões de conjuntos

☆ Distribua pequenas fichas às crianças (que podem ser botões, fichas de pôquer e assim por diante).
☆ Ajude as crianças a criar padrões (uma ficha, duas fichas uma ficha, duas fichas). Deixe que as crianças criem seus próprios padrões com conjuntos de números.

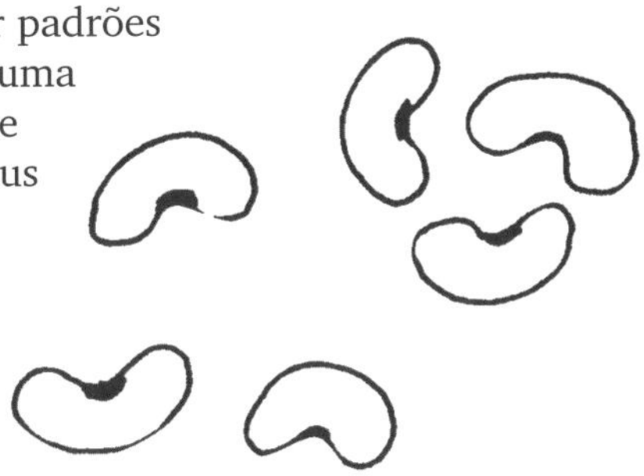

Padrões com blocos

☆ Demonstre como criar padrões usando blocos de formas variadas.
☆ Quando as crianças construírem estruturas, peça para identificarem os padrões que ocorrem.

Espetinhos de frutas

☆ Distribua frutas (morangos, uvas, pedaços de abacaxi) e espetinhos de madeira.
☆ Oriente as crianças a colocar as frutas nos palitinhos em um padrão.

Padrões verticais

Para cima e para baixo

☆ Mostre às crianças como usar pastilhas ou contas coloridas para criar um padrão que siga de cima para baixo em uma linha vertical.
☆ Distribua canudos coloridos às crianças e incentive-as a criar padrões em uma linha vertical. Será que conseguem fazer o mesmo padrão em uma linha horizontal?
☆ Mostre padrões verticais no ambiente, como degraus, persianas e roupas.

Tubo de elásticos

☆ Distribua tubos de toalhas de papel e elásticos finos e coloridos às crianças.
☆ Oriente-as a colocarem os elásticos no tubo em um padrão, com o tubo na posição vertical.
☆ Peça para colocarem os tubos na posição horizontal. *Os elásticos ainda formam um padrão?*

Bolas em um tubo

☆ Obtenha um cilindro plástico (como de bolas de tênis) ou faça um cortando uma tira de 3 centímetros de um tubo de toalha de papel e enrolando-o com filme plástico. Feche uma das extremidades com fita adesiva.
☆ Forneça duas cores de massa de modelar caseira às crianças (ver receitas nas páginas 44-45).
☆ Peça para prepararem bolas com a massa e colocarem-nas dentro do tubo, formando um padrão.
☆ Faça perguntas às crianças. *Se você virar o tubo de lado, você ainda terá um padrão? Se você virar o tubo de cabeça para baixo, você ainda terá um padrão?*

Empilhando latas

☆ Disponibilize latas de conserva vazias. Certifique-se de que várias delas tenham o mesmo rótulo.
Observação de segurança: Certifique-se de que as bordas cortantes das latas estejam cobertas.
☆ Oriente as crianças a empilhar as latas formando um padrão.

Padrões circulares

Vamos dar a volta

- ☆ Dê um prato de papelão e quadrados de cartolina a cada criança e peça para criarem um padrão ao redor da borda do prato de papel.
- ☆ Mostre que existem padrões circulares no ambiente – os números de um relógio, ruas circulares e, embora menos óbvios, os dias da semana e as estações do ano.

  Leia livros, conte histórias ou faça brincadeiras com padrões circulares. Boas opções são a história de *O Soldadinho de Chumbo* e a brincadeira de *Escravos de Jó*.

Padrões de contas

- ☆ Peça para as crianças colocarem contas em um barbante no padrão AB (dois atributos) (vermelho/amarelo, vermelho/amarelo e assim por diante).
- ☆ Após concluírem algumas repetições do padrão, ajude-as a amarrar as contas em um colar. *O que acontece com o padrão?*

Correntes de clipes de papel

- ☆ Distribua duas cores de clipes de papel para as crianças.
- ☆ Peça para formarem uma corrente com os clipes em um padrão AB (clipe vermelho/clipe amarelo, clipe vermelho/clipe amarelo).
- ☆ Quando tiverem concluído várias repetições do padrão, ajude-as a prender as extremidades para fazer um círculo. *O que acontece com o padrão?*

  Variação: Faça correntes de papel usando o padrão AB.

  Atividade para casa: Diga para as crianças levarem suas correntes para casa e mostrarem o padrão para seus familiares.

Padrões repetitivos

Tudo de novo

- ☆ Recorte quadrados de papel de 10x10 centímetros e desenhe sobre eles grades de 16 quadrados.
- ☆ Dê um quadrado e giz de cera vermelho, amarelo e verde a cada criança e ajude-as a colorir os quadrados em um padrão que comece com o quadrado no canto superior esquerdo e termine no canto inferior direito da grade.
- ☆ Chame atenção para a maneira como o padrão se repete nas linhas da grade.

Padrões com pinos

- ☆ Disponibilize um tabuleiro de pinos e pinos de três cores diferentes.
- ☆ Peça para as crianças criarem um padrão ABC (três atributos) usando os pinos.
- ☆ Como a maioria das crianças pensa que os padrões somente ocorrem em linhas retas, podem precisar de ajuda para chegar ao fim da linha e continuar o padrão na segunda linha do tabuleiro.

Padrões de movimento

Padrões de pegadas

- ☆ Coloque uma longa folha de papel kraft no chão.
- ☆ Encha duas assadeiras grandes com cores diferentes de guache e coloque-as em uma das pontas do papel. Coloque uma bacia com água e sabão e uma toalha na extremidade oposta.
- ☆ Diga para as crianças tirarem os sapatos e meias e colocarem um dos pés em uma cor de tinta e o outro na outra cor. Ajude-as a caminhar ao longo do papel. (Tome cuidado, pois a tinta pode ser escorregadia.)
- ☆ Quando chegarem ao final do papel, ajude-as a pisar na água com sabão para remover a tinta.
- ☆ Peça para descreverem o padrão que fizeram com seus pés.

Padrões com polichinelos

- ☆ Peça para as crianças fazerem polichinelos em um padrão, isto é, alternarem pular com os braços para cima e pular com os braços para a frente.
- ☆ Tente formar padrões com outros exercícios. Por exemplo, abaixando-se para tocar os dedos dos pés, as crianças podem se alternar tocando os dedos e tocando o chão.

Padrões musicais e sonoros

Cabeça, ombro, perna e pé

- ☆ Cante *Cabeça, ombro, perna e pé* com as crianças. Peça para identificarem o padrão nas palavras e movimentos da canção.
- ☆ Cante outras canções com padrões identificáveis (*Caranguejo*, por exemplo). Certifique-se de que as crianças identificam o padrão de cada canção.

Padrões sonoros

☆ Convide as crianças para fazer padrões auditivos.
☆ Estimule-as a fazer uma série de sons em um padrão, por exemplo, estalar a língua, soprar entre os dentes, estalar a língua, soprar entre os dentes e assim por diante.

Padrões de palmas

☆ Oriente as crianças a fazer padrões batendo palmas (bater palmas três vezes rapidamente e duas vezes lentamente, três vezes rapidamente, duas vezes lentamente).
☆ Use um gravador para gravar seus padrões, depois coloque-os para tocar e veja se elas conseguem reconhecer o padrão que criaram.

Padrões de linguagem previsíveis

☆ Mostre linhas previsíveis em livros de histórias e explique às crianças que elas representam um padrão.
☆ Contos tradicionais, como *A Galinha Ruiva*, *Os Três Porquinhos* e *Cachinhos Dourados e os Três Ursos*, muitas vezes têm padrões de linguagem previsíveis e fáceis de identificar.

Padrões culturais

Dias da semana

☆ Discuta padrões culturais com as crianças. Os padrões culturais são coisas que permanecem consistentes em uma determinada cultura, como seqüências de números, o alfabeto, meses do ano, dias da semana, as quatro estações.
☆ Leia livros escritos em torno da seqüência dos dias da semana, como *As cores e os dias da semana*, de Ziraldo.
☆ Ensine às crianças a seguinte canção com a melodia da Família Addams.

Dias da semana

Dias da semana (estale os dedos duas vezes)
Dias da semana (estale os dedos duas vezes)

Dias da semana, dias da semana

Dias da semana (estale os dedos duas vezes)
Domingo, segunda-feira,
terça-feira, quarta-feira,
quinta-feira, sexta-feira
e o sábado vem aí.

☆ Chame a atenção das crianças para o fato de que as semanas também são circulares.

Meses do ano

☆ Discuta os meses do ano como um padrão cultural e circular. Os meses sempre permanecem na mesma ordem.

☆ Leia livros ou cante músicas baseadas nos meses do ano, como a música *Passa tempo*, de Gustavo Finkler e Raquel Grabauska.

Dom	Seg	Ter	Qua	Qui	Sex	Sab
			1	2	3	4
5	6	7	8	9	10	11
12	13	14	15	16	17	18
19	20	21	22	23	24	25
26	27	28	29	30	31	

Dezembro

☆ Mostre as páginas de um calendário e peça para as crianças dizerem os meses junto com você. Certifique-se de passar de dezembro para janeiro para que elas vejam o ciclo completo.

☆ Cante a seguinte canção dos meses do ano com as crianças, com a melodia de *Fui morar numa casinha.*

Meses do ano

Janeiro, fevereiro-ro-ro
Março, abril-bril-bril
Maio, junho-nho-nho
Julho, agosto-to-to
Setembro, outubro-bro-bro
Novembro, dezembro
E tudo de novo

Estações

☆ Discuta as estações em um padrão circular. As estações nunca trocam de lugar, embora algumas partes do mundo tenham mudanças sazonais mais sutis do que outras.

☆ Leia *A Cigarra e a Formiga, Fada do Outono, Quatro estações e um trem doido*, de Ziraldo, ou outra história que se baseie nas estações e mostre-as como um padrão circular e cultural.

Padrões do ambiente

Caça a padrões

☆ Leve as crianças a um passeio ao ar livre para procurar padrões.

☆ Chame atenção para padrões em janelas, tijolos, estradas, paisagens, teias de aranha e assim por diante.

☆ Ao retornar à sala de aula, faça uma lista de todos os padrões que encontraram.

Padrões de *frottage*

☆ Distribua papel de desenho e giz de cera às crianças.
☆ Leve-as para passear no pátio da escola e peça para criarem padrões com diferentes texturas da calçada ou de folhas e cascas de árvores, colocando a folha de papel sobre a textura desejada e esfregando um giz de cera deitado.
☆ Ajude as crianças a descreverem os padrões que encontrarem.

Padrões de roupas

☆ Diga às crianças para procurarem padrões em suas roupas (listras, desenhos florais, pontos, xadrez e assim por diante).
☆ Peça para as crianças, que estiverem usando roupas com padrões diferentes, levantarem-se, ou para as crianças vestidas de xadrez ou para as crianças com roupas com listras, e assim por diante.

Correspondência um a um

Conjuntos iguais

Pares parceiros

☆ Peça às crianças para escolherem parceiros. Se houver uma criança a mais, inclua-se no jogo.
☆ Mostre que existe um número *par*, que cada pessoa é combinada com outra pessoa e não sobrou ninguém.
☆ Oriente as crianças a brincar de *Jogo do sério*. As crianças alternam-se tentando fazer seus parceiros rir.

Uma pedrinha para cada criança

☆ Traga um saco de pedrinhas ou bolinhas de gude para a Rodinha das Novidades. Dê uma pedrinha a cada criança.
☆ Diga às crianças que elas verão que todos que estão na rodinha agora estarão após o intervalo do lanche, de recreio, etc. – seja qual for o horário do dia.

☆ Peça para as crianças colocarem suas pedrinhas de volta no saco quando deixarem a rodinha.
☆ Quando se reunirem novamente, dê uma pedrinha a cada criança e mostre que o saco está vazio.
☆ Repita a frase "uma criança para cada pedrinha e uma pedrinha para cada criança" várias vezes no decorrer da atividade.
Observação: A frase "uma *pedrinha* para cada *criança* e uma *criança* para cada *pedrinha*" ajuda as crianças a conceituarem a combinação em pares.

O show deve continuar

☆ Peça para as crianças ficarem de pé entre uma fonte de luz (um retroprojetor, uma lâmpada ou uma lanterna forte) e uma parede para criar uma sombra.
☆ Diga para fazerem algo engraçado e olharem sua sombra imitar.
☆ Mostre que há uma *criança* para cada *sombra* e uma *sombra* para cada *criança*.

Pares de meias

☆ Coloque uma cesta com meias diferentes misturadas no chão e peça para as crianças procurarem o par de cada meia.
☆ Fale sobre outras roupas que têm pares, como sapatos e luvas.

Casquinhas de sorvete

☆ Recorte casquinhas de sorvete de cartolina marrom e "bolas" de sorvete de cartolina colorida.
☆ Peça para as crianças montarem sorvetes com as casquinhas e bolas, colando as bolas sobre as casquinhas.
☆ Faça jogos semelhantes, unindo chapéus e cabeças ou cachorros e ossos.

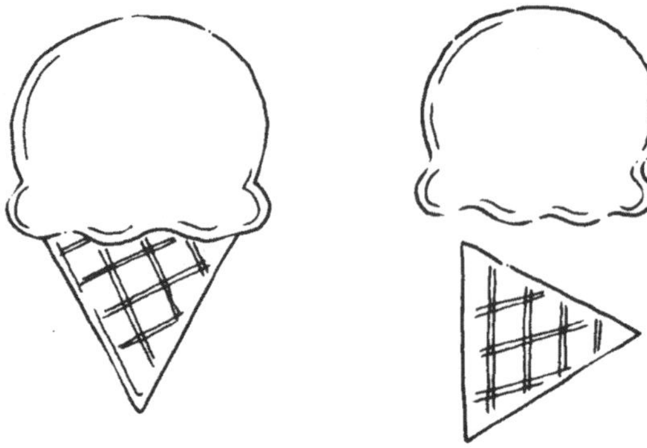

Combinações com moedas

☆ Trace moedas em dez cartões de cartolina: um círculo no primeiro cartão, dois círculos no segundo, três no terceiro, e assim por diante.
☆ Peça para as crianças combinarem as moedas com os círculos: uma moeda para cada círculo, um círculo para cada moeda.

Anéis e dedos

☆ Distribua anéis plásticos e peça para as crianças combinarem os anéis com seus dedos.
☆ Recite "um *anel* para cada *dedo*, um *dedo* para cada *anel*".

Pompons e ventosas

☆ Obtenha um tapete de banho com ventosas por baixo.
☆ Distribua pequenos pompons (encontrados em lojas de material para artesanato, ou bolas de isopor) para as crianças colocarem nas ventosas.
☆ Distribua o mesmo número de pompons correspondente ao número de ventosas.

Conjuntos desiguais

Os ajudantes do dia

☆ Peça para as crianças alternarem-se distribuindo guardanapos, xícaras, livros, biscoitos e outros itens para seus colegas.
☆ Esse tipo de atividade proporciona experiência prática com a combinação de itens. Crianças menos experientes continuam distribuindo objetos até acabarem, sem notar que devem parar quando cada pessoa tiver o seu.
Observação: Você pode começar com o mesmo número de guardanapos e de crianças, mas depois mude para conjuntos desiguais. A prática desenvolve a compreensão.

Resta um

☆ Dê às crianças um guardanapo e uma xícara a mais do que o necessário quando estiverem distribuindo guardanapos e xícaras para o lanche.
☆ Depois de distribuírem uma xícara e um guardanapo para cada criança, pergunte aos ajudantes quantos guardanapos e quantas xícaras restaram.
☆ Comente que os conjuntos são desiguais.

Dança das cadeiras

- ☆ Brinque de dança das cadeiras com as crianças. Discuta a combinação de uma criança para cada cadeira e uma cadeira para cada criança. *Os conjuntos são iguais?*
- ☆ Mostre que este jogo se joga com conjuntos desiguais, pois sempre há uma criança a mais do que o número de cadeiras disponíveis.

  Observação de segurança: Se você estiver preocupado com a segurança das crianças enquanto jogam, peça para elas ocuparem as cadeiras colocando um saquinho de areia no assento ou simplesmente tocando as costas da cadeira em vez de sentarem.

Mais ou menos

- ☆ Peça para as crianças escolherem um parceiro e distribua a cada par uma caixa contendo nove botões.
- ☆ Cada criança tira alguns botões e coloca as mãos (com os botões) nas costas.
- ☆ As crianças contam até três e mostram as mãos aos seus parceiros. Usando correspondência um a um determinam quem tem menos e quem tem mais botões. *Será que alguém tem conjuntos iguais em suas mãos?*
- ☆ Depois, devolvem os botões à caixa e brincam novamente. Continue até cansarem do jogo.
- ☆ Certifique-se de que, a cada vez, elas dizem qual criança (conjunto) tem mais, qual tem menos e, quando adequado, se alguém tem o mesmo número de botões (conjuntos iguais).

Quem tem mais?

- ☆ Divida as crianças em grupos de três e dê a cada uma no grupo um punhado de balas duras e um prato redondo. Certifique-se de que uma das crianças tenha mais balas do que as outras.
- ☆ Diga-lhes que o prato é um "bolo de aniversário" e que elas devem decorá-lo com suas balas. Quando as crianças terminarem, deixe que cada grupo decida quais dos três bolos gostariam mais de comer. Provavelmente escolherão o bolo com mais balas, baseando-se em sua avaliação visual. Pergunte por que escolheram dessa forma e como sabiam qual bolo tinha mais balas.

☆ As crianças decidem quem tem mais balas por avaliação visual. Peça para descobrirem quem tem mais balas com certeza sem contar.
☆ Oriente-as a combinar as balas uma a uma para determinar qual bolo tem mais balas.

Ordenamento

Ordem de altura

Amigos em fila

☆ Organize quatro crianças em uma fila, começando com a criança mais alta e terminando com a mais baixa.
☆ Demonstre o mesmo arranjo com materiais da sala de aula, como livros, lápis e blocos.

Livros na prateleira

☆ Peça para as crianças ajudarem a organizar os livros na biblioteca em uma prateleira da esquerda para a direita e do livro maior ao menor.
☆ Pergunte-lhes se conseguem pensar em outras maneiras de organizar os livros.

Torres de tubos

☆ Distribua tubos vazios de toalhas de papel, papel de embrulho e papel higiênico.
☆ Recorte alguns dos tubos, transformando-os em partes menores.
☆ Oriente as crianças a organizar os tubos de pé, do mais alto ao mais baixo.
☆ Peça para colocarem os tubos deitados sobre a mesa e repetirem a atividade.

Ordem de comprimento

Fila de lagartas

☆ Corte caixas de ovos em diferentes comprimentos para fazer "lagartas".
☆ Oriente as crianças como decorá-las com pedaços de papel, se desejarem.
☆ Peça para organizarem as lagartas em ordem, da mais longa à mais curta.

Pescaria

☆ Recorte peixes de papelão de tamanhos diferentes e prenda cada um em um clipe de papel. Faça um caniço de pesca, amarrando uma linha de pesca ou fio de lã a uma vara, e prenda um ímã na ponta da linha.
☆ Faça um lago usando cartolina azul e coloque-o no chão. Coloque os peixes no lago.
☆ Incentive as crianças a pescar tocando o ímã no clipe de papel. À medida que pescam os peixes, peça que os organizem do menor ao maior.
Variação: Diga às crianças para pescarem apenas cinco peixes e se pescarem um peixe do mesmo comprimento de outro que já tenham pescado, devem colocá-lo de volta no lago. Quando cada criança tiver pescado cinco peixes, veja quem pescou a fila de peixes mais longa, colocando todos os peixes em uma fila, unindo a cauda de um à boca de outro.

Ordem de peso

Ovo pesado

- ☆ Pegue alguns ovos de plástico e coloque pequenos itens (pedrinhas, rolos de linha, clipes de papel e assim por diante) dentro deles.
- ☆ Deixe as crianças colocarem os ovos em ordem, do mais pesado ao mais leve.
- ☆ Amplie a atividade usando mais ovos ou pedindo para as crianças formarem pares com os ovos que pareçam ter o mesmo peso.

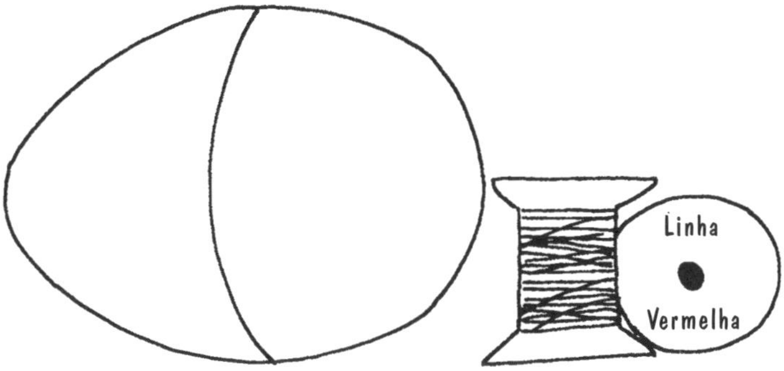

Envelopes musicais

- ☆ Coloque guizos em cinco envelopes pequenos, seguindo o padrão: um guizo no primeiro envelope, dois no segundo, três no terceiro e assim por diante. Feche-os.
- ☆ Peça para as crianças organizarem os envelopes em ordem, do mais leve ao mais pesado.
- ☆ A seguir, peça para organizarem os envelopes seguindo a ordem daquele que faz menos som ao que faz o som mais alto. Alguém nota que a ordem é a mesma em ambas as atividades?

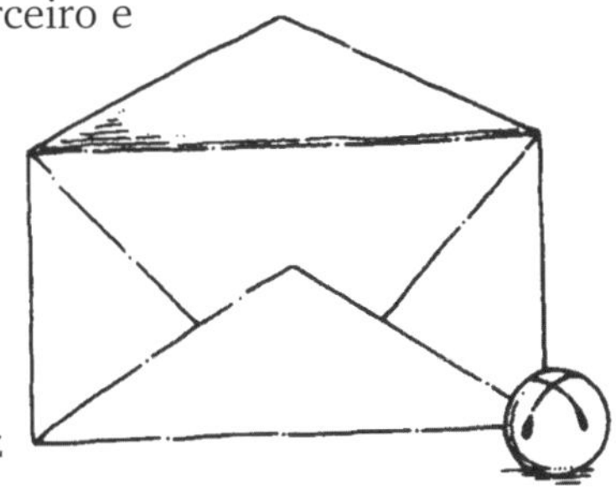

Ordem por medida de líquido

Brincadeira com água

- ☆ Disponibilize uma jarra de água com xícaras de medição e outros potes para brincar.
- ☆ Diga para as crianças colocarem a água nas xícaras de medição para determinar quais contêm mais água.

De mais a menos

☆ Encha 4 jarras com $1/4$ de xícara, $1/3$ xícara, $1/2$ xícara e 1 xícara de água.

☆ Peça para as crianças colocarem as jarras em ordem, da que contém mais água à que contém menos.

Garrafas musicais

☆ Faça um conjunto de garrafas musicais, variando a quantidade de líquido em seis garrafas.

☆ Peça para as crianças colocarem as garrafas em ordem crescente.

☆ Dê uma varinha de madeira e diga para explorarem os sons que resultam de bater nas garrafas. Elas notam a relação entre a quantidade de água e a profundidade do som?

Ordem por posição e tamanho

Primeiro, a seguir, por último

☆ Dê instruções às crianças usando os termos "primeiro", "a seguir" e "por último". *João, primeiro eu gostaria que você levasse o seu casaco para o seu escaninho, a seguir, pegue um livro da biblioteca e, por último, venha para a roda e sente-se conosco.*

☆ Grave as instruções para a realização de uma atividade de arte, explicando passo a passo o que fazer "primeiro", "a seguir" e "por último". Peça para as crianças seguirem as instruções da fita.

Por cima, no meio e por baixo

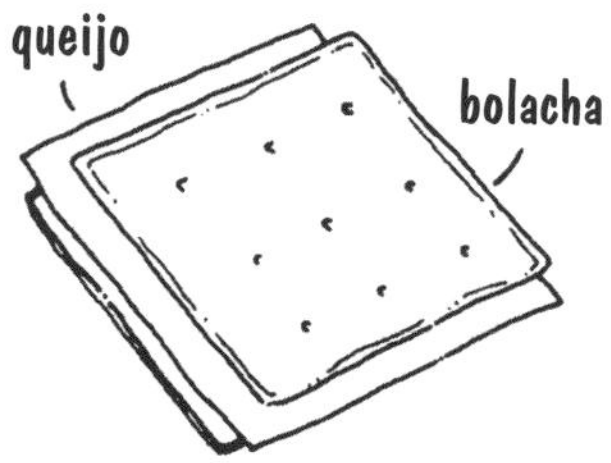

☆ Convide as crianças para fazer sanduíches de bolachas e de queijo.

☆ Discuta a posição dos ingredientes com as crianças enquanto elas fazem os sanduíches. *O que vai por cima? O que vai no meio? O que vai por baixo?*

☆ Repita a atividade com outros lanches adequados. Outra boa idéia de lanche é fazer um pudim de banana em camadas com biscoitos por baixo, pudim no meio e bananas por cima.

Árvore-surpresa

- ☆ Distribua papelotes para docinhos às crianças.
- ☆ Peça para organizarem os papelotes em linhas horizontais, começando com um em cima, dois embaixo, seguidos de uma fila de três e assim por diante (como uma árvore).
- ☆ Grampeie-os em um quadro, se desejar.
- ☆ Peça para as crianças identificarem a forma resultante.

Pirâmides de blocos

- ☆ Demonstre como fazer uma pirâmide usando blocos.
- ☆ Coloque cinco blocos lado a lado no chão. Coloque quatro blocos lado a lado sobre os cinco blocos. Faça uma camada de três blocos, uma de dois e uma de um.
- ☆ Oriente as crianças a copiar a pirâmide e tentar fazer suas próprias pirâmides.

Círculos concêntricos

- ☆ Recorte círculos de papel de parede e de cartolina em tamanhos variados.
- ☆ Divida os círculos por tamanho para ajudar as crianças na discriminação visual de tamanhos diferentes.
- ☆ Peça para as crianças criarem "círculos concêntricos" em modelos de sua própria escolha, colando os menores sobre os maiores.
- ☆ Explique às crianças que devem colocar os círculos uns sobre os outros, começando com o maior círculo e empilhando os próximos, do maior ao menor.
- ☆ Use termos comparativos de tamanho enquanto trabalha com as crianças (pequeno, menor, o menor de todos; grande, maior, o maior de todos).

Ordenamento comparando conjuntos

De menos a mais

- ☆ Recorte cinco bonecos de cartolina e plastifique-os.
- ☆ Decore os bonecos com pequenas balas enquanto as crianças observam. Use de quatro a cinco balas no primeiro boneco e adicione mais duas ao segundo, mais duas ao terceiro, até terminar.

☆ Quando terminar, tire-os da ordem e peça para as crianças colocá-los em ordem, do boneco com menos balas ao boneco com mais.
☆ Quando acharem que determinaram visualmente a ordem correta, confira a ordem usando correspondência um a um.

Ordem de bolinhas

☆ Recorte cinco quadrados de papel de 7x7 centímetros.
☆ Usando bolinhas adesivas, coloque uma bolinha no primeiro quadrado, duas no segundo, três no terceiro e assim por diante.
☆ Peça para as crianças organizarem os quadrados, do quadrado que tiver menos bolinhas ao que tiver mais.

Numeração

Sacos de números

☆ Coloque três arruelas em um saco plástico com fecho. Faça um para cada criança.
☆ Com caneta permanente, escreva o número "três" na parte de baixo do saco e faça uma linha vertical no meio do saco.
☆ Deixe as crianças manusearem os sacos. Oriente-as a trocar as arruelas de um lado da linha para o outro, deixando arruelas nos dois lados.
☆ Ajude-as a entender que o número total de arruelas no saco sempre permanece o mesmo. Elas podem manipular as arruelas para ver combinações que formem três – duas arruelas em um dos lados e uma no outro, três arruelas em um dos lados e nenhuma no outro e assim por diante.

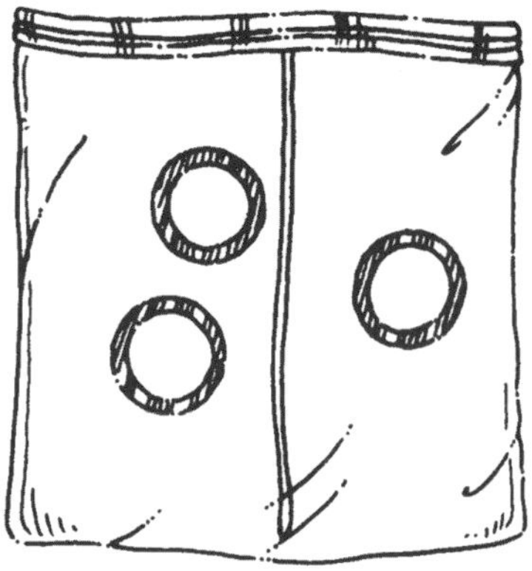

☆ Ao introduzir números novos, faça sacos para cada número.

Arremesso de saquinhos de areia

- ☆ Coloque uma caixa ou cesta em um espaço aberto.
- ☆ Faça uma linha com fita crepe no chão, de 1,5 a 2,5 metros de distância da caixa.
- ☆ Oriente as crianças a ficar atrás da linha e a arremessar os saquinhos de areia na caixa. Cada criança faz de quatro a cinco arremessos.
- ☆ Ajude-as a fazer marcas para contar o número de sacos na caixa.
- ☆ Elas podem comparar suas marcas uma a uma para determinar o vencedor.
- ☆ Esta é uma ótima atividade para usar como introdução para os numerais.

Cartões numerados

- ☆ Quando as crianças começarem a trabalhar em novos conceitos de números, crie um cartão numerado para representar o número.
- ☆ Escreva o numeral em um cartão de 10x15 centímetros.
- ☆ Oriente-as a passar o polegar em uma almofada de carimbos e traçar os numerais com suas digitais.
- ☆ Após as crianças terminarem os numerais, peça para desenharem (ou recortarem e colarem) o número adequado de objetos no papel, como botões, adesivos ou fitas. **Observação:** Esta é uma ótima atividade para casa. Escreva “Reconhecimento de numerais” na parte de baixo do papel para comunicar a idéia aos pais. Envie um cartão de cada vez à medida que as crianças aprendem cada número. Você pode pedir às crianças para colocarem objetos no papel em casa com a ajuda de um familiar.

A forma das coisas

☆ Cubra uma caixa de sapatos com papel colorido e faça um furo em dois lados da caixa, largo o suficiente para que as mãos das crianças possam entrar e manipular objetos.

☆ Coloque de três a seis numerais de madeira ou de plástico na caixa.

☆ Oriente as crianças a colocar as mãos através dos furos, sentir a forma dos numerais e organizá-los em ordem numérica (da esquerda para a direita).

☆ Ao terminar, a criança verifica sua ordem, removendo a tampa da caixa. Se a ordem estiver incorreta, diga a ela que sinta a forma de cada numeral e tente novamente. **Observação:** você também pode fazer esta atividade usando numerais maiores, colocando numerais grandes sobre uma mesa e cobrindo-os com uma toalha.

Clipes de números

☆ Escreva os numerais de 1 a 10 em cartões (um numeral por cartão).

☆ Distribua clipes de papel e cartões numerados às crianças e peça para prenderem o número de clipes correspondente ao numeral escrito em cada cartão.

Padrões de contagem

☆ Quando as crianças tornarem-se proficientes na contagem até dez, ensine-as a contar até dez em padrões.

☆ Diga para contarem assim: um, dois, palma; três, quatro, palma; cinco, seis, palma; sete, oito, palma; nove, dez, palma.

☆ Em outra ocasião, diga para contarem em um padrão diferente: um, dois, três, palma; quatro, cinco, seis, palma; sete, oito, nove, palma; dez.

Conjuntos colados

☆ Prepare uma tabela de números conforme mostrado abaixo.
☆ Recorte uma variedade de círculos ou quadrados coloridos.
☆ Ajude as crianças a colar o número correto de círculos ao lado de cada numeral na tabela.
☆ Avance para números maiores quando as crianças estiverem prontas.

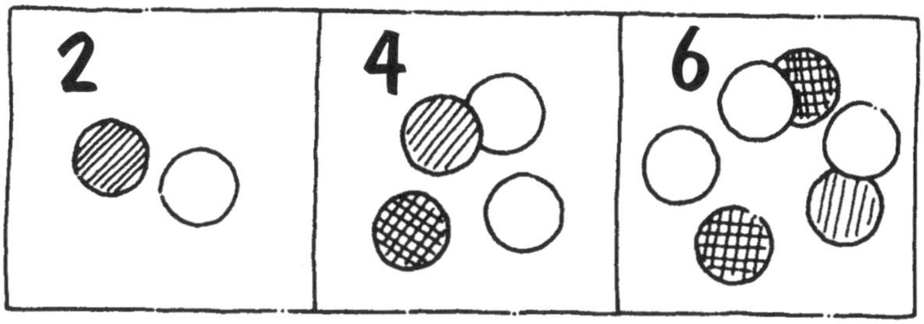

Pratos e clipes

☆ Escreva os numerais de 1 a 10 em pratos de papel (um numeral por prato).
☆ Prenda clipes de papel em correntes (por exemplo, prenda três clipes para fazer um conjunto de “três”).
☆ Ajude as crianças a combinarem as correntes de clipes com os numerais nos pratos.
Observação: Como variação, crie conjuntos colando adesivos em cartões ou fazendo furos com furador nos cartões.

Guloseimas misturadas

☆ Coloque uma variedade de guloseimas, como balas, passas, amendoins e sementes de girassol em tigelas separadas.
Observação de segurança: Certifique-se de que nenhuma criança tenha alergia a amendoins.
☆ Distribua cartões numerados às crianças indicando o número de itens que devem colocar em suas tigelas individuais.
☆ As crianças devem criar suas próprias guloseimas misturando, por exemplo, cinco passas, quatro balas, seis sementes de girassol e quatro amendoins em uma tigela.

Cofrinhos

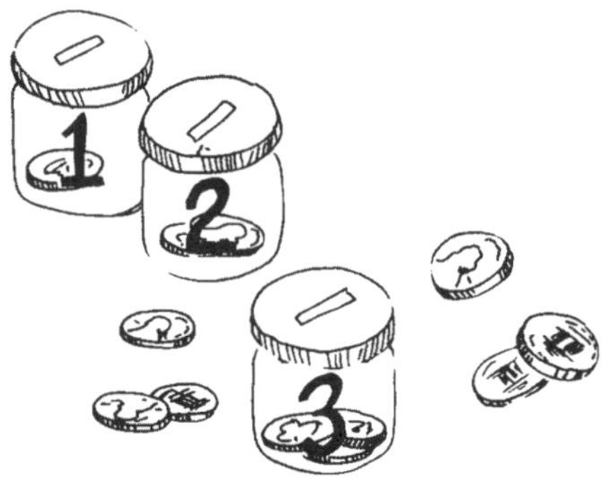

☆ Faça um corte nas tampas de cinco potes plásticos. Certifique-se de que são grandes o suficiente para passar moedas.

☆ Escreva os numerais de 1 a 5 nos potes.

☆ Dê algumas moedas às crianças e peça para colocarem o número adequado de moedas em cada "cofrinho".

☆ Faça perguntas. *Quantas moedas você vai colocar neste cofrinho? Você pode colocar os cofrinhos em ordem, do que tem menos moedas ao que tem mais?*

Jogo de cartas

☆ Use um baralho velho para criar um jogo de cartas. Cole um grupo de cartas (de 2 a 10) de um naipe (copas, espadas, etc.) em um pedaço de papelão ou de cartolina.

☆ Use o restante do baralho para jogar (retire as cartas com figuras e os ases).

☆ Oriente as crianças a combinar as cartas soltas com o grupo que foi colado no papelão.

☆ Lembre-as de olhar os números e não os naipes ao combinar as cartas.

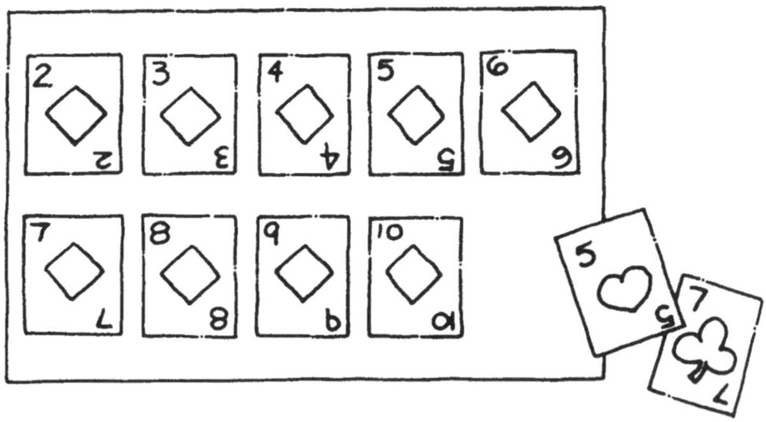

Números musicais

☆ Escreva numerais em cartões pequenos e grandes.

☆ Coloque os grandes cartões numerados no chão em um círculo e peça para as crianças caminharem ao redor do círculo enquanto toca uma música.

☆ Quando a música parar, cada criança coloca a ponta do pé sobre um cartão numerado. Levante um cartão numerado pequeno, cante o número e as crianças verificam se estão na frente do cartão numerado grande correspondente.

☆ Recomece a música e as crianças voltam a caminhar ao redor do círculo.

Círculo em volta do zero

☆ Ensine as crianças a brincar de "Círculo em volta do zero".
☆ Peça para ficarem de pé e formarem um círculo. Comente que a forma do círculo é a mesma de um zero.
☆ Explique que o *zero* representa a ausência de números. É o que se usa quando não há nada em um conjunto.
☆ Mostre às crianças o símbolo para zero.
☆ Selecione uma criança e peça para ela caminhar ao redor do círculo enquanto as outras cantam a seguinte rima:

Caminhe em volta do zero. (a criança caminha ao redor do círculo)
Encontre seu querido zero. (ela escolhe um amigo e pára atrás dele)
Costas, costas, zero. (ela pára de costas para seu amigo)
Lado, lado, zero. (ela passa para o lado de seu amigo)
Frente, frente, zero. (ela passa para a frente do amigo)
Abrace seu querido zero. (ela dá um abraço no amigo)

Bingo de números

☆ Recorte quadrados de 7,5x7,5 centímetros e divida-os em quadrados de 2,5 centímetros para fazer cartelas de bingo.
☆ Deixe um espaço livre em cada cartela e numere os outros quadrados aleatoriamente de 0 a 5, usando alguns numerais mais de uma vez.
☆ Dê a cada criança uma cartela de bingo e alguns marcadores (botões ou feijões).
☆ Levante um numeral grande e cante-o. Peça para as crianças encontrarem o numeral correspondente em sua cartela e marcá-lo com um botão ou com um feijão. Continue até que uma criança preencha a cartela.

Meu livro de números

☆ Grampeie cinco sacos plásticos com fecho pela parte de baixo. Cubra os grampos com uma tira de fita para criar a espinha do livro. Recorte pedaços de cartolina ou cartona para colocar em cada saco. Faça um para cada criança.
☆ Escreva "Meu livro de números" em uma folha de papel e insira-a no primeiro saco para ser a capa do livro.
☆ Escreva um numeral nas outras folhas e insira-as nos sacos restantes, de costas uma para outra.
☆ Oriente as crianças a colar adesivos, selos ou fotografias recortadas de revistas em cada página, em quantidade correspondente ao numeral daquela página.

Combinações com tampas de canetinha

☆ Escreva os numerais de 1 a 5 em cinco tampas de potes de margarina (um número por tampa).
☆ Faça o mesmo número de furos em cada tampa (cinco furos para a tampa com o 5).
☆ Coloque o dobro do número de tampas de canetas hidrográficas velhas em cada pote, metade de uma cor e metade de outra. Por exemplo, se o número na tampa for 5, coloque cinco tampas azuis e cinco vermelhas no pote.
☆ Ajude as crianças a fazer combinações com o número escrito na tampa do pote usando as cores das tampas de caneta. Por exemplo, para o pote com o número 4:

Quatro vermelhas + zero azul
Três vermelhas + um azul
Duas vermelhas + dois azuis
Uma vermelha + três azuis
Zero vermelha + quatro azuis

Conjuntos vivos

☆ Oriente as crianças a fazer conjuntos usando seus colegas como os componentes dos conjuntos.
☆ Por exemplo, se as crianças estiverem aprendendo o número cinco, peça para elas criarem variações desse número, organizando os colegas em conjuntos de cinco (duas meninas e três meninos, um menino e quatro meninas ou zero meninas e cinco meninos).

Jogo de arruelas

☆ Pinte um lado de arruelas metálicas e coloque-as em um pequeno pote.
☆ Peça para as crianças jogarem as arruelas sobre uma mesa e contarem as arruelas que caem com o lado pintado para cima ou para baixo para ver as combinações e formar um conjunto completo.
☆ Comece com três arruelas pintadas e três arruelas sem cor; aumente o número de arruelas à medida que a compreensão das crianças aumentar.

Conjuntos de balas

☆ Dê a cada criança um saco com balas coloridas e peça para separarem as balas por grupos de cores.
☆ Pergunte quantas balas verdes, laranjas, amarelas, vermelhas, marrons claras e escuras elas têm.
☆ Amplie esta atividade pedindo para as crianças contarem as balas em conjuntos. *Quantas balas marrom-claras e amarelas você tem? Quantas verdes e vermelhas?*

Conjuntos crocantes

☆ Distribua uma porção de bolachas de formas diferentes às crianças.
☆ Peça para separarem as bolachas pela forma e contarem o número de bolachas em cada conjunto.

Bolos de lama

☆ Em um dia quente e ensolarado, planeje uma atividade ao ar livre na caixa de areia.
☆ Disponibilize pequenos baldes com água para as crianças fazerem bolos de lama, e palitos (ou velas vermelhas) para usarem como velas de aniversário.
☆ Quando cada criança tiver feito um bolo de lama, peça para colocarem três velas no bolo.
☆ Diga para acrescentarem mais uma vela. *Quantas têm agora?*
☆ Continue acrescentando velas quando as crianças estiverem prontas.

Variação: Recorte um bolo e velas de feltro e oriente as crianças a fazer a atividade no flanelógrafo.

Atividade para casa: Recorte um bolo e velas em cartolina e peça para as crianças fazerem a atividade colando os recortes sobre uma folha de desenho. Escreva "número três" atrás da folha de cada criança.

Adicione um

☆ Oriente as crianças a dramatizar histórias e músicas que adicionem personagens um de cada vez, como ocorre na canção *A árvore da montanha*.
☆ Após cada novo personagem ser adicionado, pergunte às crianças quantas pessoas ou animais há na história.

Chocalho de ovo

☆ Usando uma caneta permanente, faça de uma a cinco marcas em cada seção de uma caixa de ovos.
☆ Coloque dois botões, moedas ou outros itens adequados no fundo da caixa.
☆ Coloque a tampa e agite a caixa.
☆ Abra a tampa e peça para as crianças contarem juntas as marcas na seção em que os botões caíram.

Tiro ao alvo

- ☆ Recorte a parte de cima de caixas de leite formando um ângulo em alturas diferentes e grampeie as caixas juntas, para formar um "alvo" com três ou quatro partes. Escreva numerais em cada seção.
- ☆ Peça para as crianças arremessarem uma bola de lã ou de tênis no alvo e contarem os pontos.

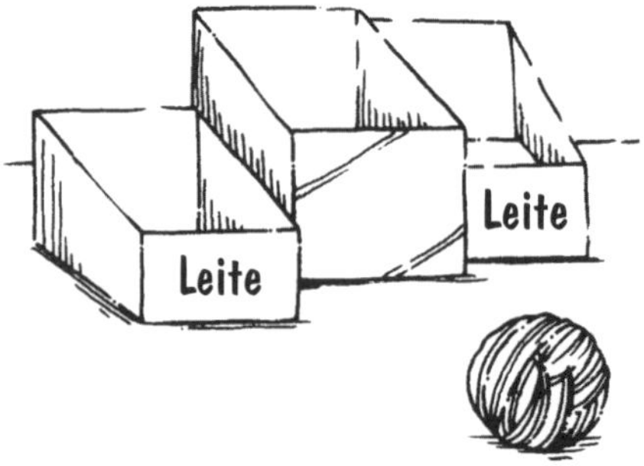

Ação com subtração

- ☆ Cante cantigas e faça com as crianças brincadeiras com os dedos que subtraiam personagens, um de cada vez. Por exemplo, cante *Indiozinhos* em ordem decrescente.
- ☆ Permita que as crianças dramatizem as cantigas com os dedos, para que possam enxergar o resultado de se eliminar um.
- ☆ Use a terminologia correta, em vez de ensinar subtração como "tirar", diga "menos um".

Indiozinhos

Dez, nove, oito indiozinhos
Sete, seis, cinco indiozinhos
Quatro, três, dois indiozinhos
Um num pequeno bote
Vinha navegando pelo rio abaixo
Quando o jacaré se aproximou
E o bote do indiozinho
Quase, quase virou
...Mas não virou!

Na sacola

- ☆ Numere pequenas sacolas de papel de 1 a 10.
- ☆ Coloque objetos em cada sacola, correspondendo ao numeral escrito do lado de fora.
- ☆ Escreva -2, -3 e -4 em pequenos cartões.
- ☆ Coloque um cartão, com o número virado para baixo, na frente de cada sacola. Certifique-se de colocar um cartão com um número menor do que o escrito na sacola.
- ☆ Oriente as crianças a virar o cartão, retirar o número de objetos da sacola e contar quantos ainda restaram.

Formas

Formas de cortadores de biscoitos

☆ Use uma das receitas de massa de modelar caseira das páginas 44-45 para preparar uma batelada de massa.
☆ Disponibilize cortadores de biscoitos e oriente as crianças a amassar a massa e a cortar formas.
☆ Comente as formas com as crianças. Peça para darem nomes às formas e conte quantos lados cada uma tem.

Criação de formas

☆ Corte pedaços de fios de lã de 60 centímetros e amarre as pontas para formar círculos. Dê um a cada criança.
☆ Demonstre como manipular o fio para fazer formas variadas.
☆ Oriente as crianças a fazer formas com seus fios quando você disser o nome de diferentes formas.

Formas de massa de modelar caseira

☆ Forneça massa de modelar caseira às crianças (receitas nas páginas 44-45) e oriente-as a modelar diferentes formas.

Caça às formas

☆ Recorte dois círculos, dois quadrados, dois triângulos e dois retângulos.
☆ Esconda um conjunto dc formas em algum lugar da sala (cada forma em um lugar diferente).
☆ Dê uma forma de cada vez a uma criança e peça para ela tentar encontrar a forma correspondente até que todas as quatro sejam encontradas. Faça uma vez com cada criança. **Variação:** Recorte várias formas e esconda-as pela sala, algumas à vista e outras ocultas. Diga às crianças para procurarem as formas enquanto brincam. À medida que as crianças encontrarem-nas ao longo do dia, coloque-as em uma caixa. Ao final do dia, peça para as crianças organizarem-nas.

Formas musicais

- ☆ Recorte vários quadrados, círculos, triângulos e retângulos de papelão ou de papel contact.
- ☆ Cole as formas no chão em um círculo.
- ☆ Coloque um CD para tocar e peça para as crianças caminharem ao redor do círculo até a música parar.
- ☆ Quando a música parar, as crianças tocam com a ponta do pé na forma mais próxima.
- ☆ Peça para cada criança dizer o nome da forma que está tocando.

Quadrados e retângulos

- ☆ Desenhe um retângulo de 7,5x5 centímetros. Recorte seis quadrados de 2,5 centímetros de lado em papel colorido.
- ☆ Peça para as crianças encaixarem os quadrados no espaço retangular, colando-os de maneira a encher todo o retângulo.

Triângulos e retângulos

- ☆ Recorte dois retângulos de 10x5 centímetros, um branco e um colorido, para cada criança.
- ☆ Recorte o retângulo colorido em quatro triângulos de mesmo tamanho.
- ☆ Dê a cada criança um retângulo branco e quatro triângulos coloridos.
- ☆ Peça para encaixarem os triângulos no retângulo e colarem-nos no lugar.

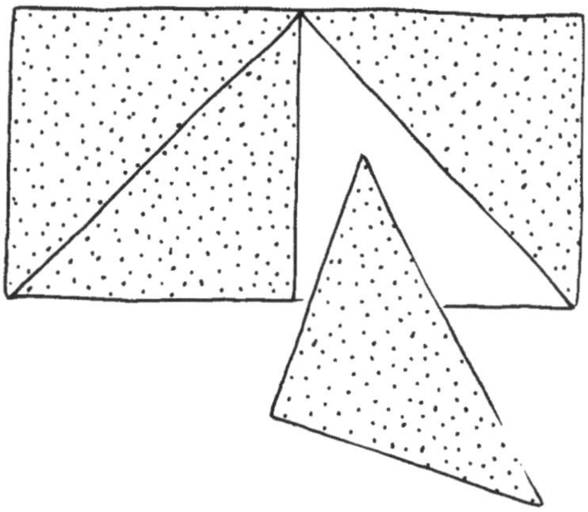

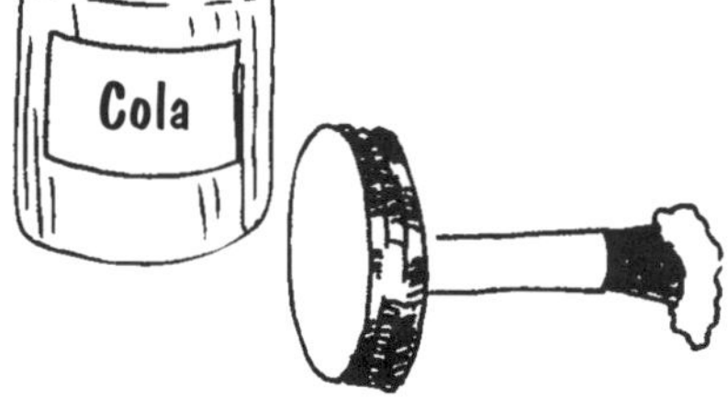

Medições

Medição linear

Comparação de mãos

- ☆ Peça para as crianças compararem suas mãos com as mãos de seus amigos até encontrarem um amigo com a mão do mesmo tamanho das suas.
- ☆ Sugira que elas procurem alguém com mãos menores e maiores do que as suas. *Quem tem as maiores mãos? Que tem as menores?*

Quatro palmos de altura

- ☆ Peça para as crianças usarem as mãos para encontrar algo que tenha a "quatro palmos de altura".
- ☆ *Você consegue encontrar algo que tenha um palmo de altura?*
- ☆ Sugira que procurem algo que seja mais alto do que quatro palmos.

Quem é o mais alto?

- ☆ Peça para as crianças observarem seus colegas e preverem visualmente quem é o mais alto e quem é o mais baixo.
- ☆ Anote duas ou três previsões.
- ☆ Coloque as crianças em fila e peça para uma criança sair da fila e olhar as outras.
- ☆ Deixe que essa criança encontre a criança mais baixa, escolhendo uma e comparando-a com as outras. Depois de a primeira criança começar a fila, peça para outra fazer o mesmo.
- ☆ Quando a fila estiver formada corretamente da criança mais baixa à mais alta, permita que cada uma saia e olhe o resultado.

Elos de corrente

- ☆ Distribua a cada criança seis clipes de papel que devem estar presos em uma corrente.
- ☆ Desafie-as a encontrar objetos na sala que sejam do mesmo tamanho que a corrente.
- ☆ Peça para encontrarem objetos que sejam menores e maiores que suas correntes.

Um metro de comprimento

- ☆ Dê a cada criança um pedaço de lã de 1 metro de comprimento.
- ☆ Peça para procurarem algo na sala que seja do mesmo tamanho que o pedaço de lã.

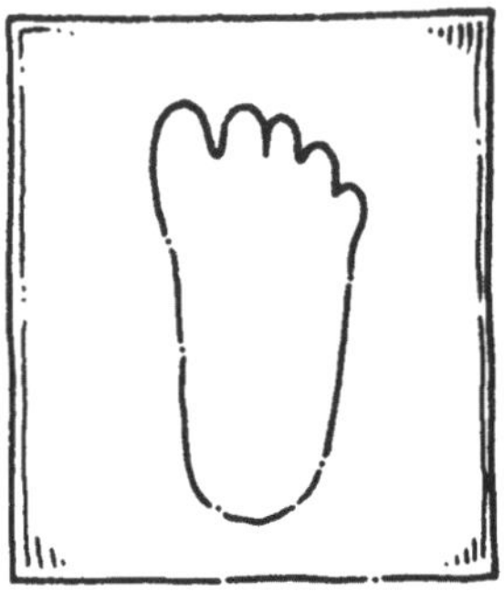

Dois pés de comprimento

- ☆ Ajude as crianças a traçar seus pés em um pedaço de papelão.
- ☆ Mostre a elas como usar seus pés para medir o tamanho da sala, da bancada de arte e assim por diante.

Centímetro por centímetro

- ☆ Cole ou pinte linhas em uma mesa, com distância de 5 centímetros entre uma e outra.
- ☆ Numere as linhas como 5, 10, 15 centímetros e assim por diante.
- ☆ Disponibilize uma variedade de objetos que tenham tamanho exato em centímetros, como um canudo de 15, um pente de 10, um tubo de 5 centímetros, e assim por diante.
- ☆ Oriente-as a comparar os objetos com as linhas para medir o comprimento.

Metros

- ☆ Pinte e numere linhas em intervalos de 1 metro na calçada ou na pista de bicicleta.
- ☆ Oriente as crianças a medir objetos ou a si mesmas. Elas também podem usar as linhas numeradas para saltar.
- ☆ Use as linhas como linha de partida e de chegada ao brincar de corrida. *Zeca, quando você chegar ao 10, é a vez do Rafa.*

Passos grandes, passos pequenos

- ☆ Peça para as crianças contarem passos de bebê entre o pátio e a sala de aula (ou entre dois lugares que sejam próximos).
- ☆ Depois, peça para elas contarem passos gigantes entre os mesmos locais. *Quais passos resultaram no maior número?*

Medição de peso

Quanto eu peso?

- ☆ Pese cada criança no começo do ano escolar e depois ao final do ano. *O número é maior no começo do ano ou no fim do ano? Por quê?*

Usando balanças

☆ Dê uma cesta com objetos para as crianças pesarem com uma balança. *Qual objeto é o mais pesado? Qual é o mais leve?*

Medição de capacidade

Quantas crianças cabem sentadas dentro de uma pegada de dinossauro?

☆ Explique às crianças que uma pegada de dinossauro típica tinha em torno de um metro de diâmetro.
☆ Use fita crepe para fazer um círculo de um metro de diâmetro no chão.
☆ Peça para as crianças sentarem dentro da "pegada de dinossauro" até preenchê-la. *Quantas crianças cabem em uma pegada de dinossauro?*

Quantos?

☆ Disponibilize um pote com água e diversos utensílios de medição, incluindo xícaras e colheres de medição, grandes potes, como garrafas plásticas de um litro e funis.
☆ Deixe as crianças experimentarem para ver quantas xícaras de água são necessárias para encher o pote grande ou quantas colheres de água são necessárias para encher uma xícara.

Medição de temperatura

Do mais frio ao mais quente

☆ Dê três copos de água às crianças: um frio, um à temperatura ambiente e um quente.
☆ Peça para as crianças organizarem os copos, da temperatura mais fria à mais quente.

Experimento com temperatura

☆ Encha dois copos plásticos com água da torneira e peça para as crianças verificarem cada copo para determinar se estão na mesma temperatura.
☆ Coloque um copo no sol e o outro na sombra.
☆ Depois de algumas horas, peça para as crianças sentirem a temperatura dos dois copos. *Eles ainda estão na mesma temperatura? Qual está mais frio? Qual está mais quente?*

Medição do tempo

Indicadores de temperatura

- ☆ Ensine às crianças estratégias para determinar a temperatura lá fora.
- ☆ Mostre-as como tocar no vidro da janela para determinar se está frio ou quente na rua. Explique que o vidro fica frio quando o clima está frio e quente quando o clima está quente, pois é um *condutor* de condições quentes e frias.
- ☆ Ensine às crianças o valor de se olhar pela janela para determinar a temperatura. Peça para olharem pela janela onde possam ver outras pessoas, se possível. *Como você acha que o clima está se as pessoas estão de casaco? Como você pode saber que está ventando?*

Manhã e noite

- ☆ Comente sobre a manhã e a noite com as crianças. Fale de coisas que elas fazem de manhã e de coisas que fazem à noite.
- ☆ Peça para as crianças ajudarem a fazer uma lista de atividades para ambas as categorias.
- ☆ Dê uma folha de papel a cada criança e peça para desenharem uma lua de um lado do papel e um sol do outro.
- ☆ Depois peça para desenharem coisas que fazem pela manhã no lado ensolarado do papel e coisas que fazem à noite no lado enluarado.

Horário do dia

- ☆ Comente as rotinas da sala de aula. Desenhe seu horário diário em uma grande folha de papel.
- ☆ As crianças entendem os primeiros conceitos de tempo segundo o que vem a seguir. Use pontos adesivos coloridos no horário da sala de aula para indicar a hora em que importantes atividades ocorrem, como a hora de contar histórias, o lanche, o intervalo e a hora de ir para casa.
- ☆ Cole adesivos de cores correspondentes no relógio da sala.

Novembro						
Dom	Seg	Ter	Qua	Qui	Sex	Sab
	1	2	3	4	5	6
7	8	9	10	11	12	13
14	15	16	17	18	19	20
21	22	23	24	25	26	27
28	29	30				

Ontem e amanhã

- ☆ Pendure um calendário na sala e converse sobre a passagem de um dia ao outro.
- ☆ Fale de coisas que aconteceram ontem e de coisas que acontecerão amanhã. Estimule as crianças a trocar informações sobre ontem e a pensar sobre coisas que farão amanhã.

No futuro

- ☆ Faça calendários para marcar os dias que faltam para um evento especial.
- ☆ Peça para as crianças removerem as marcas a cada dia e contarem os dias que faltam até o evento vindouro.
- ☆ Ajude a construir a alegria da antecipação. Aprender a esperar com paciência e com expectativa e alegria crescentes está se tornando uma arte perdida.

Tabelas

Irmãos e irmãs

- ☆ Faça uma tabela simples com uma coluna para "sim" e outra para "não".
- ☆ Pergunte para as crianças se elas têm irmãos ou irmãs, e marque na tabela a coluna adequada para suas respostas.
- ☆ Conte as marcas em cada coluna e pergunte para as crianças se outros colegas têm irmãos ou irmãs ou não.

Meu suco preferido

- ☆ Prepare dois tipos de suco e peça para as crianças escolherem qual querem para o lanche.
- ☆ Pergunte a cada criança qual tipo de suco escolheram e deixe-as marcar na tabela a coluna que corresponda a suas respostas.

A cor do dia

- ☆ Recorte seis quadrados de 10 centímetros em cartolina vermelha, laranja, amarela, verde, azul e roxa. Você também precisará de pequenos cubos de madeira nas seis cores.

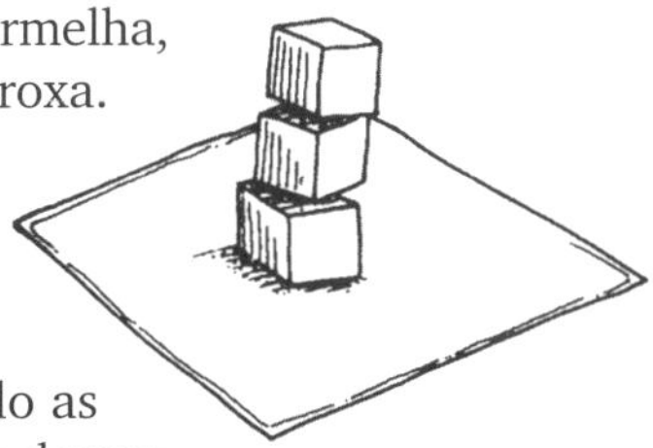

- ☆ Coloque os seus quadrados coloridos sobre a mesa. Quando as crianças entrarem na sala, elas devem pegar o cubo com sua cor preferida e colocá-lo sobre o quadrado de cartolina correspondente.
- ☆ Se já houver um cubo sobre sua cor preferida, elas devem colocar o cubo sobre aquele, formando uma torre.
- ☆ Depois que todas as crianças participarem da atividade, comente qual "torre" é mais alta (qual tem mais cubos). A resposta será a "cor do dia".

Bichos populares

☆ Questione as crianças sobre seus animais de estimação (você pode pedir às crianças que tiverem mais de um bicho para limitarem sua contribuição a apenas um).

☆ Conte os resultados em uma tabela simples. Inclua uma categoria para "nenhum bicho". Por exemplo:

Cavalo	II	**Gato**	IIIII II
Peixe	III	**Cão**	IIIII IIII
Rato	II	**Porquinho da Índia**	I
Tartaruga	I	**Nenhum bicho**	IIII

Mais bichos populares

☆ Dê a cada criança um cão, um gato, um peixe ou outro bicho de plástico para representar o bicho de estimação que elas têm em casa. Para as crianças que não possuem animais de estimação, dê uma pequena cesta de plástico sem bichos para representar uma caminha vazia.

☆ Escreva os tipos de bichos em uma tabela e peça para as crianças colocarem seus bichos plásticos ou cestas na tabela, sob a categoria adequada.

☆ Use uma tabela para atividades de contar e comparar. *Quantas crianças têm gatos? E cachorros? E peixes? Será que mais crianças têm gatos do que cachorros? Quantos donos de gatos existem a menos do que donos de cachorros? Existem mais crianças com bichos do que sem bichos?*

Do pictórico ao simbólico

☆ Muitos projetos de Ciências e Estudos Sociais oferecem a possibilidade de se fazer uma representação *pictórica* ou *simbólica* dos dados. O exemplo seguinte foi desenvolvido em um estudo sobre amendoins.

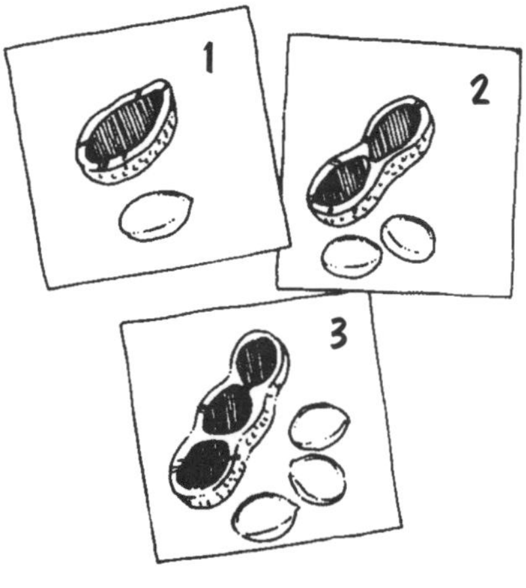

☆ Desenhe amendoins com casca contendo uma, duas ou três sementes em pequenos cartões. Faça vários de cada um. Faça uma tabela com três colunas: uma semente, duas sementes ou três sementes.

☆ Dê um amendoim com casca para cada criança abrir e peça para ela contar o número de sementes que encontrar.

☆ Peça para as crianças encontrarem o cartão que tiver uma casca de amendoim com a mesma quantidade de sementes que o seu amendoim. As crianças, então, colocam o cartão na coluna marcada com um desenho semelhante.

Observação de segurança: Verifique se alguma criança tem alergia a amendoim antes de permitir que elas comam ou toquem nos amendoins. Se alguma das crianças for alérgica, use outro material para a atividade, como ervilhas em uma vagem.

Como venho para a escola?

☆ Prepare uma tabela com colunas para cada tipo de transporte que as crianças possam usar para vir para a escola – ônibus, carro, a pé.
☆ Peça para colocarem uma marca na coluna que se aplicar a elas.
☆ Avalie os dados com as crianças. *Quantas crianças vêm para a escola caminhando? Quantas vêm de ônibus? Quantas vêm de carro?*

Minha fruta preferida

☆ Ofereça três tipos de frutas durante a hora do lanche. Prepare uma tabela com colunas para cada fruta.
☆ Deixe as crianças escolherem sua fruta preferida e marque-as na tabela.
☆ Com as crianças, avalie os dados. *Qual fruta foi a mais popular? Qual foi menos?*

Vamos votar

☆ Mostre três capas de CD ou de fitas cassete.
☆ Distribua uma etiqueta adesiva para cada criança.
☆ Peça para as crianças votarem na música que querem ouvir, colando sua etiqueta no CD ou na fita de sua escolha.
☆ Conte os votos. O CD ou a fita com o maior número de adesivos ganha.

Frações

A mesma quantidade para todos

- ☆ Traga uma grande barra de chocolate e peça para as crianças dividirem-na igualmente.
- ☆ As crianças mencionarão as linhas existentes.
- ☆ Quebre a barra de chocolate nas linhas e conte o número de pedaços.
- ☆ Explique que se usam "frações" para dividir as coisas em partes iguais.

Observação de segurança: Verifique a existência de alergias e limitações culturais ou alimentares quando planejar qualquer atividade que envolva as crianças tocarem ou comerem alimentos.

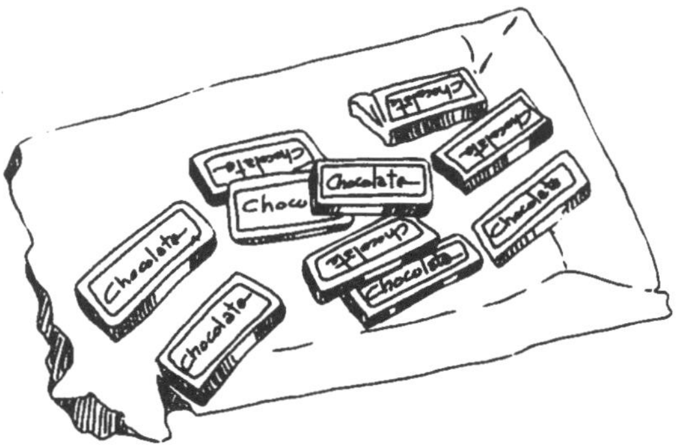

O que é uma metade?

- ☆ Fale para as crianças que uma *metade* significa dividir as coisas em duas partes iguais.
- ☆ Ilustre o conceito cortando maçãs ou papéis pela metade e virando um copo cheio de água parcialmente em outro copo, de modo que cada um fique cheio até a metade.
- ☆ Ao dividir cada item, pergunte às crianças qual parte elas querem. As crianças devem observar que tanto faz.
- ☆ Corte o papel ou a maçã em porções desiguais e faça a mesma pergunta.

CAPÍTULO 6

A língua universal – Música e movimento

Visão geral

As crianças desenvolvem confiança em suas habilidades musicais e em si mesmas cantando, tocando instrumentos rítmicos, mexendo-se ao som da música, ouvindo uma variedade de músicas e sendo estimuladas a experimentar a música de dentro para fora, internalizar o ritmo, o tempo, a batida e a sensação da música. A música é um recurso valioso, pois proporciona oportunidades para reforçar todas as áreas do currículo – alfabetização, desenvolvimento físico, habilidades matemáticas, habilidades sociais e a capacidade de raciocínio.

As atividades de movimento, como marchar, caminhar, saltar, galopar, curvar-se, balançar-se e dançar, desenvolvem a musculatura e a coordenação. Mexendo-se criativamente como um elefante e um coelho, as crianças internalizam as diferenças sobre os movimentos de ambos.

Além de servir como apoio curricular, a música proporciona oportunidades de auto-expressão. Planejar tempo para as crianças se mexerem livremente ao som de música permite que elas individualizem suas respostas e sejam criativas em seus movimentos físicos. A simples alegria de se mexer ao som da música permite que as crianças experimentem uma variedade de tempos, ritmos, níveis sonoros e formas de música.

As atividades de música e movimento também podem ser usadas para trabalhar transições. Solicitar que as crianças andem de maneiras imaginativas de um lado da sala para outro mobiliza a sua criatividade, funcionando também como um método para ajudá-las a se concentrar na próxima atividade, em vez de uma ordem para mudar.

É possível estabelecer pistas associadas a rotinas musicais como pontos de transição ao longo do dia, como a hora da higiene, a hora de se preparar para o lanche e outros momentos de transição. O uso de diretrizes não-verbais ajuda as crianças a se "sintonizarem" ao que se espera delas e enxergarem a mudança como uma atividade lúdica.

Este capítulo traz canções, cantos, rimas, jogos, danças e movimentos criativos para ajudar a desenvolver todos os aspectos do conteúdo curricular e as habilidades importantes para as vidas de crianças pré-escolares.

Curiosidades sobre o cérebro

- ☆ Cantar aumenta nosso nível de oxigênio, o que aumenta nossa atenção.
- ☆ Cantar aumenta os níveis de endorfinas em nossa corrente sangüínea, as quais atuam como fixadores de memória.
- ☆ A música, a matemática e as habilidades espaciais ocorrem no mesmo local do cérebro.
- ☆ A dança ajuda as crianças a desenvolver a compreensão de padrões.
- ☆ Canções, músicas e atividades de movimento proporcionam experiências com uma variedade de padrões, linguagens, métrica, timbres e ritmos.

Canções

Parabéns a você

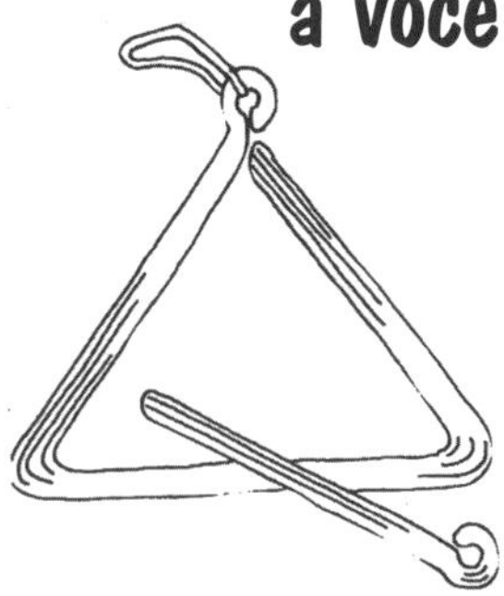

☆ Quando uma criança fizer aniversário, inclua atividades musicais relacionadas com a idade.
☆ Forme um coral de aniversário. Quando uma criança fizer cinco anos, por exemplo, selecione cinco pessoas para ficar de pé e cantar "parabéns a você".
☆ Outra atividade musical de aniversário é a "saudação do triângulo". A criança conta sua idade à classe "batendo" o número correto no triângulo.

Variações de sucessos antigos

☆ Adapte canções familiares para torná-las adequadas para seus objetivos pedagógicos ou para individualizá-las para sua sala.
☆ Por exemplo, para praticar habilidades motoras amplas, você pode adaptar *Se és feliz.*

Se és feliz

Se és feliz quero te ver bater as mãos (bater três palmas)
Se és feliz quero te ver bater as mãos (bater três palmas)
Se és feliz, feliz pra eu acreditar
Se és feliz quero te ver bater as mãos
Bater as mãos (bater três palmas)

Se és feliz quero te ver bater os pés
(bater três vezes os pés no chão)
Se és feliz quero te ver bater os pés
(bater três vezes os pés no chão)
Se és feliz, feliz pra eu acreditar
Se és feliz quero te ver bater os pés
Bater os pés (bater três vezes os pés no chão)

Se és feliz quero te ver a gargalhar
(dar três gargalhadas: ha, ha, ha!)
Se és feliz quero te ver a gargalhar
(dar três gargalhadas: ha, ha, ha!)
Se és feliz, feliz pra eu acreditar
Se és feliz quero te ver a gargalhar

*Bater as mãos (*bater três palmas)
Bater os pés (bater três vezes os pés no chão)
A gargalhar (dar três gargalhadas: ha, ha, ha!)

☆ Crie versos adicionais, como "tocar o chão" e "tocar o céu".

Vozes diferentes

☆ Para que as crianças escutem suas vozes soarem de maneira diferente, peça para elas colocarem as mãos sobre os ouvidos enquanto cantam.
Variação: Peça para as crianças colocarem uma ou ambas as mãos na frente da boca formando uma concha ao cantar.

Cante e ouça

☆ Grave as crianças cantando.
☆ Toque a gravação para elas ouvirem.
☆ Aumente o interesse, pedindo que cada criança diga seu nome ao gravador antes de cantar.

Crescendo

☆ Use palavras-chave quando as crianças cantam (cante baixinho, cante um pouco mais alto e assim por diante). Guie-as na canção, cantando desde muito baixinho, depois passando a baixinho a moderadamente alto e, por fim cantando muito alto.
☆ Use as mesmas pistas, guiando-as de volta, de alto a baixo.
☆ Reforce as palavras-chaves com expressões faciais e aumentando ou diminuindo o espaçamento entre suas mãos.

Faça o que eu faço, faça o que digo

☆ Faça brincadeiras cantadas que permitam interpretação individual e oportunidades de guiar, como *Boca de forno*.

Boca de Forno

Escolha uma criança para ser o mestre. Ela é quem começa a brincadeira, dizendo frases que todo mundo tem de responder, assim:
Boca de forno?
Forno.
Tirando bolo?
Bolo!
Maracujá?
Já!
Seu rei mandou perguntar!
O quê?
Se fazem tudo o que ele mandar?

Tudo!
E quem não fizer?
Ganha bolo!
Seu rei mandou dizer para ... (o mestre diz algo para os outros fazerem)

A ordem do mestre pode ser para buscar alguma coisa, como uma flor ou uma pedra, ou para realizar uma ação, como correr até a porta e dar um salto. O primeiro que cumprir a ordem, fica livre, o resto toma bolo, que são tapinhas na mão de vários tipos. Tem bolo frio (leve), morno (médio), quente (forte), de passarinho (beliscão de leve), de pai (bem forte) e de mãe (bem livre). Quem escolhe que tipo de bolo cada um vai tomar é o ganhador, que vira mestre na próxima jogada.

Canções circulares

- ☆ Peça para as crianças formarem um círculo e andarem em círculo pela sala enquanto cantam uma canção de que gostem.
- ☆ Depois de um tempo, pare a música e peça para as crianças mudarem a direção do círculo.
  Variação: Use dois círculos de crianças, sendo um círculo menor dentro de um maior. Ou use vários círculos menores, compostos de quatro a cinco crianças, nos quais todos cantem e andem ao mesmo tempo.

Passa, passará

- ☆ Peça para duas crianças ficarem uma de frente para outra, darem as mãos e levantarem os braços, formando uma "porteira". As demais crianças fazem uma fila, que irá passar "embaixo da porteira", ou seja, entre a dupla de colegas por baixo do arco formado pelos seus braços.
- ☆ Enquanto a fila vai passando, as crianças cantam a canção a seguir.
- ☆ Quando a música parar, a fila pára e o par de crianças ("porteira") abaixa os braços e envolve o colega que ficou na "porteira", o qual deverá "pagar uma prenda" (cantar uma música, recitar uma rima ou qualquer outra atividade combinada com o grupo antes de a brincadeira começar).
- ☆ Use a canção:

Passa, passará

Passa, passará
Quem de trás ficará
A porteira está aberta
Para quem quiser passar

Oh, víbora da cruz
Por aqui quero passar
Por aqui eu passarei
E uma menina deixarei
Passa por aqui
Passa por aqui
E a última ficará

Murmurando

- ☆ Use um gravador para gravar as crianças murmurando uma variedade de canções populares.
- ☆ Toque as gravações para as crianças identificarem.
- ☆ Diga para começarem a cantar as letras à medida que identificarem a melodia conhecida.

Variações de *Se és feliz*

- ☆ Mude a letra conforme suas necessidades.
- ☆ Diga para as crianças cantarem *Se és feliz.*
- ☆ Após as crianças cantarem o primeiro verso, mude a letra para algum das sugestões abaixo ou crie sua própria letra:

Se és feliz aponte para um amigo (as crianças apontam para um amigo)
Se és feliz olhe pela janela (as crianças olham para janela)
Se és feliz, feliz pra eu acreditar
Se és feliz puxe as orelhas (as crianças puxam as próprias orelhas)

- ☆ Continue cantando versos novos. Componha versos que se ajustem ao currículo ou à personalidade das crianças de sua classe.

Imitando a Dona Aranha

- ☆ Cante *A Dona Aranha* e represente os movimentos descritos na música.
- ☆ Peça para as crianças levantarem e andarem como aranhas enquanto cantam.
- ☆ Ensine a lição da canção: persistência e determinação.

A Dona Aranha
(Cantiga popular)

A Dona Aranha subiu pela parede
Veio a chuva forte e a derrubou
Já passou a chuva
E o sol está saindo
E a Dona Aranha continua a subir
Ela é teimosa e desobediente
Sobe, sobe, sobe e nunca está contente

Imitando uma estrela brilhante

☆ Cante *Brilha, brilha estrelinha* (melodia de *Terezinha de Jesus*).

☆ Enquanto canta a canção, mude a descrição da estrela, de "estrelinha" para "estrelona" e adapte sua voz para transmitir a diferença no tamanho da estrela.

☆ Cante novamente a canção, mudando a descrição outra vez. Cante a respeito de uma estrela "piscante".

☆ Peça para as crianças sugerirem outros tipos de estrelas para cantar.

Brilha, brilha estrelinha

Brilha, brilha estrelinha
Que bonita você é
Lá no alto cintilante
Até parece um diamante

Conversas cantadas

☆ Tente ter "conversas cantadas". Faça perguntas com uma voz cantada e incentive as crianças a respondê-las no mesmo tom. Qualquer frase serve. *O que vocês aprenderam hoje?*

Brincadeiras cantadas

Quem roubou o pão?

☆ Sente em círculo com as crianças e faça a seguinte brincadeira cantada até que todas as crianças tenham sido mencionadas:

Quem roubou o pão?

Quem roubou o pão lá da casa do João? (pergunta o professor para uma criança)
(Nome) roubou o pão lá da casa do João. (responde a criança, dizendo o nome de um colega)
Quem, eu? Eu, não! (pergunta a criança acusada)
Quem, então? (pergunta o professor para a criança acusada)
(Nome) roubou o pão lá da casa do João. (responde a criança, dizendo o nome de um colega)

A pisada pesada do gigante

☆ Convide as crianças para brincar de *A pisada pesada do gigante*. Esta é uma divertida atividade a ser realizada após contar histórias sobre gigantes, como *João e o Pé de Feijão* ou *O Gigante Egoísta*.

☆ Esta canção e os movimentos feitos enquanto é cantada são ótimos reforços para os conceitos de "grande" e "pequeno". Como contraste, apresente às crianças a brincadeira a seguir, *O vôo das fadas*.

A pisada pesada do gigante
(*Melodia: Pai Francisco*)

Lá vem o grande gigante (as crianças colocam a mão na testa, fazendo sombra nos olhos, olhando para cima como se estivessem vendo o grande gigante vir de longe)
Pisando forte no chão (tapam os ouvidos)
Tururu, tum, tum (batem os pés no chão, imitando a pisada do gigante)
O seu pé é bem grandão (apontam para os pés)
Quando bate (tapam os ouvidos)
Faz tremer o chão (fingem se desequilibrar)
Tururu, tum, tum (batem os pés no chão, imitando a pisada do gigante)

O vôo das fadas

☆ Convide as crianças para dançar ao *Vôo das fadas*. Esta é uma ótima atividade para motivar qualquer história sobre fadas ou desejos.

O vôo das fadas
(Melodia: Ciranda, cirandinha)

Fafafá Firimfim Fafinha
Faz a fada com a sua varinha (as crianças balançam as mãos como se balançassem a varinha)
Ela é mágica
E ao dançar (voam e dançam livremente como fadas)
Nossos desejos vai realizar

Feche os olhos (param de dançar e fecham os olhos)
Pense logo (pensam em um desejo)
Que a varinha de condão
Tocará seu coração (colocam a mão no coração)

Uni Duni Tê

☆ Ensine às crianças a canção a seguir:

Uni Duni Tê

Uni Duni Tê
Salamê, mingüê
Um sorvete colorê
O escolhido foi você.

☆ Em círculo, todas as crianças cantam a música e uma delas vai apontando, a cada sílaba cantada, para os colegas. O colega em que a música parar, deverá "pagar uma prenda", como cantar uma música ou fazer algum movimento, combinada entre o grupo no início da brincadeira.

Movimento criativo

Gigantes e duendes

☆ Toque um tambor fortemente e suavemente enquanto as crianças andam pela sala.
☆ Oriente-as a andar na ponta dos pés como duendes com o som suave e caminhar como gigantes com a música alta.

Bastões olímpicos

☆ Faça um rolo de jornal de 15 centímetros e cole-o.
☆ Cole uma faixa longa e fina de papel crepon em uma das pontas para fazer uma "varinha mágica".
☆ Toque música e peça para as crianças formarem círculos e outras figuras com seus bastões olímpicos enquanto caminham de forma rítmica pela sala.

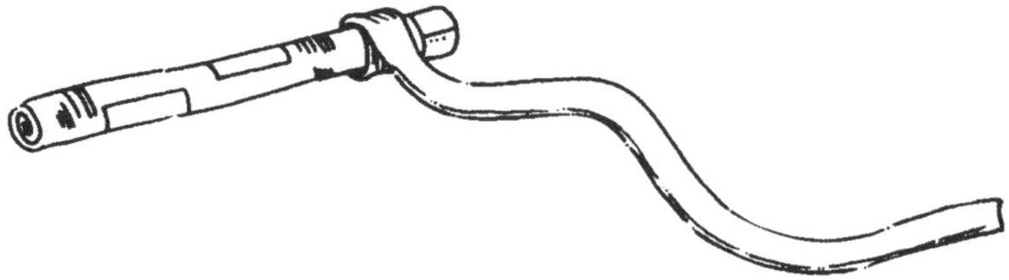

Ginástica pré-escolar

☆ Coloque uma música animada e oriente as crianças a fazer uma variedade de exercícios para os músculos, como marchar, esticar-se, bater os braços e curvar-se.

Dança com cadeiras

☆ Faça uma fila de cadeiras no centro da sala.
☆ Coloque uma música e peça para as crianças andarem ao redor das cadeiras de diferentes maneiras, como caminhar, saltar, escorregar, galopar ou saltitar (o que for adequado para o grupo).

Asas de borboleta

☆ Cole quatro ou cinco serpentinas de 25 centímetros na borda de um prato de papel. Faça dois para cada criança.
☆ Peça para segurarem um prato em cada mão.
☆ Toque música e oriente-as a andar pela sala, batendo as "asas".

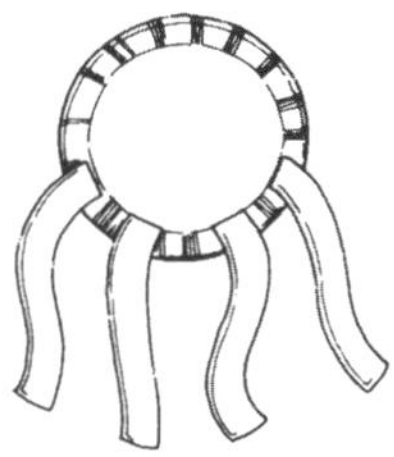

Música fresca

☆ Ensine as crianças a fazer um leque plissando uma folha de papel. Junte as dobras na parte de baixo para formar um cabo e abra a parte de cima.
☆ Após fazer os leques, coloque uma música e deixe-as se abanarem no ritmo da música.
☆ Diga para abanarem-se umas às outras, abanarem seus rostos e abanarem você.

Círculos de música

☆ Distribua papel de desenho e giz de cera a cada criança.
☆ Toque uma música.
☆ Peça para as crianças fazerem círculos em seus papéis ao ritmo da música. Pare a música de vez em quando e peça para mudarem a cor do giz de cera.
☆ As crianças criarão um desenho com círculos coloridos, com uma variedade de interpretações.

Círculos da amizade

☆ Espalhe uma folha longa (1 a 1,5 metro) de papel kraft no chão.

☆ Diga às crianças para sentarem dos dois lados do papel, uma em frente da outra e distribua gizes de cera em cores variadas para cada criança.

☆ Toque músicas lentas e peça para fazerem círculos grandes e lentos com o giz, no ritmo da música.

☆ Mude o ritmo, tocando uma música mais rápida, e peça para elas desenharem mais rapidamente. **Observação:** Como duas crianças estarão usando o mesmo espaço para desenhar no papel, terão um problema interessante para resolver. Elas podem sincronizar seus movimentos circulares ou adaptar seus movimentos a um espaço menor.

Pompons

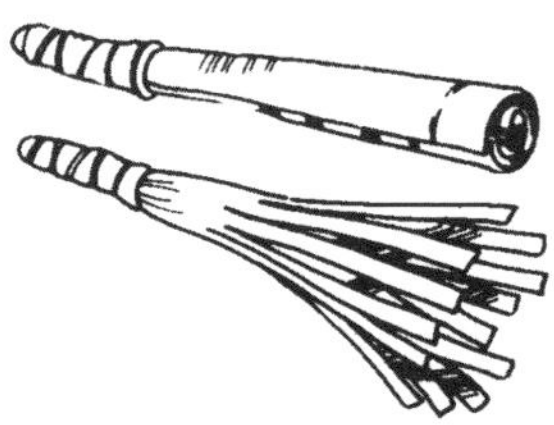

☆ Prepare pompons enrolando folhas de jornal formando canudos. Cole a parte de baixo para formar um cabo e corte a parte de cima em tiras.

☆ Toque músicas com ritmos variados, de marchinhas a valsas.

☆ Peça para as crianças agitarem seus pompons enquanto dançam ao ritmo da música.

Sardas e listras

☆ Disponibilize uma variedade de gizes de cera e de papel de desenho às crianças.

☆ Toque músicas rápidas e oriente-as a fazer pontos no papel no ritmo da música.

☆ Toque músicas lentas e oriente-as a fazer listras com o lado do giz de cera.

☆ Continue a tocar os dois tipos de música e peça para decidirem se é música de sardas ou de listras antes de usarem o giz de cera.

Alto-baixo

☆ Toque um xilofone e oriente as crianças a responder de forma descritiva com seus corpos ao timbre da música.

☆ Elas podem levantar os braços para notas altas e abaixá-los até os calcanhares para notas baixas.

☆ Podem também levantar-se para notas altas e abaixar-se para notas baixas.

☆ Peça que caminhem na ponta dos pés enquanto você toca notas altas e abaixem-se enquanto você toca notas baixas.

Rola a bola

☆ Coloque as crianças em duas fileiras separadas por um metro e meio.
☆ Oriente-as a rolar uma bola entre as filas enquanto cantam uma canção de que gostem.

Hei! Meu nome é ______

☆ Ensine a seguinte cantiga popular para as crianças: *Canta, canta, gira, gira.* Use movimentos adequados à letra.

Canta, canta, gira, gira
(Adilson Casado, Salatiel Silva e Billo Mariano)

Canta, canta, canta
Gira, gira, gira
Parar, descer, subir, girar

Menina(o), diga o seu nome
E fale de onde vem
Depois feche os olhos sorrindo
E pense no nome de alguém

Tuti tá

☆ Ensine a seguinte canção de ação para as crianças: *Tuti tá.* Use movimentos adequados à letra.

Tuti ta

Tuti tá, tuti tá, tuti tá.
Polegares para cima.

Tuti tá, tuti tá, tuti tá.
Cotovelos para trás.

Tuti tá, tuti tá, tuti tá.
Pés afastados.

Tuti tá, tuti tá, tuti tá.
Joelhos juntos.

Tuti tá, tuti tá, tuti tá.
Traseiro para cima.

Tuti tá, tuti tá, tuti tá.
Língua para fora.

Tuti tá, tuti tá, tuti tá.
Olhos fechados.

Tuti tá, tuti tá, tuti tá.
Fazer a voltinha.
Tuti tá, tuti tá, tuti tá.

☆ Comece a mudar as consoantes para outras letras, dependendo de suas necessidades ("tuti tá" pode ser "muti má", por exemplo). Mude as letras de vez em quando. Essa é uma ótima atividade de consciência fonológica.

Metamorfose

☆ Ensine a seguinte rima de ação às crianças, "Metamorfose".

Metamorfose

Sou um ovo (abaixe-se em posição fetal)
Sou um ovo
Sou um ovo, ovo, ovo!

Sou uma lagarta (estique-se e arraste-se pelo chão)
Sou uma lagarta
Sou uma comprida lagarta!

Sou um casulo (abaixe-se em posição fetal com as mãos sobre o rosto)
Sou um casulo
Sou um redondo casulo!

Sou uma borboleta (levante-se e voe usando os braços como asas)
Sou uma borboleta
Sou uma grande e linda borboleta!

Movendo-se livremente

O DJ do dia

☆ Peça para as crianças alternarem-se trazendo suas fitas ou CDs preferidos de casa.
☆ Convide uma criança para ser o "DJ" do dia e deixe que ela oriente as outras crianças a se moverem livremente em resposta à música.

No palco

- ☆ Use fita crepe para definir uma área que pode servir como palco.
- ☆ Peça para as crianças sentarem na frente do palco como a platéia de um concerto.
- ☆ Convide quatro ou cinco crianças para subirem no "palco" e fazerem um *show* enquanto a música toca. Elas podem dançar, cantar ou tocar instrumentos como uma banda.
- ☆ Quando o primeiro grupo terminar, convide outro grupo para se apresentar.
- ☆ Materiais como microfones, violões e fantasias aumentam a diversão.

Os músicos

Banda de mesa

- ☆ Disponibilize diversos objetos às crianças, como lápis, canudos e pompons de jornal (ver "Pompons" na página 180 deste capítulo). Estimule-as a bater com os objetos na mesa em uma resposta rítmica à música.
- ☆ Para que as crianças experimentem a variedade de sons feitos pelos diferentes "instrumentos", peça para baterem apenas com lápis no início, depois com canudos e, finalmente, com os pompons. Se desejar, você também pode pedir para elas baterem com as pontas dos dedos!
- ☆ Para o *finale*, deixe que as crianças escolham seus instrumentos e toquem todas juntas.

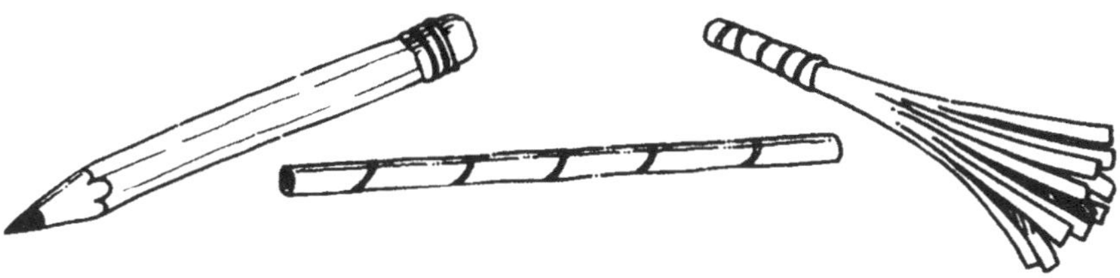

O líder da banda

- ☆ Deixe que as crianças se alternem conduzindo a banda marcial da classe. Oriente-as a marchar pela sala seguindo a música.
- ☆ Para fazer uma "batuta" para o líder usar, dê um bastão ou um jornal enrolado.
- ☆ Se desejar, dê uma "batuta" menor, como uma varinha de cabide, para as crianças conduzirem a banda marcial sentadas.

Maracas de garrafa

- ☆ Faça uma maraca colocando areia grossa ou cascalho em um tubo de xampu ou de detergente vazio. Cole a tampa por segurança.
- ☆ Peça para as crianças usarem as maracas juntamente com os outros instrumentos rítmicos.

Tambores e baquetas

- ☆ Use uma lata vazia com tampa plástica para fazer um tambor simples. Oriente as crianças a bater nela com o lado da borracha de um lápis ou com uma varinha com uma bola de pano amarrada na ponta.
- ☆ Faça baquetas cortando varinhas de cortina em pedaços de 25 a 30 centímetros ou use colheres de pau ou varinhas de cabide.
- ☆ Oriente as crianças a tocar com as baquetas, batendo-as no chão ou na mesa ou batendo uma na outra.

Ritmos corporais

- ☆ Crie um ritmo tocando um tambor.
- ☆ Oriente as crianças a sentir e a acompanhar o ritmo "tocando na mesa" com as mãos em concha.
- ☆ Outras crianças podem responder ritmicamente batendo palmas, batendo nas pernas, batendo os pés, estalando a língua ou os dedos.

Banda de garrafas

- ☆ Dê a cada criança uma garrafa plástica de meio litro limpa. Demonstre como soprar na garrafa para criar um som.
- ☆ Toque uma música e convide a "banda de garrafas" a tocar junto.

Instrumentos caseiros

☆ Peça para as crianças escolherem um instrumento em uma caixa de instrumentos caseiros, como tubos de toalhas de papel como cornetas, tampas de panela como pratos, elásticos ao redor de caixas de cereais como guitarras, cascalho em latas vazias como maracas e latas vazias com tampas plásticas como tambores.

Danças

A dança dos lenços

☆ Distribua um lenço ou um pedaço de tecido longo para cada criança.
☆ Oriente-as a sacudir seus lenços ao ritmo da música e a dançar com a música.
☆ Se não houver lenços ou panos disponíveis, use serpentinas de papel crepon.

O vôo dos pratos de papelão

☆ Distribua dois pratos de papelão ou de plástico.
☆ Toque alguma música para "voar" (muitas músicas clássicas são adequadas).
☆ Oriente as crianças a abanar os pratos ao ritmo da música e fingir que estão voando. Elas podem fingir que são pássaros, abelhas, fadas, vaga-lumes ou aviões.

A dança das sombras

- ☆ Coloque um lençol na parede ou use uma tela de projeção.
- ☆ Crie uma fonte de luz usando uma lâmpada forte ou um projetor.
- ☆ Enquanto toca música, peça para as crianças alternarem-se dançando criativamente na frente da luz.
- ☆ Peça para elas fazerem sombras de animais, sombras assustadoras e sombras engraçadas.

Samba da pré-escola

- ☆ Apóie um cabo de vassoura em duas cadeiras.
- ☆ Toque alguma música com uma melodia caribenha ou samba.
- ☆ Oriente as crianças a andar em fila ritmicamente pela sala, passando por baixo da vassoura.
- ☆ As crianças devem se inclinar para a frente e não para trás, por medida de segurança.

Dança havaiana

- ☆ Dê uma saia de “palha” feita de jornal a cada criança.
- ☆ Faça a saia cortando jornal em tiras e deixando uma faixa em cima para a cintura. Cole a saia com fita crepe na cintura de cada criança.
- ☆ Toque alguma música tropical/havaiana.
- ☆ Fique de costas para as crianças e mostre a elas como dançar. Mexa os braços para a direita na altura do ombro, andando de lado com os pés na mesma direção. As mãos e os braços fazem movimentos ondulados e os quadris balançam na mesma direção.
- ☆ Repita os movimentos dos braços, pés e quadris para a esquerda.

☆ Continue a alternar esquerda e direita, fazendo alguns passos para cada direção.
☆ Enfatize o "balanço" das saias e diga para as crianças assobiarem enquanto dançam.
Observação: O *hula-hula* é uma dança havaiana tradicional, uma parte importante da cultura do Havaí. Apesar de os havaianos conhecerem o *hula-hula*, nem todos dançam.

Escolha seu parceiro

☆ Deixe que as crianças escolham um parceiro. Organize-as em linhas paralelas, com os parceiros de frente um para o outro. Use fita crepe para determinar linhas.
☆ Oriente as crianças a seguir os passos simples.

"Curve-se para o seu parceiro" (os parceiros se curvam).
"Balance seu parceiro" (os parceiros dão o braço e giram duas vezes).
*"Do-si-do"** (os parceiros passam os braços pela sua frente e por "trás" de seu parceiro).
"Caminhada" (os parceiros dão as mãos, mão direita com mão esquerda, e caminham).

A dança dos dedos

☆ Ensine às crianças a seguinte brincadeira cantada com os dedos: *A Dança dos dedos*
As crianças escondem as duas mãos nas costas e conforme vão cantando, apresentam (trazem à frente) os dedos mencionados, fazendo com eles movimentos adequados à música.

A Dança dos dedos
(Melodia: Frère Jacques)

Polegares, polegares
Onde estão?
Aqui estão
Eles se saúdam
Eles se saúdam
E se vão, e se vão
Indicadores, indicadores
Onde estão?
Aqui estão

* N. de R.T. *Do-Si-Do* é um dos passos da dança *country*, que consiste em um contratempo para o lado.

Eles se saúdam
Eles se saúdam
E se vão, e se vão
Dedos médios, dedos médios
...
Anulares, anulares
...
Dedos mínimos
...

Jogos

Saquinhos de areia musicais

- ☆ Dê um saquinho de areia a cada criança.
- ☆ Toque uma música e convide-as a caminhar pela sala com o saquinho de areia na cabeça, no ombro ou no cotovelo.
- ☆ Quando a música pára, as crianças "congelam", mantendo a posição até que a música continue.

Variação: Jogue novamente, mas as crianças agora fecham os olhos. O que acontece com a velocidade do jogo?

Passe o saquinho de areia

- ☆ Sente as crianças em um círculo.
- ☆ Entregue a uma das crianças um saquinho de areia para passar adiante.
- ☆ Enquanto você bate em um tambor, o saquinho vai passando de mão em mão conforme a música. Alterne músicas lentas e rápidas.
- ☆ Quando a música parar, a criança que ficar com o saquinho na mão, levanta e se curva.

Estátua

- ☆ Toque uma música e diga para as crianças dançarem livremente.
- ☆ Diga às crianças que quando a música parar, elas devem "congelar" no lugar, como estátuas.
- ☆ Toque a música novamente e as crianças voltam a dançar.

Quem está bagunçando o meu jardim?

- ☆ Marque um canto da sala ou local no pátio para ser o jardim.
- ☆ Escolha uma criança para ser o "gigante". O gigante se senta perto do jardim com os olhos fechados.
- ☆ Escolha uma criança para caminhar pelo jardim. A criança diz "tra-lá-lá-lá-lá" e caminha pelo jardim enquanto você bate o ritmo em um tambor.
- ☆ O gigante diz: "Quem está bagunçando o meu jardim? Saia, saia, estou dizendo".
- ☆ A criança que está no jardim, responde: "Sou só eu".
- ☆ O gigante tenta adivinhar o nome do invasor. Se conseguir adivinhar em três tentativas, o invasor torna-se o gigante e o gigante volta ao grupo; se não conseguir, deve ser o gigante novamente.
- ☆ Quando as crianças conseguirem identificar as vozes de seus colegas, oriente-as a disfarçar a voz.

Dança cooperativa

- ☆ Faça um círculo no chão com fita crepe.
- ☆ Toque uma música e oriente as crianças a caminhar ao redor do círculo até a música parar. Quando a música pára, todos entram no círculo.
- ☆ A idéia é que todas as crianças entrem no círculo, de modo que todas vençam. Continue a jogar enquanto as crianças tiverem interesse.

Passe o lanche

- ☆ Forme um círculo com as crianças e distribua um palito de picolé para cada uma.
- ☆ Entregue a uma das crianças um lanche que tenha um furo de tamanho adequado, como biscoitos, rosquinhas e cereais em forma de "O".
- ☆ Toque alguma música e peça para as crianças irem passando o lanche ao colega do lado usando apenas o palito (para passar e receber). Não é permitido usar as mãos.

Amarelinha

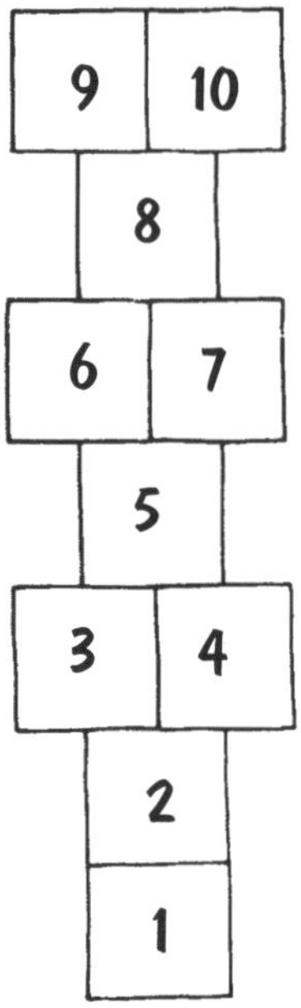

☆ Desenhe uma amarelinha com giz ou faça uma com fita crepe.
☆ Dê um saquinho de areia para cada criança.
☆ As crianças jogam o saco em um quadro diferente a cada vez, seguindo a seqüência numérica, e saltam pela amarelinha sem pisar no quadro com o saquinho de areia.
☆ A primeira criança a completar o circuito é o vencedor.
☆ Para crianças pequenas, apenas terminar já é vencer.
Variação: Faça triângulos ou círculos em vez de quadrados para a amarelinha.

Equilibrando o papel

☆ Dê uma folha de jornal ou um lenço de papel a cada criança e diga para fazerem uma bola.
☆ Oriente-as a jogar as bolas de papel ao alto e mantê-las no ar usando as mãos, a cabeça, joelhos e outras partes do corpo.

Corrida de minhocas

☆ Demonstre para as crianças como uma minhoca anda. Melhor ainda, deixe que uma minhoca faça a demonstração.
☆ Use fita crepe para criar uma linha de partida e uma linha de chegada com 4 metros de distância.
☆ Peça para as crianças escolherem um parceiro para apostar uma corrida da linha de partida à linha de chegada andando como uma minhoca. Toque uma música lenta para esta atividade.

CAPÍTULO 7

Adquirindo domínio muscular – Desenvolvimento físico

Visão geral

O desenvolvimento físico abrange atividades motoras finas e amplas. Na primeira infância, ele é igualmente importante para o desenvolvimento cognitivo e para o desenvolvimento socioemocional. À medida que as crianças exploram o espaço físico, começam a entender como seus corpos funcionam no espaço. Elas tornam-se mais hábeis e expressivas em seus movimentos de um ponto no espaço para outro, correndo, pulando, torcendo-se, virando-se, rolando e saltando.

Desenvolvimento motor fino: As atividades motoras finas desenvolvem os pequenos músculos das mãos e propiciam que as crianças desenvolvam competência em manipular materiais no ambiente e, finalmente, dominem a capacidade de escrever nas primeiras séries do ensino fundamental.

Os materiais, equipamentos e atividades que exigem que a criança os manipule com seus dedos e mãos, faça movimentos precisos e use de destreza desenvolvem os músculos pequenos das mãos. Quebra-cabeças, contas e brinquedos de encaixar e massa de modelar são exemplos desses materiais. Todas as atividades que envolvem recortar, colorir, desenhar e dobrar contribuem para a competência nessa área. Limpar mesas com esponjas, brincar na areia, dobrar guardanapos, abotoar o casaco e amarrar os sapatos são atividades de rotina que também contribuem para o desenvolvimento motor fino.

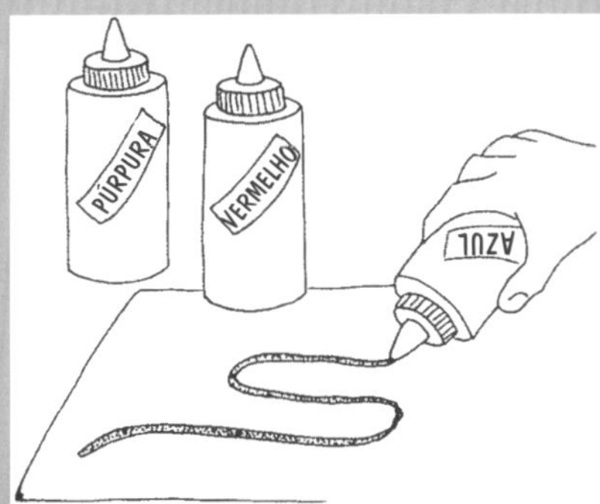

Desenvolvimento motor amplo: As atividades motoras amplas desenvolvem os grandes músculos do corpo, dos braços, pernas e dorso, e possibilitam que as crianças desenvolvam o domínio sobre os movimentos corporais. A auto-estima das crianças aumenta à medida que elas adquirem domínio sobre seus corpos. As primeiras experiências com atividades motoras amplas estabelecem as bases para um compromisso vitalício com a forma física.

Para desenvolver seus músculos, as crianças precisam de bolas para jogar, cordas para pular e subir, triciclos para andar, carrinhos para puxar, além de balanços, escorregadores e aparatos de escalar. Atividades como marchar, agitar lenços, abaixar-se, curvar-se e dançar contribuem para o desenvolvimento do corpo todo. O pátio é o principal componente do programa de desenvolvimento motor amplo, desde que tenha espaço para as crianças correrem e brincarem.

Um pátio com espaço e equipamentos e uma sala de aula com materiais adequados ao desenvolvimento propiciam o cenário para as crianças desenvolverem suas habilidades motoras finas e amplas. Este capítulo descreve atividades que estimulem as crianças a desenvolverem domínio sobre seus corpos. Por meio do movimento do corpo e da manipulação de materiais, as crianças também aprendem conceitos espaciais e desenvolvem a coordenação entre mãos e olhos. O desenvolvimento das habilidades motoras finas e amplas é um componente crítico do currículo de educação infantil.

Curiosidades sobre o cérebro

- ☆ O desenvolvimento motor ocorre durante os dois primeiros anos de vida e é refinado entre 3 e 5 anos. Isso significa que as crianças precisam de muita liberdade e de muito espaço para se mexer durante os primeiros cinco anos de vida. É nesse período que elas são mais capazes de aperfeiçoar a sua coordenação, equilíbrio e controle dos músculos corporais.
- ☆ A prática de habilidades específicas como pegar uma bola ou segurar um giz de cera faz uma grande diferença no desempenho posterior.
- ☆ O movimento desperta e ativa o cérebro. O movimento proporciona estimulação sensorial e alimenta o cérebro com informações. Ele ajuda o cérebro a se concentrar mais claramente no que está sendo aprendido. Nossos movimentos nos ajudam a expressar o nosso conhecimento, dando início e amparando os processos mentais.

Desenvolvimento motor amplo

Pista de obstáculos

☆ Prepare uma pista de obstáculos na sala, com uma "corda bamba" para caminhar (uma linha de fita crepe), uma mesa para passar por baixo, cadeiras para engatinhar ao redor, um livro para saltar por cima e uma caixa para passar por dentro.

☆ Seguindo o líder, as crianças caminham, engatinham e saltam ao longo da pista. Esta atividade é boa para dias de chuva.

Passos de bebê, passos de gigante

☆ Peça para as crianças caminharem ao redor do pátio com passos de bebê e passos de gigante. *Quais passos fazem você dar a volta no pátio no menor tempo? Quais passos são mais divertidos?*

Variação: Peça para as crianças caminharem de costas ao redor do pátio.

Atividades para casa: Sugira que as crianças contem os passos de bebê necessários para ir de seu quarto até o banheiro da casa.

Basquete com bambolê

☆ Prenda um bambolê com fita crepe entre duas cadeiras ou pendure-o no teto.

☆ Deixe as crianças alternarem-se jogando saquinhos de areia, bolas de meia ou bolas de papel no bambolê (veja "Bolas caseiras" na página 195 deste capítulo).

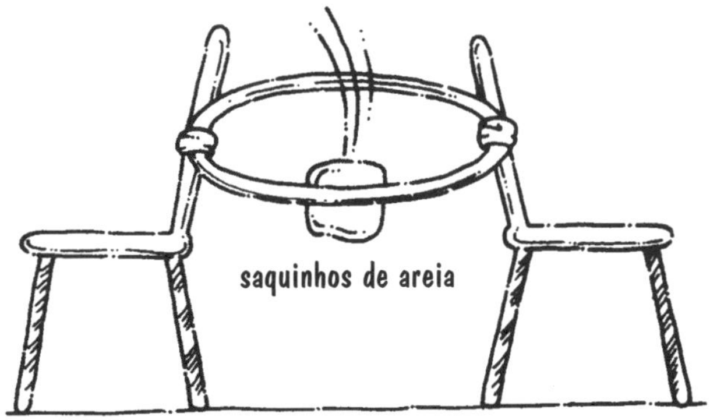

Pistas musicais

- ☆ Ensine as crianças a saltitar e a galopar. Use "música saltitante" para saltitar e "música galopante" para galopar.
- ☆ Grave trechos dos dois tipos de música e alterne a música saltitante e a música galopante. Quando a música tocar, as crianças mudam de galopar para saltar, e vice-versa, conforme mudar a pista musical.

Espelho

- ☆ Peça para as crianças escolherem um parceiro e ficarem de pé, de frente uma para a outra.
- ☆ Uma criança se mexe lentamente e a outra copia o movimento.
- ☆ Oriente-as a usar uma variedade de movimentos dos braços, pernas e rosto.

Labirintos labirínticos

- ☆ Faça um labirinto de objetos da sala de aula, trocando mesas e cadeiras de lugar e acrescentando blocos e outros materiais da sala de aula.
- ☆ Oriente as crianças a atravessar o labirinto engatinhando, tentando não tocar em nada.

Jogo de cobertor

☆ Oriente várias crianças a segurar os lados de um cobertor (ou lençol ou toalha de mesa).
☆ Diga para tentarem mover uma bola sobre o cobertor sem derrubá-la no chão.
☆ Quando tiverem mais habilidade em trabalhar juntas, elas podem sacudir o cobertor para jogar a bola para o ar e pegá-la novamente.
☆ Acrescente uma música, se desejar.

Bolas caseiras

☆ Use fita crepe para fazer duas linhas no chão, com distâncias de 1 a 1,5 metro entre elas.
☆ Faça bolas amassando folhas de papel ou enchendo uma meia de náilon.
☆ Para fazer bolas de meia, comece a enrolar as meias desde a cintura. Faça uma bola com a perna direita e depois enrole-a na perna esquerda. Dobre o pé cortado da perna esquerda por cima da bola e amarre as pontas.
☆ Oriente as crianças a ficar atrás de uma linha e a jogar a bola sobre a outra linha, em um balde ou cesto.
☆ Elas podem contar seus acertos e marcá-los no quadro, se desejarem.

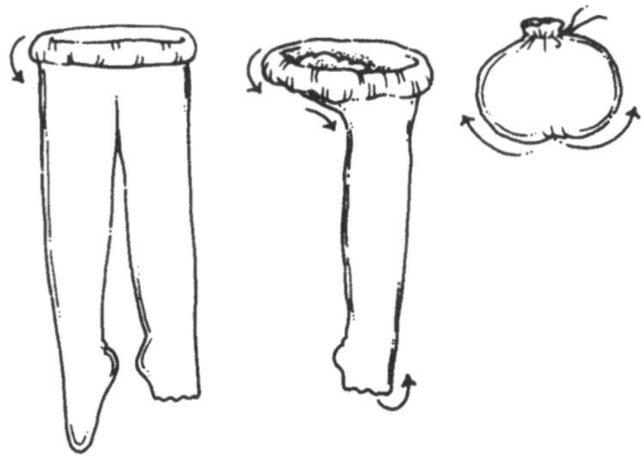

Cesta equilibrada

☆ Mostre fotografias de indivíduos carregando cargas pesadas na cabeça.
☆ Distribua cestas para as crianças tentarem equilibrar na cabeça.
☆ Use objetos seguros e leves (como meias enroladas ou papel) para encher as cestas.

Caminhando em uma linha torta

☆ Use fita crepe para fazer uma linha torta no chão. Você pode usar uma linha sinuosa ou em ziguezague. Alterne o tipo de linha cada vez que usar a atividade.
☆ Oriente as crianças a caminhar ao longo da linha e peça para caminharem com passos de bebê e depois de costas.
☆ Distribua um saquinho de areia e peça para elas caminharem sobre a linha com o saco na cabeça.

Passos de pato

☆ Recorte "pegadas de pato" em cartolina laranja e coloque-as formando uma trilha no chão da sala.
☆ Oriente as crianças a caminhar como patos ao longo da trilha. *É mais fácil caminhar como patos ou como pessoas?*

Passos de aranha

☆ Oriente as crianças a caminhar como uma aranha, dobrando-se na cintura, colocando as mãos no chão e caminhando com as mãos e os pés.
☆ Comente com as crianças sobre quantas pernas estão usando quando caminham com as mãos e pés. Mostre que é mais difícil do que caminhar apenas com duas pernas.
☆ Pergunte às crianças como elas acham que as aranhas controlam as oito pernas ao mesmo tempo.
☆ Quando as crianças adquirirem habilidade caminhando assim de forma independente, ensine-as a caminhar com um grupo de três amigos. Peça para quatro crianças darem as costas, prenderem os braços pelos cotovelos e caminharem em grupo em uma dada direção. *A tarefa é difícil? Por quê?*

Levantamento de costas

☆ Peça para as crianças escolherem parceiros.
☆ Oriente os parceiros a sentarem no chão, de costas um para o outro.
☆ Conte até três e os parceiros ajudam-se a levantar, mantendo as costas juntas e forçando-se uns contra os outros.
☆ Faça a atividade novamente, desta vez, peça para os parceiros trançarem os braços.
☆ Experimente a atividade das duas maneiras várias vezes. *Qual é mais fácil? Por quê?*

Túneis

☆ Junte diversas caixas de papelão em tamanho crescente, suficientemente grandes para as crianças engatinharem dentro.
☆ Corte fora as laterais de cada caixa para formar um túnel.
☆ Peça para as crianças engatinharem através do túnel.

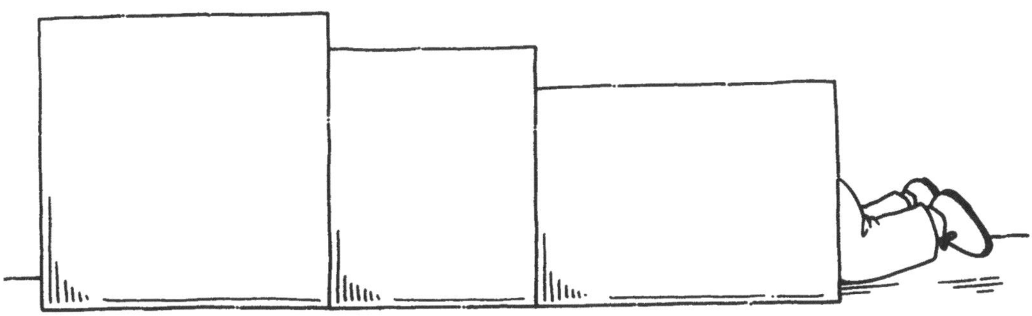

Saltos longos

☆ Use fita crepe para fazer uma linha no chão.
☆ Peça para as crianças tomarem distância para correr e pular a partir da linha, o mais longe que conseguirem.
☆ Marque os saltos com fita, escrevendo o nome da criança.
☆ Oriente-as a dar vários saltos, cada vez tentando ir mais longe.

Atividades para casa: sugira que as crianças desafiem um de seus familiares em um torneio de "Quem pula mais longe". Certifique-se de perguntar às crianças sobre o torneio. *Quem venceu?*

Toque o sino

- ☆ Use fita crepe para fazer uma linha de lançamento e coloque uma sineta a aproximadamente 1 metro da linha.
- ☆ Dê um saquinho de areia a cada criança e oriente-as a lançar o saco e a acertar a sineta.
- ☆ Quando as crianças estiverem proficientes a uma distância de 1 metro, aumente a distância da linha de lançamento.
- ☆ Diga para tentarem lançar por baixo e por cima. *Qual lançamento é mais fácil? Que tipo de lançamento é mais preciso para você?*

Atividades para casa: Peça para as crianças observarem pessoas que usam sinetas em seu trabalho, quando saírem com seus pais. Em alguns dias, pergunte às crianças se elas viram sinetas em algum lugar. *Que tipo de trabalho usa sineta? Como ela é usada?*

Pá de concha

- ☆ Espalhe ovos de plástico ou bolas de pingue-pongue pela sala de aula. Dê uma pá e um balde para as crianças e desafie-as a pegar as bolas.
- ☆ Quando as crianças tiverem prática em pegar as bolas ou ovos, mude o objeto que elas pegam. Você pode usar pedaços de isopor ou pequenos blocos.

Croqué de salão

- ☆ Recorte o fundo de várias latas, como latas de achocolatado ou de leite em pó e numere-as para designar uma seqüência.
- ☆ Coloque-as de lado no chão da sala.
- ☆ Distribua bolas de pingue-pongue e tubos de papelão para as crianças e oriente-as a bater nas bolas, atravessando as latas em ordem seqüencial ou aleatória.

Rolando e enrolando

- ☆ Faça duas linhas paralelas de fita crepe de 3 metros no chão, a 1,5 metro de distância uma da outra.
- ☆ Oriente as crianças a deitar no chão entre as duas linhas e rolar de um lado para o outro sem rolar para fora das linhas. *O que foi mais difícil de fazer?*

A formiguinha

☆ Ensine às crianças a música *Fui ao mercado*. Use movimentos adequados à letra.

☆ Ensine também outras músicas que proponham que as crianças façam movimentos de pular, correr, dançar, equilibrar-se, tropeçar, cair, como *Se for dançar*, de Gustavo Finkler e Jackson Zambelli.

Fui ao mercado

Fui ao mercado comprar café
Veio a formiguinha e picou o meu pé
E eu sacudi, sacudi, sacudi
Mas a formiguinha não parava de subir

Fui ao mercado comprar batata roxa
Veio a formiguinha e picou a minha coxa
E eu sacudi, sacudi, sacudi
Mas a formiguinha não parava de subir

Fui ao mercado comprar mamão
Veio a formiguinha e picou a minha mão
E eu sacudi, sacudi, sacudi
Mas a formiguinha não parava de subir

Fui ao mercado comprar jerimum
Veio a formiguinha e picou o meu bumbum
E eu sacudi, sacudi, sacudi
Mas a formiguinha não parava de subir

Desenvolvimento motor fino

Bolhas em minha mão

☆ Distribua um tubo de água com sabão. Use detergente líquido para criar espuma.
☆ Ensine as crianças a ensaboar as mãos, unir os dedos indicador e polegar e soprar bolhas pelos dedos.

Bolinhas e ventosas

☆ Forneça massa de modelar caseira às crianças (veja receitas nas páginas 44-45) e um tapete de banho com ventosas.
☆ Peça para as crianças fazerem pequenas bolinhas de massa e colocarem uma em cada ventosa.

Pegue-me se puder

☆ Sopre bolhas de sabão (veja receita na página 41).
☆ Desafie as crianças a "pegar" as bolhas com as mãos.

Transporte de água

☆ Disponibilize para as crianças um pote com água e uma variedade de objetos usados para transportar água, como conchas, seringas e conta-gotas.
☆ Diga para experimentarem o transporte com cada objeto. Ajude-as a registrar quantas vezes cada objeto deve ser usado para encher uma xícara.

Criações com fios

☆ Distribua fios de arame colorido para as crianças.
☆ Oriente-as a torcê-los, fazendo a forma que desejarem.
☆ Deixe cada criança descrever suas criações aos seus amigos.
Observação: Pode-se firmar os fios em pequenas quantidades de massa de modelar para fazer bases para esculturas.

Recortes fáceis

☆ Recorte várias páginas de revistas para cada criança e circule alguns itens de cada uma delas.
☆ Oriente as crianças a recortar os itens marcados ao redor dos círculos que você desenhou. Isso é mais fácil e menos frustrante do que cortar ao redor de detalhes difíceis.

Classificação de grãos

☆ Distribua às crianças um pegador de gelo, uma fôrma gelo e diversos tipos de grãos, como milho, feijão, grão-de-bico e amendoim.
☆ Oriente as crianças a pegar os grãos com o pegador e transferi-los para a fôrma.

Classificação de sementes

☆ Distribua às crianças uma pinça, uma fôrma de gelo e vários tipos de sementes pequenas, como sementes de abóbora, de girassol e de alpiste.
☆ Oriente as crianças a pegar as sementes com a pinça e transferi-las para a fôrma.

Confete colorido

☆ Distribua às crianças folhas coloridas variadas.
☆ Oriente-as a fazer furos com o furador para fazer confetes.
Observação: Guarde os confetes para atividades artísticas.

Letras de argila

- ☆ Espalhe uma camada fina de argila em uma assadeira velha.
- ☆ Deixe as crianças usarem um lápis ou um graveto para fazer letras ou desenhos na argila.
- ☆ Quando os desenhos estiverem prontos, as crianças podem usar seus dedos para tirar as letras e desenhos da argila.

Desenhos de espuma de barbear

- ☆ Espalhe espuma de barbear sobre uma mesa.
- ☆ Peça para as crianças escreverem seus nomes ou fazerem desenhos na espuma, diretamente sobre a mesa.

Diversão com cópia

- ☆ Disponibilize desenhos de livros para colorir.
- ☆ Cubra os desenhos com papel vegetal ou de seda branco, usando um clipe para firmá-lo.
- ☆ Distribua lápis e giz de cera e oriente as crianças a copiar os desenhos.

Moldes em tampas

- ☆ Distribua tampas plásticas em tamanhos variados para as crianças desenharem formas geométricas com caneta permanente.
- ☆ Recorte os desenhos das tampas com um estilete para criar moldes (somente adultos).
- ☆ Oriente as crianças a colocar os moldes sobre o papel e usar o giz de cera para traçar a forma.

Traçando formas de biscoitos

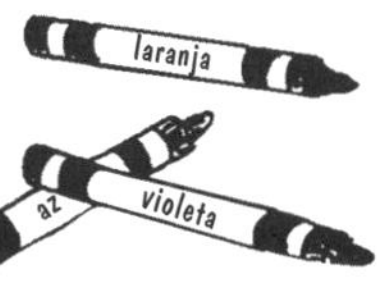

☆ Disponibilize uma variedade de formas de biscoitos para as crianças traçarem com giz de cera.
☆ Peça para as crianças adicionarem outros desenhos às formas que traçaram.

Fôrminhas coloridas

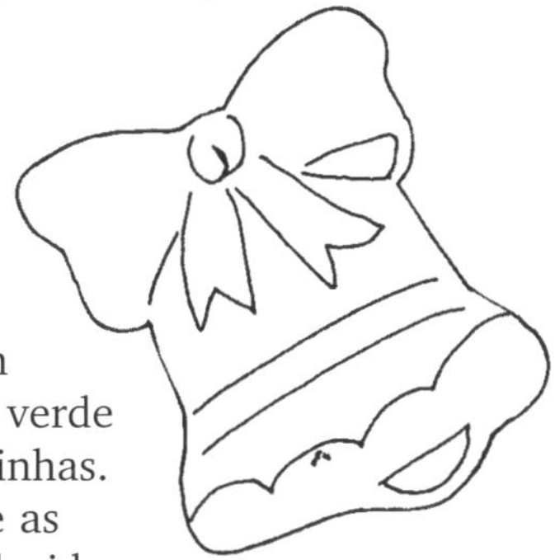

☆ Encha todos os cubos de uma fôrma de gelo até a metade com água.
☆ Coloque anilina (dissolvida em álcool e água) vermelha, azul, verde e amarela em quatro das fôrminhas.
☆ Distribua conta-gotas e oriente as crianças a transferir a água colorida para as outras fôrminhas, criando diferentes nuanças de cor.
☆ Combinando as cores, as crianças podem criar cores novas.

Pequenos navios

☆ Disponibilize uma bacia com água, um pegador de gelo e uma tigela com pedaços de isopor.
☆ Oriente as crianças a colocar os pedaços de isopor na bacia com água.

Criando quebra-cabeças

☆ Junte cartões comemorativos.
☆ Faça quebra-cabeças cortando os cartões ao meio, em três ou quatro partes, dependendo do nível de desenvolvimento da classe.
☆ Deixe as crianças montarem os quebra-cabeças.
Atividades para casa: Peça para as crianças colarem seus quebra-cabeças em uma folha de cartolina e levarem para casa como uma saudação pessoal para compartilharem com suas famílias.

Transferência de água

☆ Disponibilize um conta-gotas, uma xícara com água e uma bacia ou tigela rasa com uma esponja dentro.
☆ Peça para as crianças usarem o conta-gotas para tirar a água da xícara e colocar na esponja.
☆ Quando toda a água for transferida, peça para pressionarem a esponja para tirar a água. Elas podem usar o conta-gotas para pegar a água e colocar de volta na xícara.

Transferência de botões

☆ Faça furos do tamanho de uma moeda na tampa plástica de um pote de margarina e coloque a tampa de volta no pote.
☆ Distribua uma pinça e um copo com botões.
☆ Desafie as crianças a usar a pinça para transferir os botões do copo para o pote.

Criações com papel rasgado

☆ Estimule a imaginação das crianças com uma variedade de formas de papel rasgado.
☆ Incentive as crianças a expressar o que enxergam – não existem respostas erradas!
☆ Oriente-as a rasgar papéis para fazer seus próprios desenhos e a usar giz de cera para acrescentar detalhes.

Dobraduras em papel

☆ Demonstre como dobrar papel para fazer um "leque". Folhas de color set fazem ótimos leques.
☆ Distribua o papel e estimule as crianças a fazer seus próprios leques, fazendo dobraduras.
☆ Como alternativa, distribua tiras de 2x30 centímetros de color set verde para as crianças. Mostre como podem plissar as tiras para fazer "minhocas".

Cabo de guerra de grama

☆ Peça para cada criança escolher uma folha de grama ou um ramo de capim alto e escolher um amigo para ser o seu parceiro.
☆ Mostre como as crianças podem prender a sua folha na do parceiro e puxar até que uma rebente.

Variações trançadas

- ☆ A seguir, apresentamos diversas variações de atividades de tecelagem.
- ☆ Distribua cestas de plástico trançadas e serpentinas ou tiras de papel crepon. Oriente as crianças a trançar o papel pelos furos da cesta.
- ☆ Leve as crianças para um passeio na natureza e encontre um pequeno galho com uma bifurcação na ponta. Ajude as crianças a enrolar lã entre as duas pontas da bifurcação do galho para criar um tear. Distribua fitas e rendas para trançar no "tear da natureza".
- ☆ Deixe as crianças trançarem tiras de papel crepon em uma cerca.

Atividades para casa: Sugira que as crianças procurem itens trançados em casa. Peça para elas trazerem (com permissão) algum dos itens que encontrarem para a aula para compartilhar com as outras crianças.

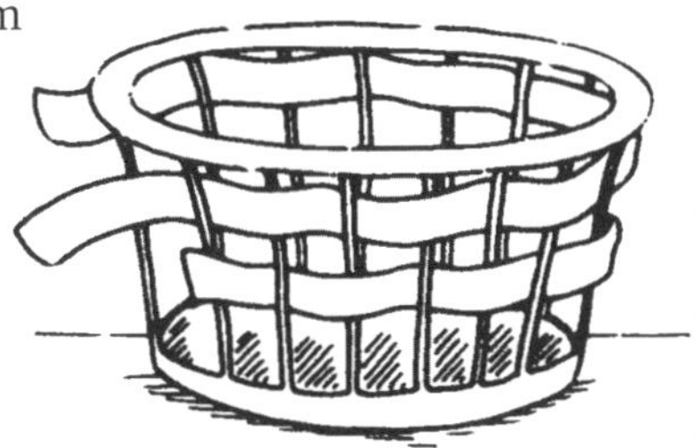

Bonecos de sombras

- ☆ Coloque uma fonte de luz, como um retroprojetor, uma lanterna forte ou uma lâmpada direcionada a uma parede.
- ☆ Mostre às crianças como fazer bonecos de sombras com suas mãos, usando os dedos para fazer uma variedade de formas.
- ☆ Incentive as crianças a mexer as mãos para fazer formas diferentes.

Atividade para casa: Peça para as crianças ensinarem um de seus familiares a fazer um boneco de sombras.

Dedoches

- ☆ Faça bonecos de dedo para as crianças. Você pode usar personagens de livros de colorir para criar fantoches, retirando as pernas e fazendo furos para as crianças inserirem os dedos.
- ☆ Oriente as crianças a fazer seus "dedoches" dançarem.

Meus quebra-cabeças

- ☆ Tire fotografias das crianças ou peça para elas trazerem fotografias de casa. Faça cópias ampliadas das fotos.
- ☆ Cole as fotos em papelão, plastifique-as e recorte-as em peças de quebra-cabeças.
- ☆ Convide as crianças a montar os quebra-cabeças. Sugira que troquem de quebra-cabeça entre si e montem o quebra-cabeça de seu amigo.

Dobradura de guardanapos

- ☆ Distribua guardanapos e oriente as crianças a dobrá-los, observando que existe mais de uma maneira de dobrar.
- ☆ Você pode desenhar linhas para dobrar nos guardanapos, a fim de simplificar a atividade.

Recortando papel

- ☆ Distribua revistas e tesouras.
- ☆ Oriente as crianças a recortar fotografias das revistas. Para principiantes, você pode desenhar um círculo ao redor do item a ser cortado.
- ☆ À medida que as crianças ficarem mais proficientes, estimule-as a cortar livremente.

Varrendo botões

- ☆ Distribua um pincel de confeiteiro, pequenos botões, uma tigela e uma pá pequena.
- ☆ Oriente as crianças para usar o pincel de confeiteiro para varrer os botões para dentro da pá e colocá-los na tigela.

Diversão com massa de modelar

- ☆ Forneça massa de modelar caseira (receitas nas páginas 44-45). Brincar com massa de modelar é uma das melhores atividades motoras disponíveis para crianças pequenas, desenvolvendo todos os músculos das mãos que serão usados posteriormente para escrever. Sugira essa atividade sempre que possível. A seguir, algumas sugestões de maneiras criativas de usar massa de modelar.
  - ★ Use forminhas de biscoitos para cortar as bordas da massa.
  - ★ Enrole "minhocas" de diferentes comprimentos. *Quem consegue fazer a minhoca mais longa?*
  - ★ Faça esculturas usando contas, arames, fitas e outros itens variados.
  - ★ Misture duas cores de massa de modelar. Deixe as crianças amassá-las para ver a terceira cor que surge.
  - ★ Faça bolinhas de muitos tamanhos. *Quem consegue fazer a maior bola?*
  - ★ Faça "jóias", como pulseiras e colares.
  - ★ Use um amassador de batatas ou de alho para pressionar a massa e fazer "cabelos".
  - ★ Faça formas e letras.

CAPÍTULO 8

A maravilha de maravilhar-se - Ciências

Visão geral

As crianças pequenas são cientistas naturais. Elas são ansiosas para descobrir tudo que puderem sobre o mundo onde vivem. A ciência permite que as crianças explorem, manipulem materiais, façam perguntas, descubram causa e efeito, projetem conseqüências e resolvam problemas. Ela as incentiva a participar de investigações simples que as ajudam a começar a desenvolver a capacidade de questionar, de reunir informações, de comunicar resultados e de tomar decisões informadas. Além disso, proporciona experiências com coisas vivas e inanimadas.

Um programa efetivo de Ciências ajuda as crianças a desenvolver habilidades de raciocínio. As experiências cultivam o sentido natural de admiração e de curiosidade das crianças e as estimulam a descobrir mais sobre o "porquê" e o "como" de seu mundo, proporcionando aprendizados sobre o mundo biológico e físico.

A sala de aula e o pátio são laboratórios científicos naturais se houver adultos entusiasmados para orientar o aprendizado. O ambiente deve estimular as crianças a questionar e a procurar respostas. O papel do professor é orientar as crianças para que encontrem as respostas por si mesmas.

As crianças devem ser estimuladas a usar os seus sentidos e a seguir o seu sentido inerente de admiração e descoberta ao explorar plantas, luz, água, ferramentas e máquinas simples, animais, pedras, gravidade e outras áreas da vida e das ciências físicas. Além disso, as crianças necessitam de oportunidades para desenvolver a sensibilidade ao ambiente e para entender o papel que ocupam na sua preservação.

Os princípios científicos não são aprendidos de forma isolada e desdobram-se na área de Arte à medida que as crianças misturam tintas, na Música à medida que exploram garrafas sonoras, nas brincadeiras com blocos à medida que constroem torres e interagem diretamente com o equilíbrio e a gravidade e no pátio à medida que caçam suas sombras com um amigo. O importante nas oportunidades de aprendizagem das crianças é a consciência do professor. Os princípios científicos podem passar despercebidos sem a intervenção de um professor informado.

Curiosidades sobre o cérebro

- ☆ A compreensão de causa e efeito e a resolução de problemas são os principais objetivos cognitivos durante os anos pré-escolares.
- ☆ O cérebro "alimenta-se" da resolução de problemas e está constantemente em busca de padrões.
- ☆ Nosso aparato sensorial é tão vital para a aprendizagem que começa a se formar dois meses após a concepção, no útero.

As atividades deste capítulo proporcionam experiências em primeira mão para as crianças aprenderem sobre a ciência. Os materiais necessários para implementar o programa podem ser obtidos com pouco custo. Tudo que se necessita é um professor entusiasmado, disposto a ajudar a criar um ambiente rico para a aprendizagem e para o raciocínio científico.

Definições

Difusão – refere-se ao processo pelo qual as moléculas misturam-se como resultado de sua energia cinética de movimento aleatório, por exemplo, o espalhamento de luz ou a mistura de fluidos e sólidos.

Energia cinética – energia que um objeto tem quando está se movendo. Se houver alguma restrição ou forças que impeçam o objeto de se mover, diz-se que ele tem energia potencial.

Fluido – forma molecular líquida ou gasosa. Os fluidos são diferentes dos sólidos no sentido de que têm uma forma flexível. Alguns objetos podem flutuar em um fluido.

Força – definida como um impulso que pode fazer um objeto se mover, pode desacelerar um objeto, pode interromper seu movimento ou pode mudar a sua direção. Como qualquer mudança em velocidade é considerada uma aceleração (ou desaceleração), pode-se dizer que uma força imposta sobre um objeto resulta na aceleração desse objeto.

Fricção – resistência oposta à direção do movimento. É causada quando duas superfícies entram em contato. Como a fricção atua desacelerando um objeto em movimento, ela é considerada resistente. Isso é diferente de forças ativas que fazem com que os objetos acelerem ou mudem de direção.

Gás – tipo fluido de ar que tem uma forma flexível e assume a forma de seus envoltórios. Os líquidos podem se tornar gases. A evaporação é um exemplo de um líquido virando gás.

Gravidade – força que acelera a queda dos objetos.

Gravitação – força oculta que atrai os objetos entre si.

Líquido – ao contrário do material sólido, é um fluido. Os fluidos têm forma flexível e assumem a forma de seus envoltórios. Um líquido é uma substância que apresenta propensão a fluir.

Magnetismo – atração (força) oculta entre certos objetos, chamados ímãs.

Movimento – o que um objeto parece ter se mudar de posição com relação a um observador em um período de tempo. Em outras palavras, se você olhar uma coisa que está em uma posição e mais tarde enxergá-la em outra posição, ela terá se movido com relação a você. A distância que ela andou em um período de tempo é a sua velocidade. A mudança de velocidade ao longo do tempo é a sua aceleração.

Não-solúvel – refere-se à capacidade de um fluido de manter a sua forma, por exemplo, um líquido ou gás que não se difunde.

Sólido – corpo (forma molecular) tão compactado que resiste à penetração.

Ar

Sacos de ar

- ☆ Distribua sacos de papel pequenos para as crianças soprarem.
- ☆ Oriente-as a encher o saco e a observar o seu volume.
- ☆ Após fazer isso, deixe-as estourarem os sacos para o ar sair.
- ☆ Peça para pensarem em outras maneiras de deixar sair o ar.

Bombas de ar

- ☆ Coloque pequenos objetos, como papel, penas ou pedaços de isopor dentro de um círculo de fita crepe no chão.
- ☆ Deixe as crianças alternarem-se tentando "soprar" os itens para fora do círculo com tubos vazios de catchup, de mostarda ou de detergente.

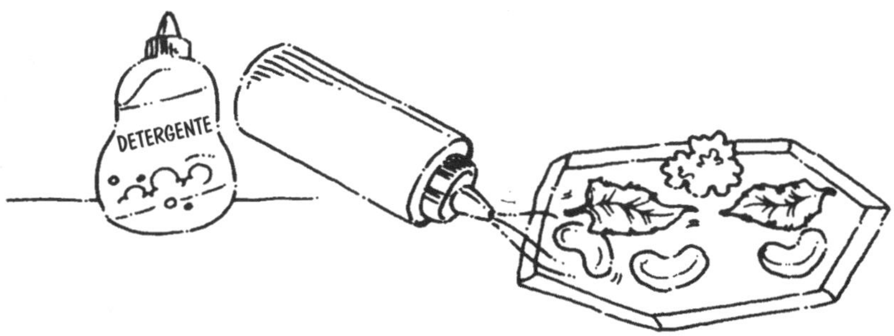

Experimento com bomba de ar

☆ Fale com as crianças sobre como o ar movimenta as coisas. Pergunte se elas já viram a poeira sendo soprada no pátio.
☆ Coloque areia solta em uma bandeja e nivele-a.
☆ Distribua canudos e um leque de papel às crianças.
☆ Oriente-as a experimentar maneiras de mover a areia. Sugira que soprem de diferentes direções e com forças diferentes. *O que acontece?*

Fazedores de vento

☆ Coloque uma variedade de objetos, como leques de papel, canudos, tubos de toalhas de papel e tubos plásticos sobre uma mesa para as crianças explorarem e fazerem vento.
☆ Distribua objetos para as crianças tentarem mover, como bolas de pingue-pongue e pedaços de isopor.

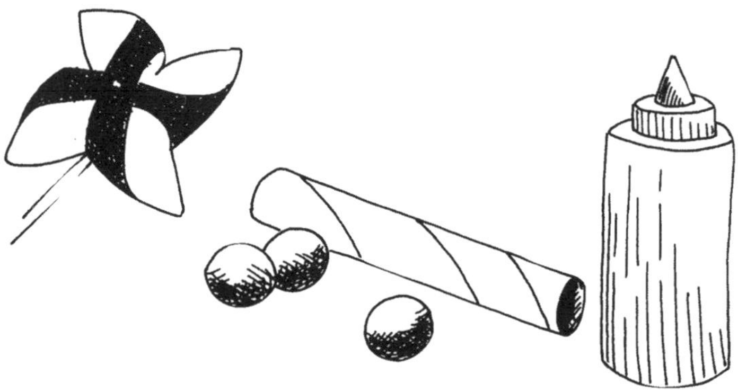

Pipas circulares

☆ Dê a cada criança um círculo de papel colorido com 30 cm de diâmetro.
☆ Deixe as crianças colarem serpentinas ou fitas no círculo.
☆ Quando secar, faça dois furos nele e insira uma linha.
☆ Leve as crianças lá fora e deixe-as correr com suas pipas circulares, enquanto as serpentinas balançam na brisa.
☆ Se preferir ficar na sala de aula, coloque um ventilador em um local seguro e deixe as crianças "lançarem" algumas pipas ao mesmo tempo dentro da sala. (As crianças ficam de pé ao lado do ventilador e seguram as pipas enquanto elas "voam".) **Observação de segurança:** Mantenha as crianças a uma distância segura do ventilador.

Bolhas ao alto

☆ Forneça sabão para fazer bolhas (veja receita na página 41) e canudos.
☆ Oriente as crianças a soprar bolhas.
☆ Comente o que faz as bolhas flutuarem.

Máquinas de fazer bolhas

- ☆ Faça uma solução de água com sabão, misturando detergente líquido e água em uma pequena tigela.
- ☆ Dê um canudo a cada criança e deixe-as se alternarem fazendo bolhas na tigela, soprando no canudo.
- ☆ Antes desta atividade, faça uma lição ensinando a soprar ar pelo canudo, em vez de sugar.

Flutuadores e mergulhadores

- ☆ Disponibilize um cesto cheio de objetos variados, como penas, tecidos, botões, arruelas e outros itens para as crianças explorarem como "flutuadores" e "mergulhadores".
- ☆ Peça para as crianças jogarem os objetos ao ar um de cada vez e determinarem se o objeto é um "flutuador" porque flutua no ar ou um "mergulhador" porque cai direto no chão.

Quando está ventando

- ☆ Peça para as crianças olharem pela janela para descobrirem todas as maneiras em que conseguem saber se está ventando (roupas voando, árvores sacudindo, bandeiras tremulando, folhas passando pela grama, balanços balançando e assim por diante).
- ☆ As crianças têm dificuldade para entender aquilo que não enxergam. Os conceitos de *ar* e *vento* são difíceis de internalizar.
- ☆ O poema a seguir, de Christina Georgina Rossetti, fala do vento, e você pode compartilhá-lo para as crianças. Outra sugestão é a música *O ar (O vento)*, de Vinícius de Moraes, Toquinho e Bacalov.

Quem já viu o vento
(Christina Georgina Rossetti)

Quem já viu o vento?
Nem você nem eu.
Mas quando as folhas estão
balançando,
É porque está ventando.
Quem já viu o vento?
Nem você nem eu,
Mas quando as
árvores se curvam,
É porque o vento
está passando.

Argolas de ar condicionado

- ☆ Coloque um ventilador pequeno em um local seguro para as crianças.
- ☆ Coloque os seguintes itens sobre uma mesa: uma argola de bordado com tela, uma bacia de água rasa e uma toalha.
- ☆ Peça para as crianças mergulharem a argola de bordado com a tela na água e colocarem-na sobre a toalha para tirar o excesso de água.
- ☆ Oriente-as a segurar as argolas na frente do ventilador e sentir a brisa fresca em seus rostos.

Observação de segurança: Mantenha as crianças a uma distância segura do ventilador.

Helicópteros

- ☆ Faça "helicópteros" para cada criança. Para cada helicóptero, desenhe um molde (conforme a ilustração abaixo) em um pedaço de cartolina de 10 cm e recorte-o. Corte na linha central, dobre uma tira para a frente na linha pontilhada e uma tira para trás. Prenda um clipe de papel na parte de baixo do helicóptero.
- ☆ Dê os helicópteros às crianças e leve-as a um local onde possam ficar um pouco acima do chão (talvez uma banqueta) para lançá-los.

Observação: Quanto mais alto estiver a criança ao lançar o helicóptero, melhor será o giro.

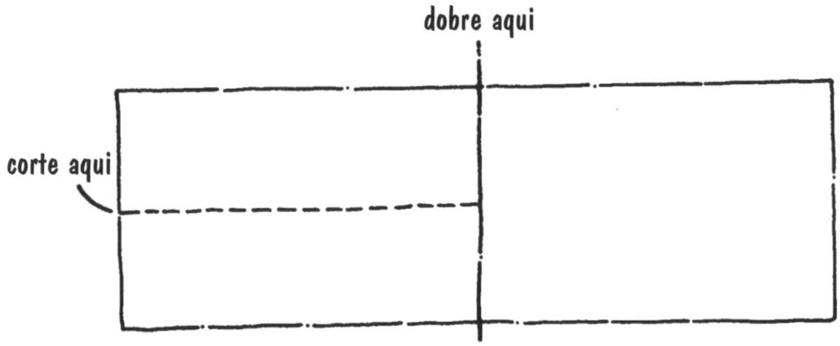

Elevadores de passas

- ☆ Encha um copo transparente com água mineral com gás e coloque quatro ou cinco passas dentro dele.
- ☆ Após 40 a 60 segundos, as crianças verão as passas subindo e descendo no copo.
- ☆ Ajude as crianças a concluir que as bolhas de ar fazem o movimento ascendente.
- ☆ Diga para observarem o copo mais tarde quando o gás tiver acabado. Isso reforçará a idéia de que as bolhas de ar fazem as passas subirem.

Som: o que ouvimos quando o ar se move

Megafones

- ☆ Amplie a forma de megafone apresentada abaixo em uma fotocopiadora. Trace o magafone em papelão ou em papel cartonado e recorte-o.
- ☆ Deixe as crianças traçarem a forma e recortarem se conseguirem.
- ☆ Ajude-as a enrolar os megafones e grampeie ou cole no lugar adequado.
- ☆ Leve-as para o pátio e brinque de "torcida".
  Observação de segurança: Diga para as crianças não usarem o megafone perto dos ouvidos de outra criança.

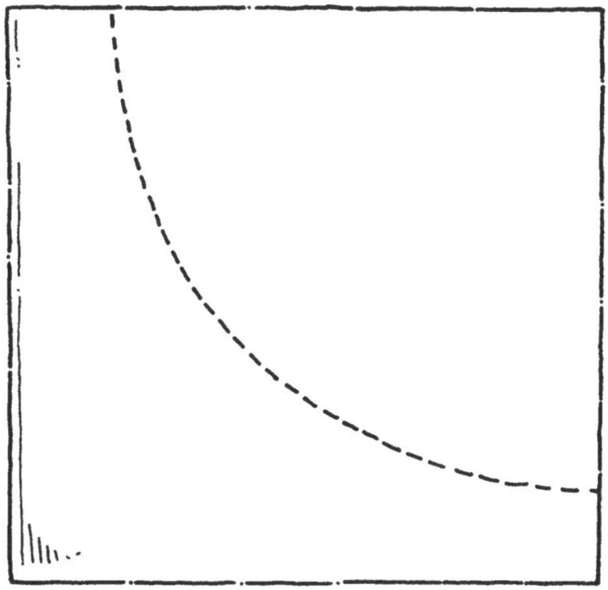

Quem está chegando?

- ☆ Pergunte às crianças se elas já viram em um filme uma cena na qual uma pessoa coloca o ouvido no chão para verificar se escuta cavalos chegando ou um trem andando nos trilhos.
- ☆ Explique que os sons são vibrações que podem ser sentidas além de ouvidas. As vibrações sonoras viajam pelo chão e por outros materiais sólidos, incluindo mesas. O som também parece mais alto.

☆ Coloque duas crianças sentadas nas extremidades opostas de uma mesa longa e oriente-as a arranhar a mesa por baixo. Uma criança coloca o ouvido na mesa enquanto a outra a arranha. Elas observarão como o som fica mais alto.
☆ Para demonstrar esse conceito (e como uma técnica de grupo), peça para as crianças colocarem a cabeça na mesa para ouvir o seu "sinal com arranhão" para ir lanchar, sentar em círculo e assim por diante.

Vibrações sonoras

☆ Peça para as crianças colocarem as mãos na garganta e dizerem seu nome em voz alta.
☆ Diga para descreverem o que sentem.
☆ Peça para colocarem as mãos na garganta e sussurrarem. *O que vocês sentem?*
☆ Comente que as cordas vocais na garganta abrem e fecham para ajudar a produzir o som. São as cordas vocais que elas sentem vibrar dentro da garganta.
☆ Apresente as palavras "cordas vocais" e "vibrar" como vocabulário novo.

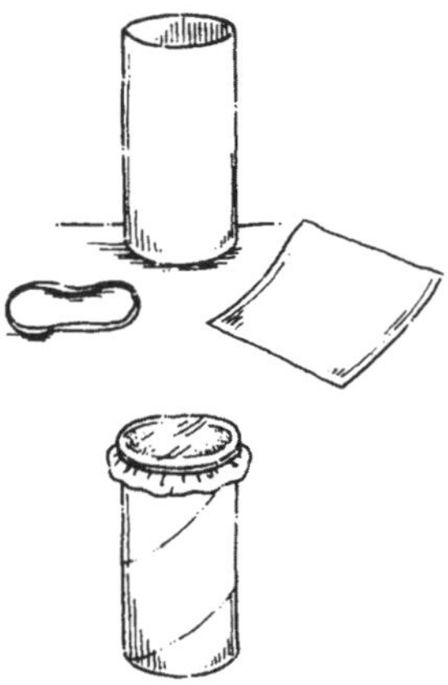

Kazoos

☆ Distribua tubos de papel higiênico, folhas quadradas de 15 centímetros de papel encerado e elásticos.
☆ Ajude as crianças a fazer kazoos. Explique que o ar pressionado contra o tubo e o papel criam aquele som especial. Oriente-as a sussurrar uma canção em seus kazoos.

Sondagem com diapasão

☆ Toque um diapasão em superfícies diferentes, como metal, madeira, plástico, tecido grosso, tecido fino e água.
☆ Ajude as crianças a ver que o diapasão produz um som mais rico em superfícies rígidas. A vibração é maior nas superfícies rígidas do que nas macias.

Água

A água muda de estado. Por exemplo, um cubo de gelo é água *sólida,* quando derrete, fica *líquida* e quando é aquecida, muda para um gás (*vapor*). A água se mistura e se espalha em outros líquidos (*difusão*). Certas coisas se dissolvem na água (*solúveis*) e outras não (*insolúveis*). (Veja as definições de *difusão, gás, líquido, insolúvel* e *sólido* nas páginas 208-209 deste capítulo).

Líquidos

Todos os líquidos fluem

☆ Desenhe uma linha no meio de pratos de papelão para criar metades e dê um para cada criança.
☆ Peça para virarem seus pratos, de modo que a linha fique no sentido horizontal.
☆ Mostre às crianças como colocar uma colher de creme para as mãos, cola, pasta de dente e água na metade superior dos pratos.
☆ Oriente-as a inclinar os pratos e a observar os líquidos correndo para a outra metade do prato. *Quais itens correm mais rapidamente? Quais são mais lentos? Todos são substâncias líquidas? Por que alguns correm mais rapidamente do que outros?*
☆ Explique que todos os líquidos correm (fluem), mas a *espessura* ou *viscosidade* do líquido determina a sua velocidade. Apresente a palavra "viscosidade" como vocabulário novo. A viscosidade é a tendência de resistir ao movimento de fluxo.

Tensão superficial

☆ Distribua a cada criança um conta-gotas, um pedaço de papel encerado, um copo com água pura e um copo com água e sabão.
☆ Oriente as crianças a pingar gotas de água sobre o papel e a observar as gotas.
☆ Depois, oriente-as a pingar gotas de água com sabão no papel e a observar as gotas. *Que diferenças vocês observaram entre as duas gotas?*

Afunda e flutua

☆ Distribua às crianças pequenos potes plásticos, pedrinhas, areia e uma bacia com água.
☆ Peça para elas descobrirem o que devem fazer para que os potes plásticos flutuem ou afundem.

Experimento com pintura a dedo

☆ Distribua às crianças papel encerado e tinta para pintura a dedo.
☆ Oriente-as a arrastar palitos de picolé pela tinta.
☆ Após as crianças brincarem com a tinta por um tempo, adicione gotas de água à tinta. *De que maneira isso altera a tinta? De que maneira você prefere pintar? Por quê?*

Sólidos

Corrida com gelo derretido

☆ Coloque cubos de gelo em copos de papel.
☆ Deixe as crianças colocarem os copos em diferentes pontos da sala. Certifique-se de que alguns estão em locais ensolarados.
☆ Oriente-as a observar o gelo para verificar quais cubos derretem mais rapidamente. *O que faz o gelo derreter mais rapidamente?*
☆ Repita o experimento outro dia. Coloque sal em alguns dos cubos. O que acontece?

Escorregando e deslizando no gelo

☆ Congele água em uma assadeira grande.
☆ Distribua pequenos carrinhos para as crianças brincarem sobre o gelo. *Como você faz para impedir que os carros derrapem? O que acontece se você colocar um pouco de sal ou areia no gelo?*

Evaporação (gás)

Arte por evaporação

☆ Distribua pincéis e pequenos baldes plásticos com água. Deixe as crianças "pintarem" com água em cavaletes.
☆ À medida que a água desaparece, elas aprenderão os princípios da *evaporação*.
☆ Leve-as para o pátio e disponibilize pequenos baldes com água e pincéis grandes.

☆ Deixe-as "pintar" a calçada, a parede do prédio e os brinquedos do pátio. Elas irão se divertir "pintando", mas também observarão que a água "desaparece" (evapora).

Lavando roupas à moda antiga

☆ Em um dia ensolarado, prepare uma grande bacia de espuma de sabão e duas bacias de água para enxaguar.
☆ Deixe as crianças lavarem roupas de bonecas ou outros itens pequenos em uma tábua de lavar. (Se não conseguir uma tábua de lavar, ensine as crianças a esfregar o tecido contra ele mesmo.)
☆ Após enxaguar duas vezes, elas devem pendurar as roupas em um varal (ou cerca) para secar.
☆ Recolha as roupas secas algumas horas depois e discuta os resultados.

Difusão

Será que vai dissolver?

☆ Encha cinco copos transparentes com água.
☆ Mostre às crianças os seguintes itens: uma pedra, sal, uma folha, açúcar e pimenta moída.
☆ Peça para preverem se os itens dissolverão em água ou não.
☆ Teste cada item com as crianças. Verifique suas previsões.

Lavando os dedos da pintura a dedo

☆ Quando as crianças terminarem a pintura a dedo, tenha uma bacia preparada com água para limpar a tinta das mãos.
☆ As crianças vão adorar ver a tinta colorida difundindo-se na água.
☆ A cor muda à medida que mais mãos e cores diferentes são colocadas na água.

Garrafas coloridas

☆ Encha garrafas plásticas de 1 litro com água.
☆ Pingue algumas gotas de anilina vermelha nas garrafas. Tampe firmemente.
☆ Oriente as crianças a rolar as garrafas sobre a mesa e observar a cor difundir-se na água.
☆ Destampe as garrafas e adicione gotas de anilina azul. Repita o processo anterior para observar a criação da nova cor – roxo.
☆ Coloque as garrafas na janela para decorar a sala.

Substâncias insolúveis

Nomes invisíveis

☆ Peça para as crianças escreverem seus nomes ou fazerem desenhos com óleo de cozinha em papel kraft.
☆ Quando vistos contra uma luz, os nomes e desenhos aparecerão.
☆ Desafie-as a limpar seus desenhos com uma esponja úmida. *Eles desaparecerão?*

Fazedor de ondas

☆ Demonstre esta atividade para as crianças.
☆ Encha uma garrafa de plástico transparente até ¾, usando álcool desnaturado.
☆ Adicione anilina azul (suficiente para fazer um azul escuro). Complete a garrafa com óleo de cozinha, deixando um pequeno espaço até o bico. Cole a tampa por medida de segurança.
☆ As substâncias não se misturam e a água se movimentará como uma onde sobre o óleo, quando movimentada.
☆ Coloque a garrafa na mesa para as crianças usarem, observarem e questionarem.

Força e movimento

Força e movimento (veja as definições de *força, fricção, gravitação* e *magnetismo* na página 208 no começo deste capítulo).

Força

Rodas de vento

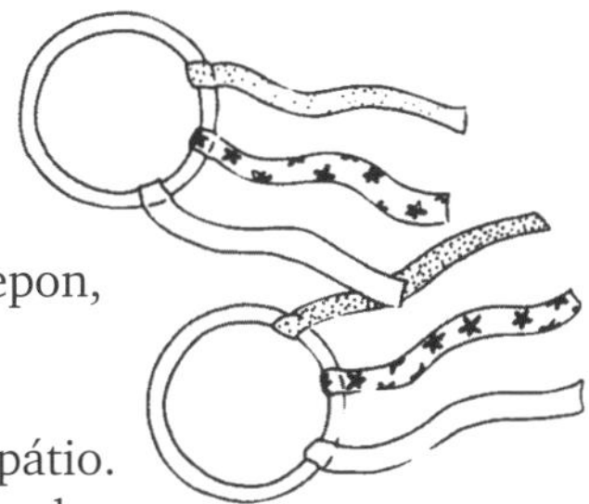

- ☆ Recorte um círculo grande de uma tampa plástica, de modo que forme uma argola.
- ☆ Cole tiras de jornal, de papel crepon, de fitas ou de tecido em um dos lados da argola.
- ☆ Leve as argolas para brincar no pátio. As crianças podem segurar as argolas facilmente e correr para fazer as serpentinas "voarem".
- ☆ Chame sua atenção para a direção das serpentinas. *O que direciona o vôo das serpentinas?*

Bastões de vento

- ☆ Enrole duas folhas de jornal para fazer um "bastão".
- ☆ Com fita ou cola, cole tiras de papel da metade até a ponta do bastão.
- ☆ À medida que as crianças correm com o bastão, as tiras de papel abanam ao vento como uma bandeira.
- ☆ Comente o efeito do vento de direcionar o movimento. (O vento sopra ou mexe os objetos e a sua direção determina a direção em que o objeto se mexe.) *O que faz as tiras de papel voarem na direção em que voam?*

Balança, pêndulo, balança

- ☆ Obtenha um funil grande com um furo de saída pequeno. Faça furos nos lados do funil e amarre uma linha longa nos dois lados.

- ☆ Suspenda o funil sobre uma grande bandeja rasa ou sobre uma cortina de banho de plástico, ou então coloque uma vara sobre os encostos de duas cadeiras e pendure o funil pela vara.
- ☆ Encha o funil de areia e observe enquanto ela cai. *O que acontece se você embalar o funil? O que acontece se você mudar a direção do movimento? O que acontece se você mudar o comprimento da linha que segura o funil?*

Boliche

- ☆ Coloque de 6 a 8 garrafas plásticas de ½ litro no chão para servir como pinos de boliche e disponibilize uma bola de tênis para as crianças.
- ☆ Oriente-as a jogar a bola para derrubar os pinos.
- ☆ Discuta a relação entre a força com que jogam a bola e o resultado, comentando a direção do lançamento e o resultado.

Rolando latas

- ☆ Dê às crianças duas latas de achocolatado ou de leite em pó e diversos objetos que possam ser colocados nas latas, como um bloco, giz de cera, rolo de fita, um livrinho pequeno ou qualquer outro item que caiba nelas.
- ☆ Oriente as crianças a colocar objetos diferentes nas latas e a investigar a maneira como eles afetam a capacidade de a lata rolar.
- ☆ Use fita crepe para fazer uma linha de chegada e deixe as crianças fazerem uma corrida com suas latas.

Fricção: resistência ao movimento

Erosão

- ☆ Recorte uma das extremidades de uma caixa de sapato e cole-a de volta com fita.
- ☆ Encha a caixa com areia úmida e compacte bem.
- ☆ Remova a extremidade cortada. Incline a caixa com o lado aberto para baixo, formando um leve ângulo.
- ☆ Pergunte às crianças o que acontecerá se você colocar água na caixa na extremidade alta.
- ☆ Experimente. O que acontece? Explique que é assim que se formam os canyons.
- ☆ Repita o experimento. Acrescente algumas pedras à areia antes de colocar água. O que acontece?
- ☆ Comente com as crianças o papel que a grama desempenha na *erosão* (a erosão é o desgaste gradual de um sólido causado pela força de outro sólido ou líquido).

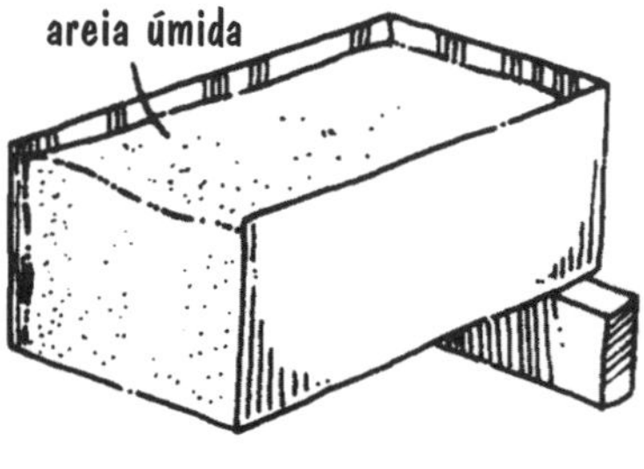

Lixando

- ☆ Escreva o nome de cada criança em um bloco de madeira separado. Dê o bloco com o nome à criança correspondente, juntamente com um pedaço de lixa.

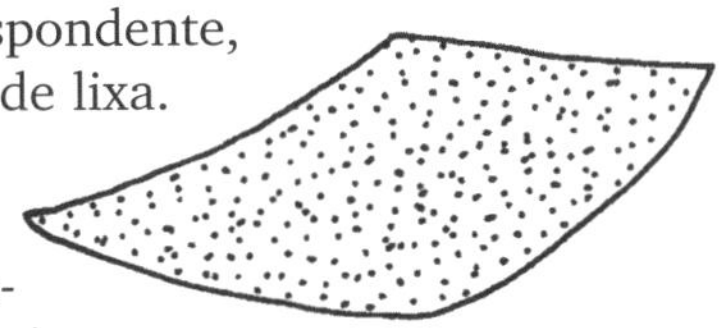

- ☆ Mostre-as como lixar a madeira. Enquanto lixam, faça perguntas. *O que acontece com a madeira? Ela fica mais quente? Ela parece mais lisa?*
- ☆ As crianças também descobrirão que lixar o bloco causa erosão da superfície quando notarem que seus nomes estão desaparecendo. Faça perguntas sobre a serragem que fizeram. *O que é a serragem criada pelo esfregamento?* Explique que a serragem é um subproduto da fricção.

Fazendo areia

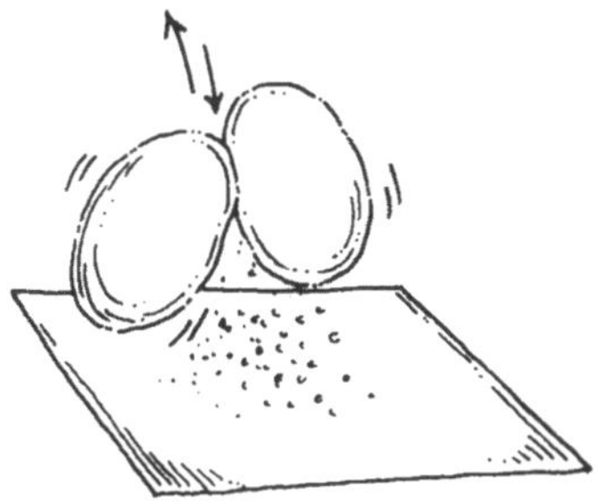

- ☆ Dê duas rochas de arenito para as crianças esfregarem.
- ☆ Coloque uma folha de papel escuro sobre a mesa, para que possam ver a areia formada pela fricção.
- ☆ As crianças também podem observar que as rochas ficam quentes. Este é outro subproduto da fricção.
- ☆ Deixe as crianças usarem uma lente de aumento para observarem a forma de rocha na areia.

Rochas e conchas

Observação: As rochas são subprodutos da erosão e as conchas que estão gastas e lisas mostram o efeito do esfregamento contra a areia no fundo do mar.

- ☆ Prepare duas caixas para classificar rochas e conchas, colocando uma rocha em uma das caixas e uma concha na outra.
- ☆ Coloque rochas e conchas diversas sobre a mesa para as crianças classificarem nas caixas adequadas.

Aquecimento de mãos

- ☆ Demonstre como esfregar as mãos para aquecê-las. Fale para as crianças que esfregar as mãos cria fricção e que a fricção produz calor.

☆ Oriente-as a esfregar as suas mãos e diga para olharem-nas. *O que você vê em suas mãos?*

☆ Explique que as pequenas partículas pretas que parecem sujeira na verdade são pedaços de pele esfoliada pelo esfregamento. A fricção também causa desgaste na superfície em que é aplicada.

Áspero ou liso

☆ Dê exemplos de superfícies lisas ou ásperas, como um tijolo e uma pedra lisa. As superfícies ásperas causam tração e as lisas permitem o escorregamento fácil.

☆ Converse com as crianças sobre superfícies diferentes. *Quais são algumas superfícies ásperas? Quais são algumas superfícies lisas?*

☆ Leve-as para dar uma volta para procurar superfícies lisas e ásperas.

Patinação com sapatos

☆ Coloque para tocar uma fita ou um CD de valsa e oriente as crianças a "patinar" pelo chão.

☆ Depois da primeira música, peça para sentarem no chão e discutirem a experiência: *Foi mais fácil para alguns deslizar pelo chão?* Diga para olharem as solas de seus sapatos. Tente conduzir à conclusão de que solas de borracha são mais difíceis de escorregar no chão do que solas de couro.

☆ Toque outra música e diga para as crianças deslizarem sem sapatos. Comparem meias e pés descalços, se for adequado.

☆ Peça para as crianças deslizarem em um tapete e compare com um piso de azulejos.

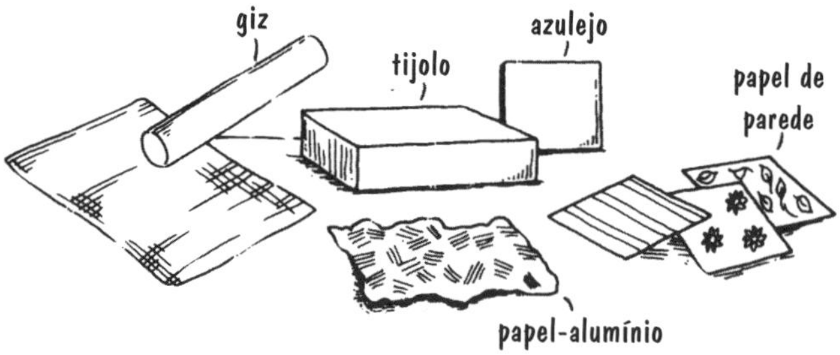

Experimento com giz

☆ Dê a cada criança um pedaço de giz e uma variedade de objetos com superfícies lisas e ásperas para escrever – lixa, um tijolo, papel-alumínio, estopa, cetim, um azulejo e papéis de parede com texturas diferentes.

☆ Que diferenças as crianças sentem quando escrevem em superfícies lisas e em superfícies ásperas?

Gravitação: a força que atrai

Corrida de bolas de gude

- ☆ Cole um tubo de toalhas de papel na borda de uma mesa. Depois, cole outro tubo na extremidade do primeiro e repita o processo até criar um tubo que chegue no chão.
- ☆ Quando a pista estiver concluída, solte uma bolinha de gude no primeiro tubo. *O que acontece?*
- ☆ Distribua tubos adicionais e peça para as crianças fazerem o maior tubo que conseguirem. Mostre como elas podem acrescentar curvas e inclinações interessantes.

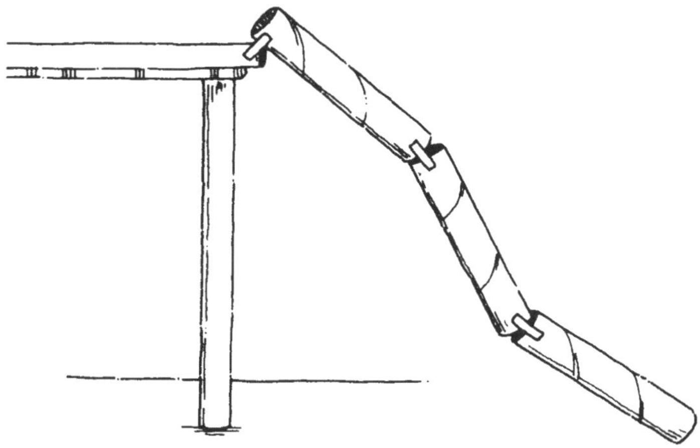

Queda livre

- ☆ Pergunte às crianças se elas acham que uma bola de tênis e uma bolinha de gude cairão no chão ao mesmo tempo se forem largadas da mesma altura e no mesmo instante.
- ☆ Teste suas previsões, colocando uma assadeira no chão e largando uma bola de tênis e uma bola de gude da mesma altura e no mesmo instante. Escute o som. *O que acontece?*
- ☆ Deixe as crianças fazerem este experimento com outros objetos.

Jogar balão

- ☆ Peça para as crianças escolherem um parceiro e dê um balão cheio a cada par.
  Observação de segurança: Pedaços de balões representam um risco de asfixia. Certifique-se de conferir todos os balões (e pedaços de balões) a cada momento.
- ☆ Oriente os pares de crianças sobre como trabalhar em conjunto para manter os balões no ar. Discuta a leveza dos balões, comente que estão cheios de ar.

Vai cair

☆ Distribua objetos variados para as crianças largarem, como penas, bolinhas de gude, pedaços de isopor, pequenos blocos, esponjas, algodão e pedrinhas.

☆ Após uma experimentação individual, ajude as crianças a tirar conclusões com base em suas observações. *Quais objetos caíram lentamente e quais caíram rapidamente?*

Escorregador com tubos de papel

☆ Recorte furos nos lados de uma caixa de papelão grande e insira tubos de papel longos (feitos com papel de embrulho, papel kraft, etc.) nos furos (veja a ilustração).

☆ Coloque um em posição horizontal, um inclinado para o lado direito e outro inclinado para o lado esquerdo.

☆ Distribua bolas que caibam nos tubos.

☆ Deixe as crianças descobrirem que as bolas rolam pelos tubos inclinados, mas não pelo tubo horizontal.

Corrida ladeira abaixo

☆ Faça um plano inclinado, empilhando dois ou três blocos quadrados e colocando uma ponta de uma tábua longa (em torno de 50 centímetros) sobre os blocos.

☆ Oriente as crianças a largar pequenas bolinhas, carrinhos ou carretéis de linha no plano inclinado.

☆ Ofereça mais blocos para ampliar o experimento.

☆ Ajude-as a tirar a conclusão de que aumentar a altura do plano aumenta a velocidade do objeto que desce.

Pendurando

☆ Pendure uma linha ou um fio de lã no teto.

☆ Dê contas ou carretéis de linha a uma criança e peça para ela enfiar as contas e tentar preencher a linha até o teto.

☆ Quando as contas caírem, pergunte o porquê e explique que a *gravidade* é uma força que puxa os objetos para o chão.

Magnetismo: outro tipo de força

Atração magnética

☆ Amarre uma linha a um ímã e suspenda-o por uma vara colocada no encosto de duas cadeiras.

☆ Dê uma cesta de objetos às crianças, com objetos que atraiam o ímã e com outros que não o atraiam.

☆ Oriente-as a experimentar os materiais para determinar quais mexem o ímã.

Caça a metais

☆ Distribua pequenos ímãs às crianças e oriente-as a testá-los pela sala para descobrir quais objetos são feitos de metal e quais não são.

☆ Quando as crianças terminarem a sua caçada, peça para contarem quais objetos de metal encontraram.

Guincho de brinquedo

☆ Prenda uma fita magnética ou um ímã na parte de trás de um caminhãozinho de brinquedo e uma arruela de metal na frente de outro carrinho leve.

☆ Deixe as crianças usarem o primeiro carro para guinchar o segundo.

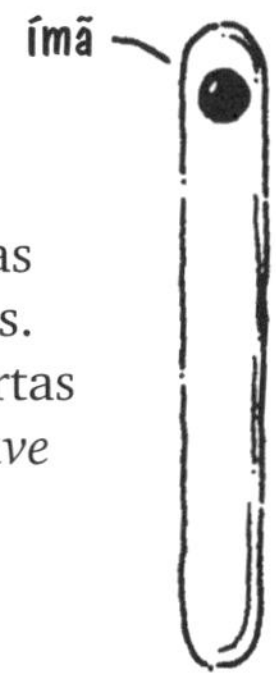

Busca em casa

☆ Peça para as crianças procurarem em suas casas diferentes maneiras em que ímãs são utilizados.

☆ Comente sobre ímãs de geladeira, ímãs em portas de armários, etc. *Será que alguém tem uma chave de fenda com uma ponta magnética?*

Bonecos magnéticos

☆ Faça bonecos de papelão simples e cole um clipe de papel nas costas de cada um.

☆ Cole um ímã em um palito de picolé.

☆ Crie um cenário para os bonecos em uma folha de papel cartonado ou de papelão.

☆ Demonstre como usar o palito atrás do cenário para movimentar os bonecos.

☆ Prepare uma apresentação com as crianças.

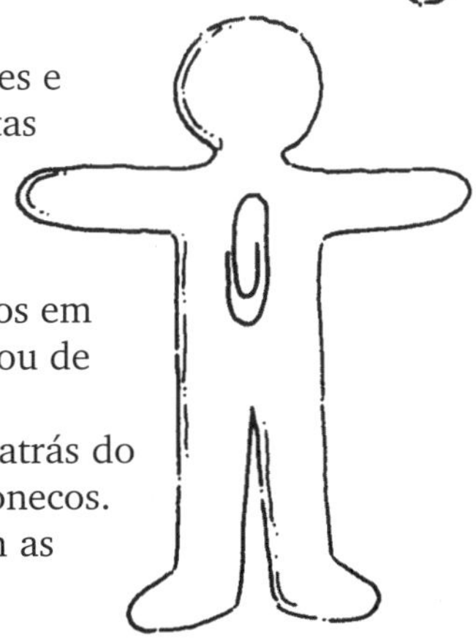

O prego dançante

☆ Coloque um prego em um copo com água.
☆ Distribua um ímã às crianças e mostre a elas como movimentá-lo ao redor do copo para fazer o prego "dançar".

Movendo ímãs

☆ Empilhe diversos disco magnéticos, de modo que se grudem. Remova o primeiro ímã e coloque-o sobre uma mesa sem virá-lo. Faça o mesmo com o segundo.
☆ Mostre às crianças como colocar o dedo no primeiro ou no segundo ímã e movê-lo na direção dos outros. *O que acontece?*

Histórias magnéticas

☆ Prenda tiras de fita magnética nas costas de personagens de flanelógrafo para criar uma história magnética. Use uma assadeira grande como fundo.
☆ Peça para as crianças contarem histórias usando os personagens magnéticos.

Desenhos magnéticos

☆ Recorte formas geométricas em uma folha de vinil magnético (encontrado em lojas de material para artesanato e em ferragens).
☆ Dê às crianças uma assadeira grande e as formas magnéticas e peça para criarem desenhos diferentes.

Corrida de carros magnéticos

☆ Fixe um percevejo ou cole um clipe de papel grande na parte de baixo de um carrinho de madeira.

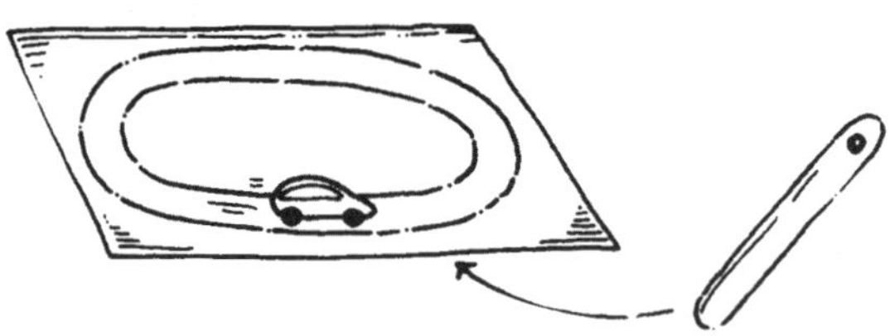

☆ Desenhe uma pista de corrida em uma folha de plástico rígido ou em cartolina.
☆ Prenda um ímã em um palito de picolé.
☆ Dê os palitos às crianças e mostre a elas como movimentar os ímãs para fazer uma corrida.

Pintura magnética

☆ Coloque uma folha de papel em uma assadeira retangular e borrife algumas gotas de tinta no papel.

☆ Coloque um objeto de metal sobre o papel.
☆ Mostre para as crianças como usar um ímã para movimentar o objeto de metal na tinta.

Limpeza rápida

☆ Derrame uma caixa de clipes de papel no chão.
☆ Distribua material para as crianças usarem para limpar o que foi derramado, incluindo uma vassoura, fita crepe, uma pá de lixo e um ímã.
☆ Oriente-as a experimentar cada material para determinar qual deles consegue catar melhor os clipes.

Ferramentas simples

Roldanas

☆ Pendure uma roldana em uma viga no teto ou em uma árvore no pátio.
☆ Passe uma corda na roldana e amarre um balde de plástico em uma ponta e dê um nó na outra.
☆ Distribua objetos para as crianças colocarem no balde e levantarem. *De que maneira uma roldana facilita o trabalho?* **Observação de segurança:** Supervisione esta atividade de perto, pois se as crianças deixarem a corda escapar, o balde pode cair sobre alguém.

Transporte de água

☆ Distribua uma variedade de materiais para brincar com água, como garrafas e potes plásticos, colheres de medição de plástico, conchas, canudos plásticos, conta-gotas e funis para as crianças aprenderem a transportar água de um local para outro.
☆ Se possível, forneça potes plásticos altos e finos e outros baixos e largos. Isso ajuda as crianças a entender que o tamanho do pote afeta a quantidade de líquido e que as aparências nem sempre mostram corretamente que um pote tem mais água do que outro.

Filtração

☆ Distribua materiais variados, como pedaços de isopor, cascalho de tamanhos variados, folhas, um coador de plástico e funis para as crianças brincarem de descobrir como filtrar ou separar objetos da água.

☆ Converse com as crianças enquanto brincam com os materiais. *Como os coadores facilitam o nosso trabalho?*

Utensílios de cozinha

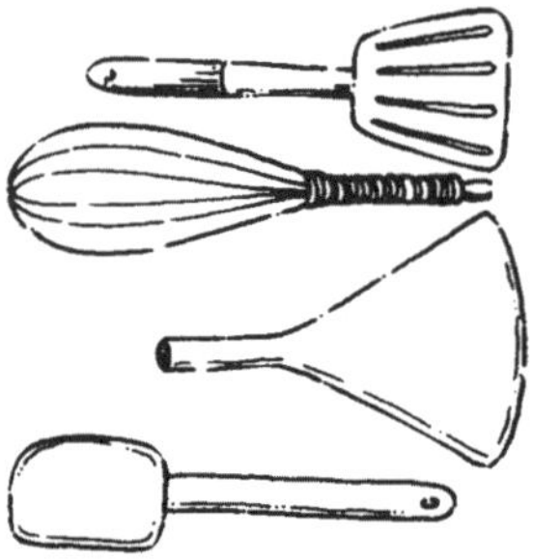

☆ Traga utensílios de cozinha, como um batedor de claras manual, um amassador de batatas, um abridor de latas e um funil, para a sala de aula.

☆ Crie oportunidades para as crianças observarem como esses instrumentos facilitam o trabalho na cozinha. Por exemplo, dê água com sabão para as crianças baterem com o batedor de ovos, bananas para amassar com o amassador de batatas e assim por diante.

☆ Comente outros métodos que elas poderiam usar para essas atividades se não tivessem os instrumentos de cozinha.

Atividade para casa: Estimule as crianças a observar os membros de suas famílias trabalhando na cozinha. *Que utensílios eles usam para facilitar o seu trabalho?*

Mudança fácil

☆ Mostre às crianças maneiras de facilitar a movimentação de um objeto. Algumas sugestões possíveis:

☆ Faça dois furos em um lado de uma caixa baixa, como uma caixa de bebidas e passe uma corda pelos furos para fazer uma alça. Distribua materiais que as crianças possam colocar no "trenó" e deixe-as transportar os itens de um lado para o outro.

☆ Ensine às crianças como usar uma "fila de água" (passar água ao longo de uma fila até o seu destino) como os bombeiros fazem. Faça uma fila com as crianças, de um lado da sala ao outro e passe uma caixa ou um livro de uma pessoa para a outra até chegar ao final da fila e ao outro lado da sala.

☆ Deite duas varas de 30 centímetros no chão e coloque uma caixa sobre elas. Peça para as crianças encherem a caixa com livros, empurrando-a até a prateleira.

☆ Comente o uso de rodas. Use um triciclo como exemplo e diga para carregarem algo de um local para outro usando o triciclo como meio de transporte.

Atividade para casa: Peça para as crianças procurarem em sua casa coisas que sejam usadas para movimentar coisas. Elas podem encontrar carrinhos de mão, rodas em móveis, bagagem com rodinhas, e assim por diante.

Luz e cor

Sombras coloridas

☆ Em um dia de sol, distribua um pedaço de papel celofane para cada criança.
☆ Leve as crianças para o pátio e oriente-as a fazer sombras coloridas com seus celofanes.

Mistura de massa de modelar colorida

☆ Faça uma batelada de massa de modelar caseira vermelha e uma amarela (veja receitas nas páginas 44-45).
☆ Dê a cada criança duas bolas de massa, uma de cada cor. Quando misturarem as duas cores, elas criarão massa laranja. Comente como o amarelo e o vermelho formam o laranja.
☆ Experimente esta atividade em outro dia com cores diferentes.

Tubos coloridos

☆ Coloque uma rolha na extremidade de um tubo de plástico transparente, com pelo menos 1,5 centímetro de diâmetro e 75 centímetros de comprimento e encha-o com água. Adicione algumas gotas de anilina azul na extremidade aberta do tubo e coloque uma rolha para fechá-lo.
☆ Retire a rolha da ponta oposta e adicione algumas gotas de anilina amarela. Recoloque a rolha.
☆ Mostre às crianças como agitar o tubo ou juntar as pontas para levar as cores até o centro e misturar. *Qual é a cor da água no meio?*
☆ Repita o experimento em outro dia usando cores diferentes. **Observação de segurança:** Supervisione esta atividade de perto, para que as crianças não retirem as rolhas das pontas do tubo.

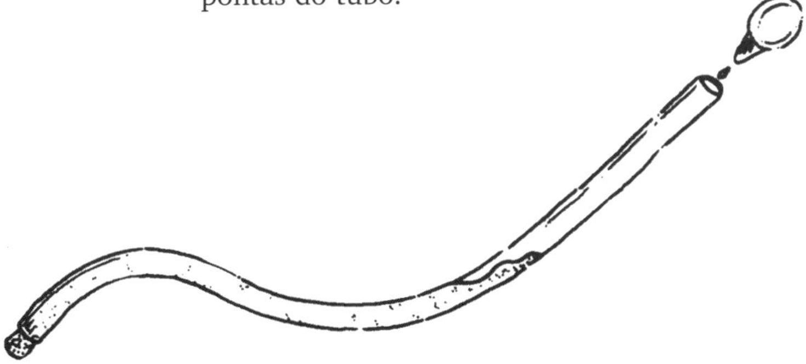

Óculos cor-de-rosa

☆ Cubra armações de óculos com celofane colorido (a mesma cor em ambos os lados).
☆ Peça para as crianças colocar os óculos e descrever o que vêem.
☆ Agora cubra as armações com cores diferentes de celofane. Coloque verde em um lado e vermelho em outro.
☆ Peça para olharem novamente. *Como o mundo ficou?*

Mistura colorida

☆ Monte um brinquedo de rolar com uma lata redonda, como uma lata de leite em pó.
☆ Faça um furo em cada lado da lata, passe um pedaço de cordão longo pelos furos e amarre as duas pontas do fio.
☆ Peça para as crianças ajudarem a colorir a lata com pincéis atômicos e tintas. Quando secar, oriente-as a puxar o brinquedo pela sala. *O que acontece com as cores?*

Marionetes de sombra

☆ Faça um palco de marionetes, recortando um retângulo do fundo de uma caixa de papelão.
☆ Cole uma folha de papel branco sobre a área recortada.
☆ Vire a caixa de lado, de modo que a folha de papel fique voltada para a platéia.
☆ Com uma fonte de luz atrás da caixa (um projetor ou uma lanterna forte), dramatize histórias com marionetes de dedo.

Adivinhe quem?

- ☆ Pendure um lençol branco para fazer uma "cortina de palco" e coloque uma fonte de luz atrás do mesmo.
- ☆ Peça para as crianças alternarem-se caminhando entre a fonte de luz e a cortina.
- ☆ Desafie a platéia (as outras crianças) a tentar identificar cada convidado misterioso.

Arte solar

- ☆ Peça para as crianças recortarem uma forma grande em papel de desenho, colocá-la sobre cartolina escura e deixarem no sol.
- ☆ Após alguns dias, peça para as crianças removerem a forma e observarem como o papel desbotou, mas a forma permaneceu na área coberta. *Por quê?*

Arco-íris

- ☆ Pendure um prisma em uma janela voltada para o leste ou para o oeste.
- ☆ Quando aparecer um arco-íris na janela, chame a atenção das crianças para a sua fonte.
- ☆ Movimente o prisma para que elas possam enxergar a relação direta entre o sol, o prisma e o arco-íris.

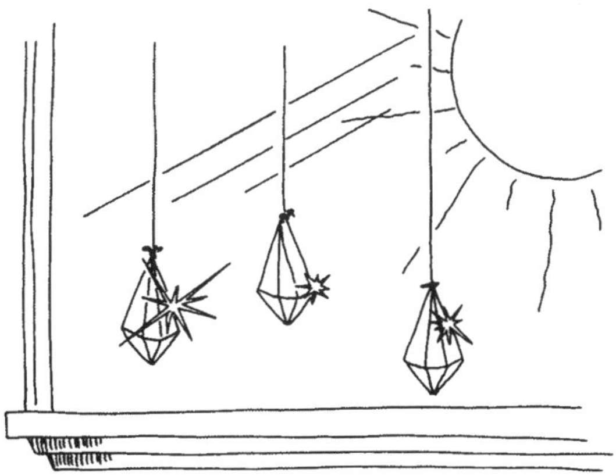

Luz estroboscópica

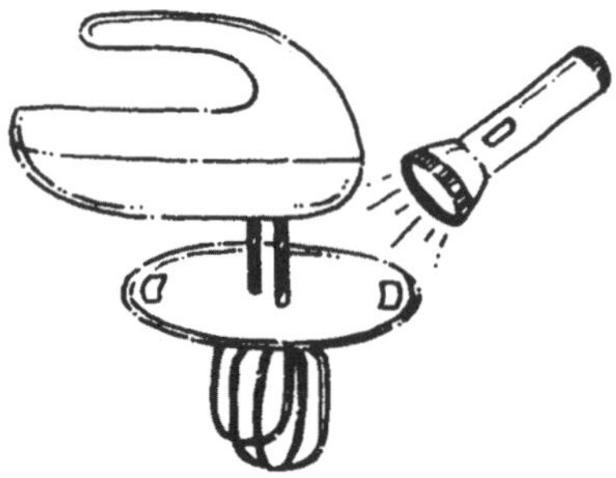

- ☆ Faça dois cortes de 2,5x5 centímetros em lados opostos de um círculo de papelão e dois furos no seu centro.
- ☆ Faça dois buracos para prender o papelão às pás de uma batedeira.
- ☆ Posicione uma lanterna de modo que a luz passe por um dos cortes no papelão.
- ☆ Ligue a lanterna, apague a luz e ligue a batedeira. Você terá uma luz estroboscópica.
- ☆ Ajude as crianças a determinar que o efeito da luz estroboscópica é criado por um padrão de luz e pela ausência de luz.

Observação de segurança: Supervisione esta atividade de perto. Mantenha os dedos das crianças afastados da batedeira.

Eu e minha sombra

- ☆ Leve as crianças para o pátio de manhã cedo em um dia ensolarado.
- ☆ Peça para observarem suas sombras. *Ela é alta ou baixa? Está à sua frente ou atrás de você?*
- ☆ Oriente-as a observar as sombras de coisas ao seu redor – árvores, prédios, equipamentos do pátio e outros objetos.
- ☆ Leve-as para o pátio outra vez ao meio-dia. Enquanto elas olham as sombras novamente, faça as mesmas perguntas. *O que está diferente em sua sombra? Ela está mais alta ou mais baixa? Como as sombras das árvores mudaram?*
- ☆ Se as crianças ainda estiverem na escola ao entardecer, faça outro passeio ao pátio e avalie as mudanças nas sombras das crianças e no seu entorno.
- ☆ Mostre que as diferenças em suas sombras são causadas pela posição do sol à medida que a terra anda.

Relógio de sol

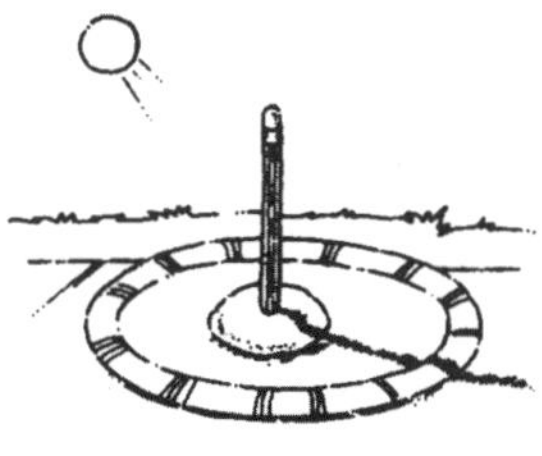

- ☆ Coloque uma bola de massa de modelar ou de argila no centro de um prato de papel e crave um lápis ou um palito na massa.
- ☆ Coloque o prato na rua ou em uma janela ensolarada e marque o ponto onde a sombra cai e escreva a hora junto a ele.
- ☆ Deixe as crianças verificarem o prato a cada hora. Ajude-as a marcar a sombra e escrever a hora. Ao final do dia, pergunte o que elas notaram sobre as marcas no prato.

Luz espalhada

- ☆ Explique para as crianças que a luz se espalha em todas as direções em superfícies ásperas e reflete em superfícies lisas.
- ☆ Peça para observarem um pedaço de lixa áspera usando uma lente de aumento. Mostre que cada grão de areia tem uma superfície diferente. Quando a luz reflete na superfície da lixa, ela na verdade reflete em muitas superfícies.
- ☆ Distribua tipos variados de superfícies, como papel-alumínio, espelhos, metais, tigelas de vidro, óculos, folhas de plástico, etc., para as crianças explorarem.
- ☆ Peça para dividirem os itens entre aqueles que atuam como espelhos e os que não agem dessa forma.

Espelho mágico

- ☆ Usando fita crepe, cole dois espelhos pequenos como um livro (com o lado espelhado para dentro).
- ☆ Coloque o espelho de pé para as crianças e cole um pedaço pequeno de fita crepe na mesa, centrado na dobra dos espelhos.

  Observação: Peça para as crianças não mexerem nos espelhos depois de posicionados.
- ☆ Oriente-as a usar os espelhos para observar objetos pequenos, como carros, botões decorativos, giz de cera ou bolinhas de gude.

  Observação: Você pode começar com objetos simples, como blocos formando padrões, antes de fornecer objetos como botões e carros.
- ☆ As crianças verão que os dois lados do objeto são semelhantes. Explique que isso se chama *simetria*.

Desenho com espelhos

- ☆ Distribua um espelho, papel de desenho e giz de cera. Oriente as crianças a experimentar desenhar e escrever com o espelho.
- ☆ Demonstre como posicionar o espelho, de modo que elas possam escrever ou desenhar o reflexo do espelho em vez de olhar diretamente para o papel. *O que acontece?*

Periscópios

- ☆ Prenda um espelho na ponta de uma régua ou de uma vareta para criar um periscópio simples.
- ☆ Oriente as crianças a usar o periscópio para enxergar o que está próximo.

Mágica com suco de limão

☆ Distribua papel cartonado e um borrifador com suco de limão.
☆ Peça para as crianças borrifarem suco de limão sobre o papel cartonado.
☆ Em um curto período de tempo, o suco de limão desbotará a cor do papel cartonado. Colocando-se o papel no sol, o processo é acelerado.

O clima e as estações

A janelinha do tempo

☆ Ensine a música *A janelinha* às crianças. Cante-a de vez em quando, especialmente quando o clima estiver nublado, ensolarado ou chuvoso.

A janelinha

A janelinha fecha
Quando está chovendo
A janelinha abre
Quando o sol está aparecendo
Fechou, abriu
Fechou, abriu, fechou
Abriu, fechou,
Abriu, fechou, abriu

Observando nuvens

☆ Em um dia nublado, quando o sol estiver em uma posição que não seja diretamente nos olhos das crianças, leve-as para o pátio.
☆ Peça para todos deitarem de costas sobre uma toalha ou um lençol.
☆ Diga para as crianças olharem as nuvens e descreverem as formas que enxergam (camelos, castelos, bonecos de neve, etc.).
☆ Sugestões são limitadas apenas pela imaginação das crianças.
Atividade para casa: Sugira que as crianças façam esta brincadeira com seus familiares no caminho para casa.

Caminhando ao vento

☆ Dê uma caminhada com as crianças para descobrir indicadores de que está ventando.
☆ Faça perguntas para ajudá-las a enxergar o vento, como:
- ★ *As bandeiras estão tremulando?*
- ★ *O lixo está se mexendo?*
- ★ *As pessoas estão inclinadas contra o vento enquanto caminham?*
- ★ *Você enxerga o cabelo das pessoas balançando?*
- ★ *As árvores e arbustos estão balançando?*
- ★ *Você sente o vento em seu rosto?*

Pluviômetro

☆ Coloque um pote no pátio para coletar água da chuva e prenda uma régua na sua parte interna para determinar quantos centímetros de chuva caíram.
☆ Use a água da chuva para molhar as plantas dentro da escola.

Traçando sombras

☆ Leve giz para o pátio em um dia de sol.
☆ Deixe as crianças escolherem parceiros e alternarem-se desenhando as sombras umas das outras na calçada.
☆ Pergunte se esta atividade daria certo em um dia nublado. As crianças podem se dar conta de que sua sombra não está presente em dias nublados.
☆ Explique que as sombras ocorrem quando um objeto ou uma pessoa está entre uma fonte de luz e outra superfície.
☆ Você pode demonstrar isso na sala de aula, apagando a luz e pedindo que uma criança fique entre a luz de uma lanterna e a parede.

Caminhadas das estações

☆ Leve as crianças para dar uma caminhada sempre que as estações mudarem.
☆ Oriente-as a procurar sinais da estação. Quando retornar para a sala de aula, faça uma lista das mudanças que elas observaram, como folhas caindo, folhas mudando de cor ou flores desabrochando.

Árvores sazonais

☆ Para desenvolver o conceito de que certas árvores mudam com as estações, prepare um mural de árvores no começo de cada estação.

☆ Desenhe uma árvore grande em papel kraft e pendure-a na parede. Acrescente uma árvore nova antes de iniciar cada estação.

☆ Para enfatizar mudanças sazonais, peça para as crianças acrescentarem colagens ou desenhos no início de cada estação.

☆ Exemplos para cada estação incluem:

- ★ **Outono** – pedaços de papel marrons, amarelos, vermelhos, roxos e laranjas para as folhas e frutas.
- ★ **Inverno** – árvore pelada com folhas marrons no chão e um céu cinzento.
- ★ **Primavera** – bolas de tecido amassado e pequenos pedaços de papel ou tinta verde.
- ★ **Verão** – totalmente coberta com papel ou tinta verde.

☆ Ao final do ano, todas as quatro estações estarão representadas no mural.

Foco nas estações

☆ Prepare um lugar especial (uma mesa ou uma prateleira) para enfocar as estações e as mudanças sazonais.

☆ Organize uma cesta com folhas e vegetais do outono, sempre-vivas com algodão para o inverno, um galho com brotos (cravado em um pote de areia) para a primavera e um buquê de folhas e flores ou um pequeno vaso com uma planta florida para o verão.

☆ À medida que as crianças trouxerem itens novos de casa, adicione-os ao mostruário.

Garrafas para observação sazonal

☆ Junte itens sazonais e coloque-os em garrafas de ½ litro vazias e limpas. Exemplos para cada estação incluem:

- ★ **Outono** – folhas verdes e secas, sementes de bergamota ou laranja, marcela, pinhão.
- ★ **Inverno** – ramos secos, cascas de árvores.
- ★ **Primavera** – cascas de ovos vazias de passarinhos que chocaram, flores e sementes.
- ★ **Verão** – areia, conchas do mar, algas marinhas.

☆ As crianças se divertem olhando os diversos itens colecionados nas garrafas.

Atividade para casa: Peça para as crianças trazerem um objeto sazonal de casa.

Sentidos

Os olhos tudo vêem

☆ Encha cinco copos com água, quatro à temperatura ambiente e um com água gelada (sem gelo).

☆ Peça para as crianças identificarem o copo com água gelada sem tocá-los.

☆ As crianças enxergam gotículas no lado de fora do copo de água gelada. Se não enxergarem, estimule o raciocínio, sugerindo que as crianças observem o lado de fora dos copos.

O que tem para o lanche?

☆ Nos dias em que o lanche tiver um aroma específico e identificável (como bolo com canela ou banana), traga-o em uma bandeja coberta com um guardanapo de pano.

☆ Deixe as crianças alternarem-se cheirando e sussurrando a sua opinião em seu ouvido.

☆ Revele o lanche, verifique as opiniões e comam.

☆ Se a sala de aula ficar perto da cozinha, enquanto o lanche estiver sendo preparado, peça para as crianças adivinharem o cardápio.

Verifique as opiniões quando o lanche for servido.

Fazedores de sons

☆ Deixe as crianças alternarem-se fazendo sons com uma variedade de objetos e materiais. Elas podem amassar papel, sacudir chocalhos, mastigar algo crocante e assim por diante. Grave seus sons com um gravador e guarde os objetos usados.

☆ No dia seguinte, coloque os objetos em uma bandeja, toque a fita e desafie-as a identificar o objeto usado para fazer cada som.

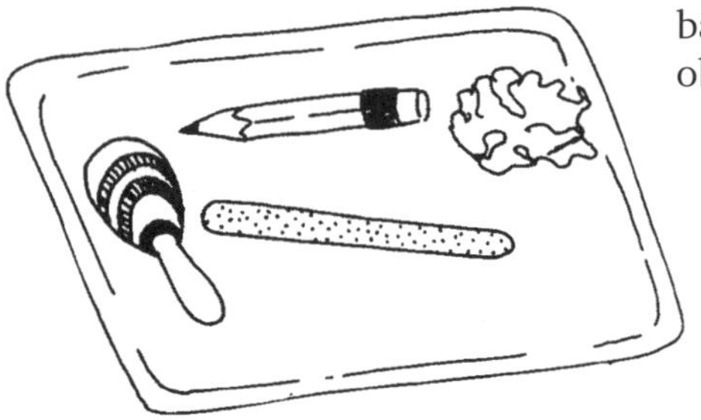

Teste de paladar

☆ Prepare pipocas para o lanche e separe-as em três tigelas.

☆ Tempere uma tigela com queijo ralado, outra com sal e a outra com açúcar.

☆ Desafie as crianças a identificar a substância nas pipocas em cada tigela (depois de dizer a elas as três opções).

Temperaturas táteis

☆ Prepare uma jarra de água gelada e uma jarra de água quente.

☆ Peça para as crianças alternarem-se tocando nas jarras para ver qual está quente e qual está fria.

☆ As crianças podem fechar os olhos para tocar nas jarras. Isso as ajuda a se concentrar no uso de um sentido.

Quente e frio

☆ Durante o lanche, comente a temperatura da comida enquanto as crianças comem.

☆ Faça perguntas. *Quais comidas têm sabor melhor quando estão quentes e frias? Quais comidas só são boas quando estão frias?*

Sons abundantes

☆ Leve as crianças para uma caminhada no pátio ou no entorno da escola em busca de sons.

☆ Antes de sair, peça para as crianças fazerem uma lista dos sons que acham que escutarão.

☆ Ao retornar, confira a lista com as crianças. *Quais sons da lista você ouviu? Quais sons devem ser acrescentados à lista?*

Pompons de cheiros

☆ Prepare pompons (ou pedaços de algodão) com óleos para massagem e extratos. Faça dois pompons para cada aroma.
☆ Coloque-os em uma caixa pequena e deixe as crianças cheirarem e encontrarem dois pompons que tenham o mesmo aroma, formando pares.

O nariz sabe tudo

☆ Leve as crianças para o pátio um pouco antes ou logo depois de uma chuva forte.
☆ Peça para elas descreverem o cheiro do ar.

Um mundo de aromas

☆ Faça uma "caminhada pela natureza" em busca de aromas.
☆ Leve uma prancheta, um papel e uma caneta e liste os itens que encontrar. Traga amostras para a sala de aula, se possível, e coloque-as no Cantinho de Ciências para uma investigação mais aprofundada.

Bolhas perfumadas

☆ Adicione óleo de massagem a uma mistura para fazer bolhas (veja receita na página 41) para criar bolhas perfumadas.
☆ Oriente as crianças a soprar bolhas e desafie-as a identificar o aroma.

Alerta sensorial

☆ Jogue regularmente com as crianças um jogo em que você pede que elas digam coisas que viram e acharam bonitas, coisas que tocaram que eram boas de tocar, cheiros agradáveis que sentiram, coisas bonitas que ouviram ou coisas que comeram e eram gostosas.

Mudança de estado

Sopa de pedra

☆ Leia *A Sopa de Pedra,* de Bia Bedran.
☆ Peça para cada criança trazer um legume de casa para contribuir para fazer uma panela de sopa de legumes.
☆ Use caldo de carne para fazer caldo.

☆ Deixe que as crianças ajudem a preparar os legumes que trouxeram. Distribua facas plásticas e peça para lavarem, descascarem e cortarem. Converse sobre as texturas dos legumes. *São duros? Ásperos? Lisos?*
☆ Enquanto as crianças tomam a sopa, comente sobre os legumes novamente. *De que maneira eles mudaram?*

Gelo derretido

☆ Deixe que cada criança coloque um cubo de gelo em um saco plástico com fecho.
☆ Comente como o gelo está duro e frio.
☆ Deixe os sacos sobre uma mesa até que os cubos tenham derretido e fale sobre a mudança que ocorreu, usando os termos "sólido" e "líquido".
☆ Coloque os sacos no *freezer* ou deixe as crianças congelá-los em casa.
☆ No dia seguinte, examine os sacos novamente e comente as mudanças que ocorreram.

Bebida efervescente

☆ Coloque 1 colher de chá de bicarbonato de sódio em uma garrafa de ½ litro vazia e adicione 1 colher de chá de vinagre. As duas substâncias produzem um gás quando são misturadas.
☆ Coloque um balão no bico da garrafa, ele se expandirá com o gás. Colocando-se mais de cada substância, o balão se expandirá ainda mais.
☆ Após as crianças assistirem a sua demonstração, deixe que misturem as duas substâncias.
☆ Distribua um prato, uma xícara de vinagre e uma xícara de bicarbonato e peça que cada criança use uma colher para colocar o bicarbonato em seu prato e um conta-gotas para acrescentar o vinagre. A mistura será efervescente.

Sacolejo com gelatina

- ☆ Faça gelatina com a turma. Chame atenção para o estado sólido da gelatina em pó no pacote.
- ☆ Faça as crianças notarem a mudança para um líquido quando a gelatina dissolve na água.
- ☆ No dia seguinte, sirva a gelatina como lanche, observando a mudança para sólido novamente.
- ☆ Se desejar, use menos água do que a receita sugere para cortar, permitindo às crianças que comam com as mãos. Diga a seguinte rima enquanto serve as gelatinas sacolejantes.

Gelatina sacolejante

Adoro gelatina sacolejante
Ela me faz rir bastante
Agita, sacoleja, balança e rola
Que delícia para levar à escola.

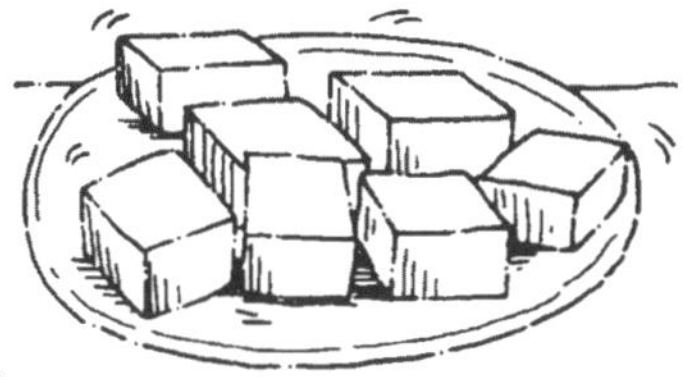

Plantas

Pulseiras naturais

- ☆ Dê uma lista de desenhos de itens naturais, como uma flor, grama, sementes, folhas, etc. Revise a lista com as crianças.
- ☆ Coloque um pedaço de fita crepe com o lado colante para fora ao redor do pulso de cada criança.
- ☆ Leve-as para o pátio com a lista para procurar os objetos. À medida que forem encontrando cada objeto, o colocam na fita para fazer uma "pulseira natural".
- ☆ Revise a lista e as descobertas com a classe quando todos terminarem.

Jardim no pneu

☆ Faça um jardim de pneu no pátio, enchendo um pneu com terra preta.
☆ Deixe as crianças plantarem sementes de flores e se alternarem arrancando ervas daninhas e regando.
☆ Admire as flores enquanto elas desabrocham.
☆ Certifique-se de que as crianças entendem que usar um pneu como floreira é reciclar. Se não reciclarmos os pneus, eles acabam tomando espaço nos depósitos de lixo, e não se decompõem como o lixo orgânico (matéria orgânica, como folhas).

Jardim de legumes

☆ Plante cenouras e cebolas em um jardim de pneu no pátio, seguindo as instruções dos pacotes de sementes. Mostre às crianças como irrigar e como capinar o jardim.
☆ Quando estiverem maduros, colha os legumes para as crianças verem e tocarem.
☆ Cozinhe e sirva para as crianças.

Udo, o cabeludo

☆ Distribua terra preta, potes de isopor, pincéis atômicos e sementes de alpiste.
☆ Oriente as crianças a desenhar um rosto no copo de isopor.
☆ Quando terminarem, peça para encherem os copos com terra e colocarem sementes de alpiste sobre a terra. Molhe um pouco.
☆ Em alguns dias, as sementes brotarão e parecerão cabelo na cabeça do rosto que as crianças desenharam.

Folhas de papel

☆ Distribua a cada criança um quadrado de papel kraft.
☆ Mostre folhas de outono e comente a variedade de cores.
☆ Ajude as crianças a salpicar guache seca nas cores vermelha, amarela, marrom, verde em seus quadrados de papel.
☆ Oriente-as a misturar as cores, pintando com água e um pincel.
☆ Quando secar, peça que desenhem uma forma de folha no papel pintado e recortá-la.

Folhas — todos os tamanhos, todas as formas

☆ Mostre cestas ou caixas com folhas diferentes, de diversas árvores.
☆ Peça para as crianças observarem as diferenças nos tamanhos e nas formas das folhas. Discuta os atributos das folhas e ajude-as a expandir o seu vocabulário.
Atividade para casa: Peça para as crianças trazerem uma folha de casa e passe-a pela turma para comparação.

Frottage de folhas

☆ Para ajudar as crianças a observar os veios nas folhas e as diferentes formas, distribua uma variedade de folhas de árvores, uma folha de papel de desenho e giz de cera.
☆ Demonstre como fazer *frottage* com as folhas, colocando o papel sobre as mesmas e esfregando os lados do giz.

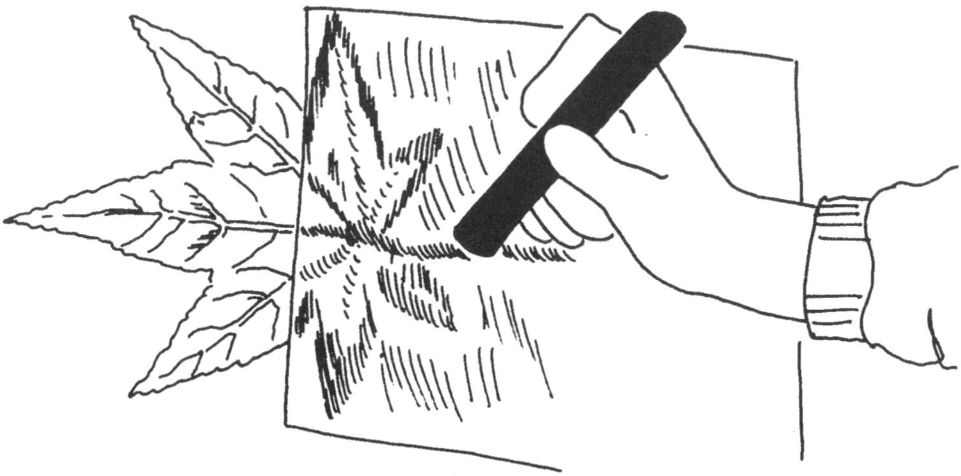

Caça ao tesouro

☆ Distribua um saco para cada criança coletar folhas.
☆ Saia em uma "caça ao tesouro" no pátio ou na praça. Mostre árvores que possam ser identificadas por suas folhas características.
☆ Coloque as folhas coletadas em uma grande caixa sobre a mesa.
☆ Crie modelos de classificação, colando um tipo de folha diferente em cada pedaço de papel.
☆ Oriente as crianças a escolher uma folha entre as folhas restantes na caixa e compará-la com as folhas nos modelos.

Jardim de janela

☆ Peça para as crianças plantarem pequenas plantinhas em embalagens de leite vazias, em xícaras e em vasos de argila.
☆ Comente a diferença entre colocar as plantas em áreas ensolaradas ou na sombra. *Por que é melhor colocar as plantas em uma área ensolarada?*
Observação: Experimentar colocar as plantas em diferentes partes da sala, mas não deixe nenhuma planta morrer. Coloque-as de volta na luz depois de comentar com as crianças o que aconteceu com a planta.
☆ Mantenha conta-gotas e uma tigela com água por perto para que as crianças possam aguar suas plantas todos os dias.
Observação: Forneça conta-gotas para que as crianças não coloquem água demais nas plantas.

Floreiras com caixas de ovos

☆ Retire a tampa de uma caixa de ovos de isopor, coloque-a embaixo da caixa para usar como prato e faça pequenos furos no lugar de cada ovo.
☆ Coloque terra preta e plante sementes. Regue as sementes por baixo, colocando água no prato, o que permite que o solo absorva a umidade.
☆ Cubra a floreira com plástico até aparecerem brotos. Após a germinação, retire o plástico e acompanhe as plantas crescendo.
☆ As crianças podem mensurar o crescimento de suas plantas, marcando a altura em um palito fincado na terra atrás da plantinha.

Miniterrários

- ☆ Coloque terra preta em um balde grande e um pouco de água para umedecer a terra.
- ☆ Deixe que cada criança encha um copo de plástico transparente até a metade com a terra.
- ☆ Oriente as crianças a salpicar sementes de rabanete ou de grama sobre a terra. Ajude-as a inverter um segundo copo plástico sobre o copo semeado e colar as bordas com fita transparente.
- ☆ Coloque os copos em um local quente e ensolarado e espere as sementes brotarem. A umidade do solo fica presa dentro dos copos e se recicla constantemente à medida que evapora e escorre pelas paredes do "terrário".
- ☆ Oriente-as a manter um diário para registrar o crescimento das sementes.

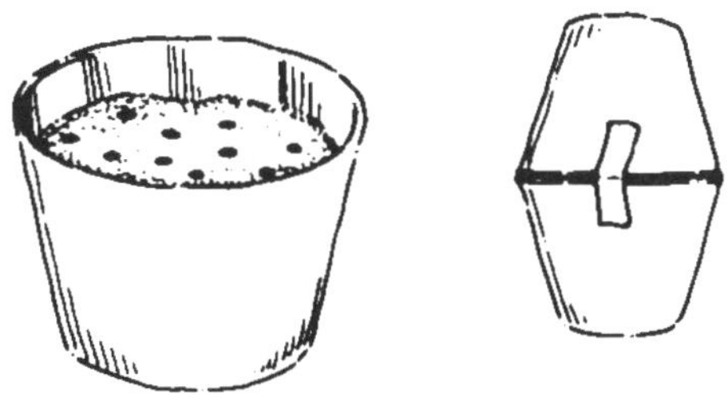

Brotinhos

- ☆ Distribua potes de papinha infantil, toalhas de papel e sementes de feijão-de-lima.
- ☆ Mostre às crianças como colocar uma toalha de papel umedecida dentro dos potinhos e colocar a semente entre as dobras do papel.
- ☆ Coloque a tampa no pote, mas não enrosque demais.
- ☆ As crianças poderão assistir o feijão brotando.
- ☆ Depois da brotação, deixe as crianças plantarem os brotos em vasos ou no jardim.

Trepadeiras de batata-doce

- ☆ Para ajudar as crianças a enxergar o crescimento de raízes e folhas, "plante" uma batata-doce em um pote com água.
- ☆ Primeiramente, crave palitos de dentes ao redor da batata.
- ☆ Coloque a metade inferior da batata em um pote com água, apoiando os palitos na borda do pote. A metade superior da batata ficará fora da água.
- ☆ Deixe-a em uma área iluminada e assista a trepadeira e as raízes crescerem.

O que são frutas oleaginosas?

- ☆ Faça um mostruário de frutas oleaginosas, começando com um coco e uma noz-pecã.
- ☆ Peça para as crianças trazerem outras (castanhas, avelãs, amêndoas e assim por diante) para acrescentar ao mostruário ao longo da semana.
- ☆ Proporcione tempo para elas compartilharem e falarem sobre as frutas que trouxeram de casa.
- ☆ Amplie esta atividade mostrando produtos feitos com essas frutas, como óleo de coco e pasta de amêndoas.

Corantes naturais

- ☆ Ferva beterrabas, brócolis, café e chá em potes separados e guarde o líquido de cada um para fazer um corante.
- ☆ Deixe o líquido esfriar e mostre à turma as cores que cada item produz.
- ☆ Peça para as crianças mergulharem tiras de tecido nos diferentes líquidos para reforçar o conceito de corante.

Animais

Alimente os passarinhos

☆ Para estimular o interesse das crianças em pássaros e para atrair passarinhos para o pátio, deixe as crianças alternarem a responsabilidade de jogar migalhas aos passarinhos.
☆ Além de migalhas, guarde sementes de frutas e coloque-as em pilares e em cercas.

Banheira de passarinhos

☆ Pegue uma bacia plástica ou uma tampa de lata de lixo limpa.
☆ Coloque-a em um lugar seguro dentro ou perto do pátio, onde possa ser observada.
☆ Coloque água na bacia para fazer uma banheira para passarinhos.
☆ Oriente as crianças a observar os passarinhos tomando "banho". Lembre-as de observar em silêncio, para não espantá-los.

Alimentador de passarinhos com pinha

☆ Coloque papel encerado sobre a mesa e passe sobre ele uma camada fina de mel.
☆ Peça para as crianças rolarem uma pinha sobre o mel e depois sobre o alpiste.
☆ Prenda um fio na pinha e pendure-a em uma árvore.

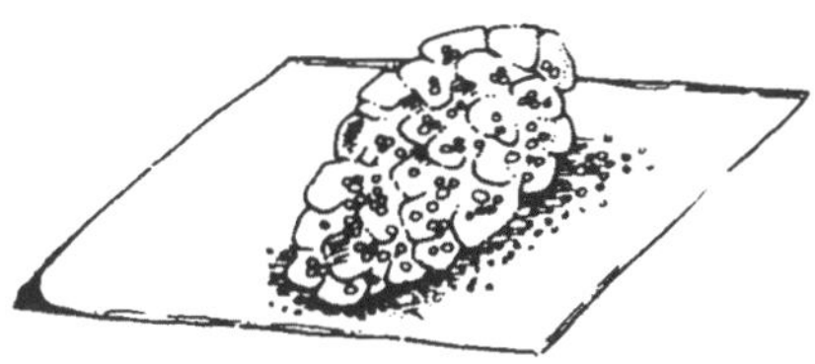

Observando com laços

- ☆ Amarre as pontas de vários fios ou cordões para fazer vários laços.
- ☆ Coloque os laços em vários locais no pátio.
- ☆ Escolha duas crianças para cada laço e peça para elas olharem dentro do laço e verem quantos insetos conseguem encontrar.
- ☆ Se possível, dê uma lente de aumento às crianças para ajudar no processo de observação.
- ☆ Amplie esta atividade para observar rochas e plantas, se desejar.

Procurando formigas

- ☆ Após um piquenique, deixe ossos de galinha na mesa para atrair formigas. Observe de longe. Todos ficarão fascinados com a velocidade com que as formigas chegam e começam a trabalhar para limpar os ossos.
- ☆ Quando as formigas tiverem ido embora, recolha os ossos para não prejudicar os cães.
- ☆ Veja *A formiguinha* (na página 199) para uma atividade de extensão com movimento.

Auxiliares de formigas

- ☆ Peça para as crianças ajudarem a enterrar conchas recém-coletadas no chão.
  Observação: Se você morar perto de uma praia, junte conchas. Se você não morar perto da praia, peça conchas em restaurantes e lojas que vendam frutos do mar.
- ☆ Explique que as formigas limparão quaisquer partes remanescentes das criaturas marinhas que vivam na concha, e que isso acabará com o odor.
- ☆ Após alguns dias, desenterre as conchas, lave-as e coloque-as em uma mesa como mostruário.

Garrafas de insetos

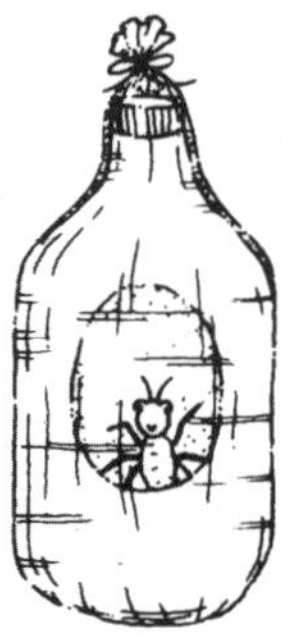

- ☆ Para observar insetos vivos, faça uma "garrafa de insetos" com uma garrafa plástica transparente.
- ☆ Recorte grandes círculos nos lados da garrafa para que os insetos possam respirar e coloque a garrafa dentro de uma meia de náilon.
- ☆ Junte insetos na garrafa e amarre a meia de forma apertada na tampa.
- ☆ Solte os insetos ao final do dia para que as crianças aprendam a respeitar a liberdade e a vida dos insetos.

Hábitats de animais

☆ Faça uma grande tabela na parede em três seções. Desenhe ou cole uma foto de um campo (ou um gramado) na primeira parte, uma foto de uma árvore na segunda e uma foto de água na terceira. Explique que esses são hábitats de animais.
☆ Distribua fotos de animais, como vacas, ovelhas, pássaros, peixes, caranguejos e assim por diante para as crianças e pergunte onde cada animal costuma viver.
☆ Peça para elas colocarem as fotos dos animais nas seções adequadas da tabela.

Quem vive onde?

☆ Abra uma pasta de papelão para fazer um pôster e desenhe ondas em um lado e uma paisagem no outro.
☆ Distribua às crianças uma variedade de fotos de coisas que vivem na terra (árvores, cães, pessoas) e coisas que vivem no mar (baleia, estrelas do mar, caranguejos).
☆ Peça para colocarem as fotos no lado correto da pasta.

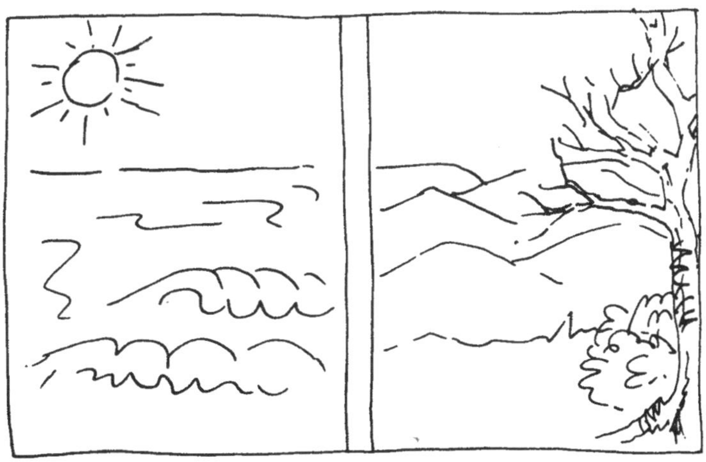

Penas, pêlos, escamas e cascos

☆ Distribua fotos de uma variedade de animais com tipos variados de cobertura.
☆ Converse com as crianças sobre a cobertura dos animais. Os pássaros têm penas, os cães têm pêlos, as tartarugas têm cascos, os peixes têm escamas e assim por diante.
☆ Peça para olharem cada animal e classificá-los conforme a sua cobertura.

Casas de animais

☆ Leve as crianças para uma caminhada na natureza para procurar casas de animais.
☆ Procure casulos de lagartas, ninhos de pássaros, teias de aranhas e tocas de tuco-tuco. Fale sobre as diferentes casas.

Mães e bebês

☆ Distribua fotografias de mães e bebês de animais.
☆ Peça para as crianças combinarem as mães animais com os bebês animais corretos.

Partes de corpos de insetos

☆ Mostre fotografias de insetos para as crianças.
☆ Comente as partes do corpo dos insetos: cabeça, tórax, abdome, pernas, antenas e asas.
☆ Conte as pernas, as antenas e as asas. Explique que os insetos sempre têm 6 pernas e 2 antenas e que o número de pernas e as antenas são características específicas que diferenciam os insetos de outros bichos, como aranhas e centopéias.
☆ Cante a *Canção dos Insetos* seguindo a melodia de *Cabeça, ombro, perna e pé*.

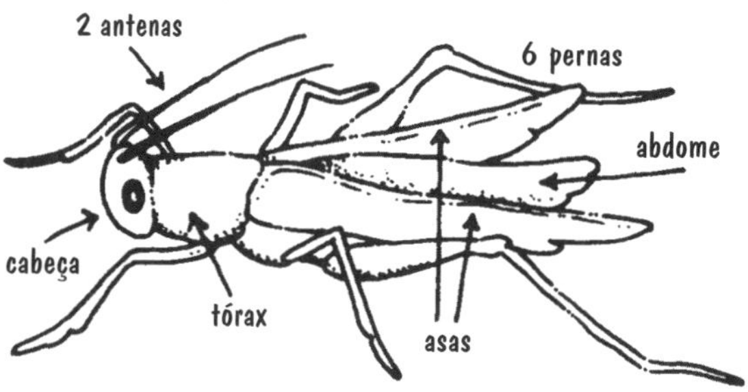

A Canção dos Insetos

Cabeça, tórax, abdome e pernas
Abdome e pernas.
Cabeça, tórax, abdome e pernas
Abdome e pernas.
Seis pernas, quatro asas, duas antenas.
Cabeça, tórax, abdome e pernas
Abdome e pernas.

CAPÍTULO

9

Somos todos peças do quebra-cabeças — Estudos sociais

Visão geral

Os estudos sociais começam na pré-escola com o entendimento da criança sobre si mesma e ampliam-se incluindo a família e os amigos. Com o passar do tempo, passam a incluir a comunidade mais ampla e o mundo todo.

A compreensão da criança sobre si mesma está no coração do desenvolvimento social saudável. À medida que as crianças tornam mais confiantes em suas habilidades motoras e de raciocínio, constroem um sentido de *self* interno. A autoconsciência é decisiva para o desenvolvimento da capacidade de entender os outros nas crianças. A autoconfiança cresce à medida que as crianças começam a entender a maneira como o mundo funciona e se sentirem confiantes em sua capacidade para resolver problemas "de tamanho infantil".

Quando as crianças aprendem a estabelecer e manter relacionamentos positivos na sala de aula, constroem a base para os muitos relacionamentos que encontrarão ao longo de suas vidas. A sala de aula é uma "mini-sociedade", que proporciona experiências significativas que ajudam as crianças a desenvolver sua inteligência social e emocional. As crianças não apenas aprendem a obedecer regras, como ajudam a criálas. Aprendem a respeitar os direitos dos outros à medida que aprendem a navegar pelas experiências em grupo, compreendendo quando devem buscar soluções conciliatórias e como podem negociar.

A aquisição de sensibilidade relativa a questões ecológicas e ambientais é outro aspecto do currículo de estudos sociais da pré-escola. Se as crianças formam bons hábitos relacionados com a conservação e a reciclagem nos primeiros anos, desenvolvem comportamentos para toda a vida.

Embora lições de estudos sociais ocorram a qualquer momento na sala de aula, a Sala de Teatro ou o Cantinho do Teatro e o pátio são áreas particularmente férteis para oportunidades de aprendizagem. As caixas de acessórios podem ajudar as crianças a explorar o trabalho de voluntários comunitários com dramatização. O pátio representa um espaço para a participação do grande grupo em atividades e em jogos cooperativos.

Curiosidades sobre o cérebro

- ☆ A inteligência socioemocional forma-se entre o nascimento e os 4 anos.
- ☆ As habilidades de resolução de problemas e a auto-estima andam juntas.
- ☆ Os hábitos que as crianças desenvolvem entre o nascimento e a puberdade tornam-se hábitos para toda a vida.

Este capítulo oferece atividades e experiências para ajudar as crianças a desenvolver um sentido de *self*. Proporciona uma base para os conceitos de compartilhamento e de cooperação, e apresenta atividades e experiências para encorajá-las e para desenvolver tolerância, hábitos saudáveis e seguros, assim como consciência ambiental.

Por meio de atividades planejadas, as crianças passarão a ter mais conhecimento de suas famílias, de seus amigos e da comunidade. O professor é a chave no desenvolvimento de comportamentos sociais adequados e de hábitos saudáveis por parte das crianças. Ele é um modelo e um guia.

Sentindo-me bem comigo mesmo

Eu sou especial

☆ Para ajudar as crianças a saber que são valorizadas como indivíduos, comece cada dia e continue-o com atividades concentradas na criança como indivíduo – cumprimente as crianças na porta pela manhã, sempre fale com elas olhando nos olhos, escute-as cuidadosamente quando falam, responda com comentários carinhosos e assim por diante.

Meu nome significa muita coisa

- ☆ Coloque o nome no lugar de cada criança.
- ☆ Cante canções que usem os nomes das crianças. A seguir apresentamos dois exemplos:

Canta, canta, gira, gira
(Adilson Casado, Salatiel Silva e Billo Mariano)

Canta, canta, canta
Gira, gira, gira
Parar, descer, subir, girar

Menina(o), diga o seu nome
E fale de onde vem
Depois feche os olhos sorrindo
E pense no nome de alguém

A canoa virou
A canoa virou
Por deixar ela virar
Foi por causa do(a) nome da criança
Que não soube remar

Ah, se eu fosse um peixinho
E soubesse nadar
Eu tirava o(a) nome da criança
Lá do fundo do mar

☆ Veja também o jogo *Pir lim pim pim, diga o seu nome para mim* na página 92.
Atividade para casa: Sugira que as crianças perguntem aos seus pais como escolheram os nomes dos filhos. *Você tem o nome de algum parente? O seu nome é o nome preferido de alguém?*

Acentue coisas positivas

☆ Encontre oportunidades para elogiar cada criança de maneira honesta e positiva.
☆ Evite usar comentários que rotulem as crianças ou comparem as suas capacidades.
☆ A seguir, apresentamos alguns exemplos de frases positivas que podem ser ditas às crianças individualmente e em situações específicas.
- ★ *"Raquel, gostei do jeito como você usou o azul em seu desenho."*
- ★ *"Você se dedicou de verdade nessa construção, David."*
- ★ *"Bruno, você colocou todos os blocos no lugar certo."*
- ★ *"Carla, foi legal que você juntou os pedaços de papel."*

Arca do tesouro

☆ Decore uma caixa para ser uma "Arca do Tesouro".
☆ Peça para as crianças desenharem e recortarem rostos felizes de cartolina e coloque-os na Arca.
☆ Em intervalos periódicos ao longo do ano, selecione uma criança para ser o "homenageado do dia", permitindo que todas as crianças tenham a sua vez.

- ☆ Durante a "Rodinha das Novidades", peça para as crianças falarem para o homenageado o que gostam nele e escreva cada frase na parte de trás dos rostos felizes.
- ☆ Coloque os rostos felizes na Arca do Tesouro e entregue para o homenageado do dia levar para casa para compartilhar com a família por um dia.
- ☆ Peça para a criança trazer a Arca do Tesouro no dia seguinte.

O artista da semana

- ☆ Se você expuser as obras de arte de todas as crianças a cada semana, elas não parecerão especiais, e isso pode tornar o ambiente da sala de aula estimulante demais.
- ☆ Selecione algumas crianças a cada semana para serem os artistas convidados.
- ☆ Selecionando apenas algumas obras de arte para apresentar, todos notarão as obras.

Lista de deveres

- ☆ Desenvolva uma Lista de deveres juntamente com as crianças.
- ☆ Cole ganchos para fotos no quadro de avisos escreva uma tarefa da sala de aula em cada gancho – por exemplo, limpar as mesas, guardar os brinquedos e organizar os livros.
- ☆ Para ajudar as crianças a entender as instruções, cole ou desenhe uma imagem ao lado de cada tarefa ou use um envelope e cartões com imagens que representem as tarefas.
- ☆ Escreva o nome de cada criança em um cartão, faça dois furos e amarre um fio de lã pelos furos para criar uma alça. Se usar um envelope, coloque o cartão com o nome de uma criança em cada envelope.
- ☆ Pendure os nomes das crianças embaixo das tarefas pelas quais forem responsáveis naquela semana.

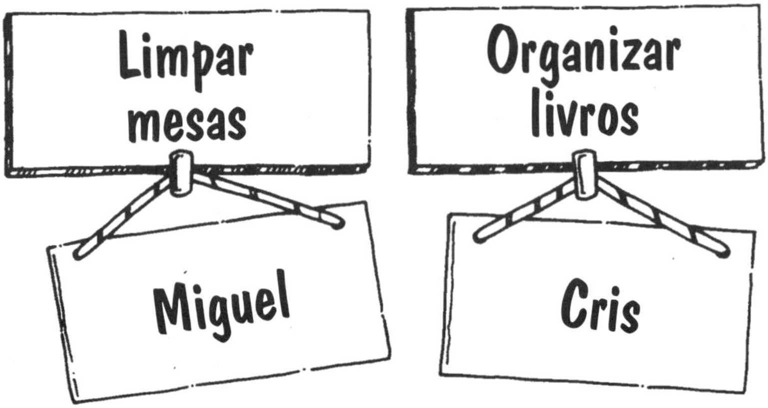

Bandeirinhas de deveres

☆ Cubra latas com papel e rotule cada uma com uma tarefa da sala de aula, como limpar as mesas, organizar os livros, juntar o lixo do pátio e varrer a areia da calçada.
☆ Coloque as latas em uma caixa com o rótulo de "Caixa de deveres".
☆ Recorte tiras de papel de 2x7 centímetros e escreva o nome de uma criança em cada tira.
☆ Prenda as tiras em canudos para fazer "bandeirinhas" e coloque-as na caixa.
☆ Quando as crianças chegarem na segunda-feira, peça para escolherem uma tarefa para a semana, colocando a bandeirinha com o seu nome na lata escolhida.
☆ Proporcione o tempo necessário para as crianças realizarem suas tarefas e elogie-as.

Entendendo e controlando as emoções

Meus sentimentos

☆ Recorte círculos de cartolina. Desenhe um rosto feliz na metade deles e um rosto triste na outra metade. Faça um rosto feliz e um triste para cada criança da sala.
☆ Cole os rostos de costas um para o outro em um palito de picolé, de modo que fique com um rosto feliz de um lado e um rosto triste do outro, e dê um para cada criança.
☆ Pela manhã, peça para as crianças mostrarem o rosto que ilustra a maneira como elas se sentem.
☆ Escolha crianças aleatoriamente para contar para o grupo por que se sentem assim.

Feliz e triste

☆ Dê dois pratos de papelão para cada criança. Se elas tiverem habilidade, peça para desenharem um rosto feliz em um prato e um rosto triste no outro.

☆ Uma alternativa seria usar uma câmera digital e tirar duas fotos de cada criança, uma sorrindo e outra com uma expressão triste. Imprima as fotos e deixe as crianças colarem-nas nos pratos.

☆ Toque uma música que exemplifique humores diferentes (melodias alegres e felizes e sombrias e tristes).

☆ Peça para as crianças levantarem o prato mais adequado para a música.

Atividade para casa: Sugira que as crianças falem com seus familiares sobre o tipo de música que mais gostam.

Sentimentos

☆ Conte a seguinte história às crianças:

Lu ganhou um cachorrinho de aniversário. Ele o adorava, mas o cachorrinho era muito travesso. No primeiro dia, comeu o chinelo do Lu. No segundo, rasgou o saco do lixo e espalhou lixo por toda a cozinha. No terceiro, acordou toda a casa latindo para o gato do vizinho, que estava na janela. Naquele dia, sua mãe disse "não tem mais cachorro nesta casa".

☆ Pergunte às crianças como Lu pode ter se sentido, como seu pai e sua mãe podem ter se sentido e, por fim, como o cachorrinho pode ter se sentido.

Cara-a-cara

☆ Recorte 10 círculos de um papel durável (cartolina, papel cartonado).

☆ Desenhe cinco conjuntos de expressões faciais correspondentes nos círculos.

☆ Peça para as crianças encontrarem os pares de rostos correspondentes.

☆ Para aumentar a dificuldade, aumente o número de pares de rostos.

Minha família

Retrato de família

☆ Oriente as crianças a desenhar todos os seus familiares, fazendo um retrato de família.
☆ Coloque o nome de cada pessoa, conforme descrito pela criança.
☆ Faça perguntas sobre o papel delas na família. *Você é o filho mais velho? Ou é o mais novo? Você ajuda a limpar a casa? Você ajuda a fazer o jantar?*
☆ Amplie a atividade, convidando as crianças a falar de suas famílias.

Atividade para casa: Peça para as crianças escreverem juntamente com seus familiares um conto sobre a família no verso dos retratos.

Árvore genealógica

☆ Peça para as crianças trazerem fotografias de seus avós, de outros familiares e delas mesmas.
☆ Organize a família em ordem cronológica enquanto as crianças falam sobre seus familiares.
☆ Se não houver fotografias disponíveis, use fotos de revistas para categorizar os grupos etários.

Atividade para casa: Solicite às famílias que criem uma árvore genealógica com seus filhos.

Nomes especiais

☆ Converse com as crianças sobre os nomes especiais que dão para seus avós e para outros parentes especiais.
☆ Conte a elas os nomes especiais que você usava para as pessoas especiais em sua vida.
☆ Faça uma lista de todos os nomes especiais e mostre para as crianças quantos nomes diferentes você listou.

Atividade para casa: Sugira que as crianças perguntem aos seus familiares os nomes que eles usavam para seus avós.

Concertos da sala de aula

- ☆ Envie um questionário para a família, incluindo uma questão sobre talento.
- ☆ Se houver um familiar que toque um instrumento, peça para ele demonstrar o instrumento para a turma.
- ☆ Se não houver músicos disponíveis, pergunte se algum familiar poderia mostrar algum instrumento que possua e, se possível, deixar as crianças tocá-lo e segurá-lo.
- ☆ Toque músicas que permitam a distinção de instrumentos individuais. *Você consegue ouvir o trompete? Você ouve o violino?*

Compartilhamento e cooperação

Dicas de como alternar a vez

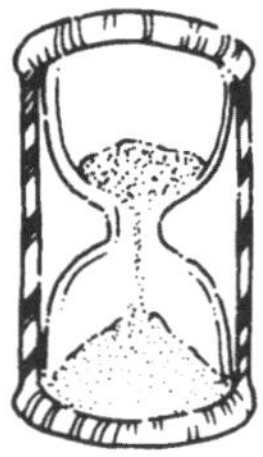

- ☆ Peça para as crianças inscreverem-se para andar no triciclo, tirando um número correspondente ao seu lugar na lista da vez.
- ☆ Use um cronômetro de cozinha ou uma ampulheta para contar a vez de cada criança.
- ☆ Quando o tempo de uma criança terminar, chame o próximo nome da lista.

Passe adiante

- ☆ Faça um brechó para passar adiante roupas que ficaram pequenas e outros objetos domésticos disponíveis. Peça contribuições para as famílias e solicite que participem do brechó.
- ☆ Coloque preços nos objetos, como 1, 5 e 10 reais, para que as crianças adquiram experiência com dinheiro enquanto vendem ou fazem troco para os objetos.
- ☆ Deixe as crianças escolherem um novo brinquedo para comprar para a sala de aula com os rendimentos.

Dicas de como compartilhar

- ☆ Quando uma criança trouxer um objeto para a escola, escreva o nome dela em um pedaço de fita crepe e cole-o no objeto.
- ☆ As crianças ficarão mais à vontade compartilhando seus objetos se estiverem certas de que todos sabem a quem o objeto pertence.

Participando e contribuindo

Colcha de retalhos

☆ Distribua papel de desenho para as crianças e peça para fazerem um desenho.
☆ Quando tiverem terminado, organize os desenhos como retalhos em uma colcha.
☆ Quando o padrão desejado estiver pronto, vire os desenhos e cole-os com fita.
☆ Pendure a "colcha de retalhos" na parede.

Caminhão do lixo

☆ Para ajudar a desenvolver experiência em compartilhar responsabilidades, prepare um "caminhão do lixo", fazendo dois furos na frente de uma caixa e amarrando uma pequena corda para fazer uma alça.
☆ Pinte a caixa e, depois de secar, escreva "Caminhão do Lixo" na lateral.
☆ Deixe as crianças alternarem-se puxando a caixa pelo pátio (ou sala de aula depois do lanche). Os colegas colocam o lixo no caminhão e o "motorista" o esvazia na lata do lixo.

Brigada do lixo

☆ Faça um furo em cada lado dc algumas caixas de cereais, amarre um cordão e dê uma para cada criança.
☆ Ajude-as a pendurar as caixas no ombro para formar "coletores de lixo".
☆ Saia para uma caminhada e peça para as crianças colocarem o lixo que encontrarem em seus "coletores de lixo".
Observação de segurança: Certifique-se de que as crianças não peguem nenhum objeto pontiagudo ou perigoso e que lavem as mãos quando voltarem à sala de aula.

Leilão de arte na calçada

- ☆ Comece a guardar as obras de arte das crianças. Emoldure-as com cartolina ou papel cartonado, dando um acabamento a cada uma.
- ☆ Use prendedores de roupas para prender as obras em uma cerca ou coloque-as na parede do corredor.
- ☆ Coloque etiquetas com preços de 5 a 25 centavos em cada obra.
- ☆ Convide os amigos e familiares para o "leilão de arte". Adicione o rendimento ao fundo da turma.
- ☆ Após o evento, deixe que as crianças escolham uma instituição de caridade para doar a renda.

Semelhanças e diferenças

Banquete internacional

- ☆ Planeje o "Dia do Banquete Internacional" com uma variedade de alimentos para as crianças provarem, por exemplo, chá japonês, bolo inglês, pão francês, tabule (salada árabe), legumes à chinesa, massa italiana e salsicha alemã. Envolva as famílias e pessoas adequadas da equipe.
- ☆ Explique às crianças que os hábitos alimentares variam conforme a cultura. Deixe claro que esses alimentos se originam de certas culturas, mas que nem todas as pessoas da mesma cultura os comem (por exemplo, nem todos os descendentes de italianos comem massa).
- ☆ Uma alternativa pode ser um jantar coletivo, no qual cada família traga um prato característico de sua comida.

Lar, doce lar

- ☆ Faça um passeio para observar casas variadas (um apartamento, um sobrado, uma casa, um *trailer* e assim por diante).
- ☆ Discuta o que é diferente em cada uma.
- ☆ Distibua revistas e peça para as crianças recortarem fotografias de diferentes tipos de casas.
- ☆ Comente sobre as casas com as crianças. Conclua que as famílias podem viver em variados tipos de casas.

Existe mais de um jeito

- ☆ Para criar interesse no entendimento de pessoas de culturas diferentes, prepare uma série de fotografias de pessoas envolvidas em atividades interessantes, mas diferentes (por exemplo, comer com palitos, vestir-se de sari, carregar um bebê amarrado nas costas e assim por diante).
- ☆ Cole as fotografias em pedaços de cartolina do mesmo tamanho, deixando uma margem para moldura, na posição vertical.
- ☆ Prenda-os uns aos outros com fita. Quando todos forem abertos, uma longa linha de fotos aparece, como um acordeão.
- ☆ Comente as fotografias com as crianças. *De que maneiras as fotografias apresentam uma abordagem diferente para as atividades que as crianças conhecem?*
- ☆ Para aumentar o interesse, coloque a "linha" de fotografias no chão em um semicírculo. As crianças podem deitar no chão e olhá-las.

Ver, tocar e ouvir

- ☆ Em momentos variados durante o ano, crie núcleos de interesse com base em uma determinada cultura.
- ☆ Por exemplo, para uma cultura asiática, você pode mostrar fotografias, uma planta bonsai, leques, potes e xícaras de chá, tatames, palitos e assim por diante.
- ☆ Planeje uma atividade relacionada, como pintar uma folha de cartolina e dobrá-la como um leque.
- ☆ Leia para as crianças um livro sobre o país ou a cultura em questão.
- ☆ Repita periodicamente, apresentando outra cultura.

Goodbye, adiós, sayonara

- ☆ Como as crianças são particularmente sensíveis a sons durante os primeiros cinco anos de vida, use essa oportunidade para expô-las a diversas palavras em uma segunda língua.
- ☆ Pergunte às famílias, aos amigos ou às crianças na sala de aula se falam alguma outra língua, e peça para ajudarem você a aprender palavras simples do dia-a-dia em outras línguas.
- ☆ Muitos momentos de aprendizagem espontânea podem ser usados em um contexto significativo, por exemplo, contando as crianças na fila, respondendo perguntas com "sim" ou "não", e dizendo "olá" e "tchau".

Trabalhadores e amigos da comunidade

Caixas de adereços para profissões

- ☆ Desenvolva uma variedade de caixas para várias profissões e carreiras. Coloque adereços necessários para trabalhos específicos em cada caixa de adereços (carreiras médicas, assistentes administrativos, professores, motoristas de ônibus e assim por diante).
- ☆ Traga as caixas para a Sala de Teatro ou para o Cantinho do Teatro por uma ou duas semanas de cada vez, para que as crianças possam desenvolver suas peças (ver páginas 64-65 para sugestões de caixas de materiais).

Feira de profissões

☆ Convide os familiares (ou indivíduos da comunidade) para visitarem a turma e descreverem o que fazem em seu trabalho.

☆ Peça para as pessoas trazerem algo concreto para as crianças levarem para casa ou para tocarem e verem que se relaciona com o seu trabalho (por exemplo, farmacêutico – um vidro de pílulas vazio; banqueiro – cheques em branco; piloto – fotografias de um avião; programador de computador – *mouse*).

Atividade para casa: Peça para as crianças conversarem com suas famílias sobre o trabalho que fazem e proporcione momentos para discussão do assunto com a turma, como na Rodinha das Novidades.

A lojinha

☆ Traga itens sortidos de brechó para as crianças venderem (chaves, lenços velhos, bonés e assim por diante).

☆ Deixe as crianças alternarem-se representando o "lojista", os "clientes" e os "banqueiros".

☆ Os lojistas podem colocar etiquetas com preços variando de 1 a 10 centavos nos itens. Os clientes pegam moedas com os banqueiros para pagar pelos itens, que levam para casa se suas famílias permitirem.

☆ O lojista devolve as moedas ao banqueiro ao final do dia para serem usados no dia seguinte. Continue por uma semana, ou até acabarem os itens.

☆ Após as vendas acabarem, diga para as crianças trocarem o que quiserem, para aprenderem o conceito de troca.

Dia da vovó

☆ Convide avós ou idosos de um asilo para visitarem a sala de aula e, se adequado, lancharem com as crianças.

☆ Oriente as crianças a conversar individualmente com os idosos. Sugira que contem aos visitantes o que gostam na escola.

☆ Peça para os idosos contarem às crianças o que faziam quando eram crianças.

Observação: Incremente esta atividade pedindo que os idosos tragam fotografias de sua infância.

Conceitos de tempo

Ontem, hoje e amanhã

☆ Em determinadas ocasiões e sempre que for adequado, comece o dia com sentenças que descrevam os eventos que ocorreram ontem, eventos que acontecerão hoje e eventos planejados para amanhã.

☆ Ajude as crianças a usar os termos "ontem", "amanhã" e "hoje" em suas descrições de informações.

A caixa de amanhã

☆ Faça uma "Caixa de amanhã" para projetos de Arte inacabados. As crianças podem colocar obras de arte inacabadas na caixa para terminar no dia seguinte.

☆ Separe uma "Prateleira de amanhã" para livros inacabados que as crianças estejam "lendo".

Crescendo

☆ Solicite que cada criança traga uma fotografia sua de bebê engatinhando e na idade atual (se necessário, podem ser usadas fotos representativas de revistas).

☆ Peça para pensarem em coisas que conseguem fazer agora, mas que não conseguiam fazer quando eram menores. Comente diferenças nas roupas, na alimentação e nos brinquedos.

☆ Coloque as fotografias em ordem cronológica em um painel.

Velhos tempos

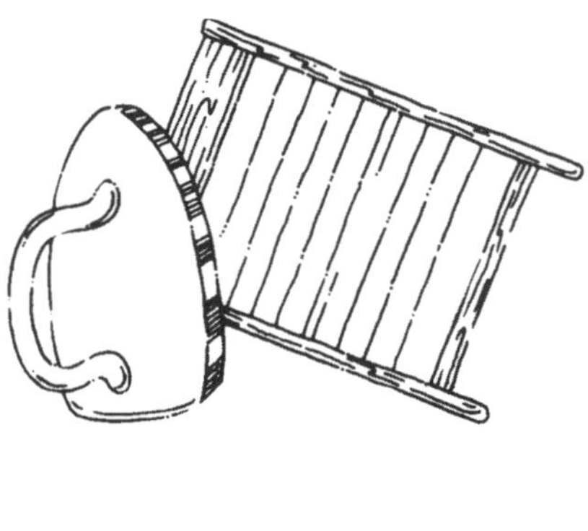

☆ Diga para as crianças pedirem para seus familiares e vizinhos ajudarem-nas a encontrar objetos que eram usados no passado (como ferro de passar roupa a carvão, batedor de manteiga, leque de mão, espremedor de suco manual, tábua de lavar, lampião ou abotoaduras), mas que foram substituídos ou não são mais necessários na sociedade moderna.

☆ Peça para as crianças trazerem os objetos para a classe para compartilhar com os colegas.

Manhã, meio-dia e noite

- ☆ Reúna fotografias de atividades geralmente feitas de manhã – levantar da cama, escovar os dentes, tomar café, e assim por diante –, de outras que sejam mais prováveis de ocorrer no meio do dia e de atividades que ocorram à noite.
- ☆ Comente sobre as atividades com as crianças. Certifique-se de abordar as atividades que possam aparecer em mais de uma parte do dia (escovar os dentes, por exemplo).
- ☆ Peça para as crianças separarem as fotografias nas categorias adequadas.

Consciência ambiental

Use e reuse

- ☆ Para ajudar as crianças a entender que alguns objetos podem ser reutilizados, envie uma sacola de compras e um bilhete para casa de cada criança, pedindo que os familiares ajudem as crianças a reunir itens que possam ser reutilizados – potes plásticos de margarina, garrafas limpas, caixas de ovos, rolhas, pedaços de sabão, meias velhas e assim por diante.
- ☆ Quando as crianças trouxerem os itens, divida-os em categorias relacionadas com o uso.
- ☆ Use os itens para atividades descritas tanto neste quanto em outros capítulos deste livro.

Produtos reciclados

- ☆ Envolva as famílias em uma atividade para juntar os seguintes objetos para usar na escola:
  - ★ Cartões comemorativos (recorte-os formando quebra-cabeças)
  - ★ Adesivos (use-os para jogos da memória e atividades artísticas)
  - ★ Envelopes (para fazer coleções individuais de folhas, letras do alfabeto ou fotografias)
  - ★ Bandejas de isopor (para atividades de arte como desenhar com giz de cera)
  - ★ Papéis velhos (use como papel de desenho e para outras atividades de arte)
  - ★ Arquivos (pastas individuais para guardar trabalhos das crianças)

Cantinho das roupas

☆ Crie o "Cantinho das Roupas", para que as crianças tragam roupas que ficaram pequenas e doem-nas para outras crianças.

Amigos pintores

☆ Guarde canetas esferográficas e pincéis atômicos secos.
☆ Disponibilize-os para as crianças usarem como pincéis.

Refazendo giz de cera

☆ Reúna pedaços de giz de cera que estejam pequenos e quebrados demais para usar.
☆ Coloque-os em uma assadeira e derreta-os em uma chapa aquecida, no forno ou no microondas.
☆ Retire do calor quando começarem a amolecer (antes de ficarem líquidos).
☆ As crianças podem usar os gizes de cera, quando esfriarem, como gizes de cera multicoloridos.
Observação de segurança: Supervisione esta atividade de perto.

Ferramentas para a caixa de areia

☆ Junte garrafas plásticas limpas ou tubos semelhantes para fazer baldes, funis e conchas.
☆ Use uma garrafa de água mineral para fazer um baldinho e uma concha. Corte-a ao meio e use a parte de baixo como balde e a de cima com a alça (e a tampa) para fazer uma concha.
☆ Para fazer um funil, tire a tampa da parte de cima da garrafa.

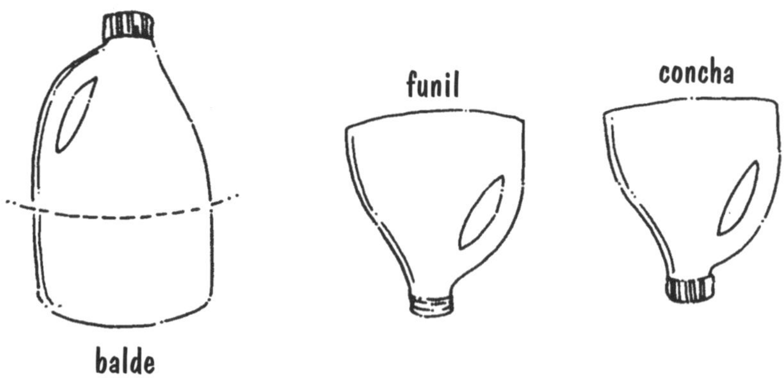

Colar havaiano

☆ Use fitas de presente para fazer colares de flores.
☆ Corte as fitas do tamanho adequado para fazer laços e amarre-os em um cordão.

Sabão reciclado

- ☆ Oriente as crianças a trazer pedaços de sabão velho para a escola em vez de jogá-los fora.
- ☆ Coloque os pedaços de sabão em uma meia de náilon limpa e dê um nó.
- ☆ Amarre a meia na pia para usar como sabão para lavar as mãos. Além do reaproveitamento, esta atividade também impede que o sabão caia no chão.
- ☆ Se desejar, use um pote plástico em vez de uma meia.

Pedaços e pedacinhos

- ☆ Para ajudar as crianças a aprender a economizar materiais, mantenha um pote na prateleira de arte para pedaços de papel que sobrem de atividades de recortar.
- ☆ Estabeleça uma prática com as crianças de cortar esses retalhos em pedacinhos menores e de guardá-los no pote para futuras atividades com colagem. Um pote plástico transparente torna o projeto mais interessante, pois as crianças podem ver a pilha de "pedacinhos" crescer.

Reciclagem de água da chuva

- ☆ Coloque potes no pátio para coletar água da chuva e deixe as crianças usarem a água coletada para molhar as plantas na sala ou no pátio.
- ☆ Use uma caneta permanente para fazer marcas de centímetros dentro do pote para mostrar quanta água da chuva foi coletada.

Garrafas de arco-íris

- ☆ Use garrafas de água mineral de ½ litro para fazer um arco-íris colorido na janela.
- ☆ Ponha algumas gotas de anilina (uma cor por garrafa) nas garrafas com água e cole as tampas por medida de segurança.
- ☆ Peça para as crianças rolarem as garrafas na mesa para difundir a cor.
- ☆ Coloque as garrafas na janela como decoração e como um recurso para a identificação de cores.

Minha árvore

- ☆ Obtenha diversas mudas de árvores (15 a 30 centímetros de altura) com amigos, familiares, no seu próprio pátio ou em algum viveiro florestal. Tipos possíveis incluem pequenas árvores nativas que dêem brotos "voluntários" ao seu redor.
- ☆ Traga as mudas para a sala de aula e ajude as crianças a plantá-las em caixinhas de leite (com a parte de cima cortada).
- ☆ Deixe as crianças cuidarem das mudas, molhando-as e mantendo-as no sol.
- ☆ Após um período de crescimento, as mudas precisarão ser replantadas. Deixe que cada criança leve uma árvore para plantar em casa. Se as crianças não tiverem pátios, plante no terreno da escola ou de "amigos da escola".
- ☆ Comente com as crianças que daqui a alguns anos, outras crianças aproveitarão as árvores, animais farão suas casas nelas e assim por diante. Lembre-as que estão fazendo uma contribuição para o futuro. Agradeça a elas por sua consideração.

Saúde e segurança

Rituais de segurança

- ☆ A segurança e o bem-estar são as principais preocupações de todos nós. Nossos cérebros não conseguem se concentrar em mais nada até que nossa segurança esteja garantida.
- ☆ Faça um ritual matinal que estimule as crianças a abandonar quaisquer medos ou preocupações que possam ter ao entrar na escola ou na sala de aula.
- ☆ Uma sugestão é pedir que cada uma coloque o seu nome, uma foto ou um objeto qualquer em uma caixa fechada (a caixa representa a sala de aula e simboliza um lugar seguro).
- ☆ Reúna as crianças e diga-lhes: *Em nossa sala de aula, todos estamos seguros. Nós cuidamos uns dos outros o tempo todo.*
- ☆ Procure mais sugestões em *I Love You Rituals*, de Becky Bailey.

Uma canção saudável

☆ Quando as crianças estiverem aprendendo sobre alimentos saudáveis para comer, reforce o conceito com a canção a seguir. Cante-a conforme a melodia de *Ciranda, cirandinha.*

Canção saborosa e saudável
Bem-vindos a nossa aula
Hoje vamos preparar
Alimentos bem saudáveis
Pra depois saborear

Laranja e banana (trocar por outros alimentos)
Nós gostamos de comer
São frutas saborosas (trocar *frutas*, pelos alimentos citados, como verduras e cereais)
E nos ajudam a crescer

☆ Incentive as crianças a fazer mais versos com diferentes pares de alimentos, como aveia e flocos de milho, arroz e feijão e brócolis e cenoura.

Movimentos que energizam nosso cérebro

☆ Conte para as crianças o valor de movimentos laterais, explicando que esses movimentos energizam nossos cérebros e nos ajudam a pensar mais claramente.

☆ Explique que os movimentos laterais são aqueles que exigem colocar os membros em um lado do corpo e passá-los pela linha média (a seção de seu corpo que vai do nariz ao umbigo).

☆ Peça para pensarem em movimentos laterais que possam fazer todos os dias, várias vezes por dia, como dar um abraço em si mesmo ou mudar os movimentos das mãos seguindo uma canção conhecida. Por exemplo, quando você canta *Se és feliz* e bate palmas para a esquerda e para a direita, você terá mudado os movimentos tradicionais para movimentos laterais.

Respire fundo

☆ O cérebro humano precisa de oxigênio para se manter alerta. Ensine as crianças sobre o papel que o oxigênio desempenha de manter os seus cérebros atentos.

☆ Ajude-as a pensar em uma lista de maneiras de aumentar o seu nível de oxigênio, por exemplo, fazer exercícios, correr, respirar fundo, cantar e assim por diante. Comente suas idéias.

☆ Experimente algumas das sugestões e veja se as crianças se sentem mais alertas.

Cérebros com sede não conseguem pensar

☆ Explique às crianças que a água ajuda a manter o cérebro alerta (pesquisas sobre o cérebro dizem que se você beber água durante o dia, conseguirá pensar de forma mais rápida e mais clara).

☆ Peça para pensarem em uma lista de idéias para aumentar a quantidade de água que bebem a cada dia. Comente suas idéias e experimente algumas das sugestões.

Atividade para casa: Sugira que as crianças falem com suas famílias sobre a importância da água em sua dieta.

Pasta de dentes feita em casa

☆ Convide as crianças para fazer pasta de dentes.

☆ Misture bicarbonato de sódio e água para fazer uma pasta e adicione algumas gotas de essência de menta.

☆ Convide as crianças para escovar os dentes com a pasta feita em casa.

Observação: Peça para as famílias mandarem uma escova de dentes para ficar na escola.

☆ Ensine técnicas de escovação às crianças. Cante a canção do *Ratinho escovando os dentes*, de Hélio Ziskind.

Limpíssimos

☆ Fale de limpeza com as crianças. Comente como se lavam as mãos, o rosto e o cabelo.

Cante canções que estimulem-nas na hora de lavar as mãos e o rosto ou de tomar banho, como *Ratinho tomando banho*, de Hélio Ziskind.

Pirâmide alimentar

☆ Junte 5 caixas de tamanho médio (do tamanho de uma caixa de camisa). Use uma caixa para representar cada uma das cinco categorias de alimentos na pirâmide alimentar: cereais, pães, arroz e massas; vegetais; frutas; carnes, peixes, aves, ovos, feijões e nozes; leite, iogurte e queijos; e gorduras, óleos e açúcares.

☆ Recorte fotografias de diferentes alimentos de revistas e cole-as na caixa adequada.

☆ Use as caixas para definir cada grupo alimentar para as crianças, apresentando-os um de cada vez. Empilhe as caixas à medida que cada grupo é apresentado, de modo que, quando apresentar todos os cinco grupos, você tenha uma pirâmide alimentar.

Colagem com pratos de papelão

☆ Junte caixas de papelão e escreva o nome de um grupo alimentar em cada uma (carne, frutas, legumes e assim por diante).

☆ Peça para as crianças recortarem fotografias de alimentos em revistas. Para crianças menores, talvez você prefira recortar fotografias de antemão.

☆ Ajude-as a colocar as fotografias nas caixas.

☆ Dê um prato de papelão a cada criança e convide-as a selecionar uma fotografia de cada grupo alimentar e colar nos pratos de papel para criar uma refeição equilibrada. **Atividade para casa:** Diga para as crianças prestarem muita atenção em seu jantar. *Quais são os grupos alimentares em seu prato?* No dia seguinte, peça para comentarem os grupos alimentares que comeram.

Batidas do coração

☆ Peça para as crianças colocarem suas mãos sobre seus peitos para sentir seus batimentos cardíacos ou para usarem um tubo de papelão (como um tubo de toalhas de papel ou de papel higiênico) para escutar o coração de um amigo. Se você tiver acesso a um estetoscópio, deixe as crianças usarem-no para ouvir seus batimentos cardíacos e os de seus amigos. **Observação:** O tubo de papelão ajuda a isolar o som dos batimentos cardíacos e bloquear outros sons.

☆ Toque alguma música animada, diga para o grupo fazer exercícios e, depois, peça para ouvirem seus corações da mesma maneira.

☆ As crianças notarão que, após cada exercício, seus corações batem mais rapidamente e elas respiram mais rapidamente também. Comente que praticar exercícios é bom para a saúde, pois o aumento dos batimentos cardíacos bombeia o sangue que leva oxigênio para todo o nosso corpo.

☆ Peça para as crianças verificarem seus batimentos quando acordarem depois de um cochilo, antes de levantar. Comente o valor do descanso para seus corações. O coração é um músculo, e também precisa descansar.

Semáforos

☆ Recorte círculos verdes, amarelos e vermelhos de papel cartonado ou de color set.

☆ Comente o que cada cor significa (verde: andar; amarelo: atenção; vermelho: parar).

☆ Peça para as crianças colarem os círculos em uma tampa de caixa de sapato na ordem verdadeira de um semáforo: vermelho, amarelo e verde.

☆ Comente como se atravessa a rua olhando o semáforo. **Atividade para casa:** Sugira que as crianças observem semáforos no caminho da escola para casa e pessoas atravessando a rua. *Elas atravessam quando a luz diz que está seguro?*

Placa de pare

☆ Faça uma placa de pare (na forma de octógono) em cartolina para cada criança.
☆ Ajude-as a escrever a palavra "PARE" usando um giz de cera.
☆ Oriente-as a usar uma esponja ou pincel para pintar a placa e, quando a tinta secar, a recortá-la.

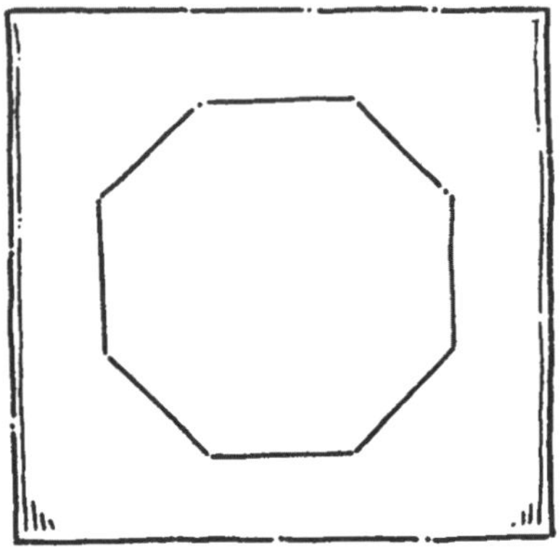

☆ As crianças podem usar a placa como adereço para brincar de triciclo.

Atividade para casa: Sugira que as crianças contem quantas placas de pare encontram no caminho da escola para casa.

Pare, olhe, escute

☆ Ensine às crianças a regra de "parar, olhar, escutar" ao atravessar a rua. Quando você chega a uma intersecção ou uma rua que deseja atravessar, primeiramente pare, depois olhe e escute em ambas as direções para verificar o trânsito e só quando for seguro (sem trânsito) atravesse a rua.
☆ Após praticar na sala de aula, leve as crianças para uma caminhada pelo bairro para praticar a regra.

Atividade para casa: Sugira que as crianças peçam a um familiar para acompanhá-las ao atravessar a rua na frente de casa, a fim de que possam demonstrar a regra para atravessar a rua com segurança.

Parar, cair e rolar

☆ Ensine às crianças a regra de "parar, cair, rolar" para apagar um fogo que tenha se espalhado por suas roupas ou cabelos (parar reduz a oportunidade do ar alimentar o fogo; cair e rolar no chão apagará o fogo). Cante a canção a seguir ao som de *Um, dois, feijão com arroz*.
☆ Se possível, convide um bombeiro para fazer uma demonstração para a classe.

Parar, cair e rolar

Um, dois, parar, parar
Três, quatro, cair e rolar
Parar, parar pro fogo não se espalhar
Cair e rolar pro fogo apagar
Mais uma vez PARAR, CAIR E ROLAR

CAPÍTULO 10

Preparando para o futuro — Raciocínio crítico e resolução de problemas

Visão geral

As crianças já nascem curiosas e capazes de criar soluções para seus problemas. Qualquer pessoa já viu uma criança pequena, ao querer alcançar um brinquedo, experimentar várias estratégias até conseguir o que deseja. Qualquer pai ou mãe já experimentou as intermináveis manobras de uma criança para obter a atenção dos adultos.

Se a curiosidade natural das crianças tiver o apoio dos adultos, elas continuarão a usá-la e terão imaginação para lidar com as experiências cotidianas. Se for reprimida, ficarão dependentes da aprovação dos adultos e serão menos prováveis de ter confiança suficiente para avançar sozinhas. Os passos decisivos envolvidos na aprendizagem por tentativa e erro começarão a ser extinguidos.

É importante que os adultos sejam modelos de criatividade e de imaginação em seu raciocínio e em suas estratégias de resolver problemas. As crianças devem ser estimuladas a pensar de maneira independente e criativa. As questões devem ser apresentadas de maneira aberta, de modo que as crianças se sintam livres para expressar sua perspectiva divergente sobre as atividades e eventos. As questões que envolvem "como" e "por que" são os marcos do pensamento crítico na sala de aula solidária.

O professor atento criará o clima para o raciocínio crítico, valorizando respostas alternativas a essas questões, abstendo-se de dar soluções prontas e estimulando as crianças a se sentirem livres para expressar suas idéias (ver Estratégias de questionamento na página 115).

As atividades apresentadas neste capítulo são projetadas para estimular a capacidade natural das crianças de pensar de forma crítica e criativa e pretendem estimular o professor a seguir processos que promovam esse desenvolvimento. A seguir, apresentamos alguns passos específicos usados na resolução de problemas que são fáceis de empregar com crianças pequenas.

Passo 1: Ajude as crianças a identificar o problema. Por exemplo, uma bola cai em uma grande poça d'água no pátio e é impossível pegá-la sem molhar os sapatos.

Curiosidades sobre o cérebro

- ☆ O cérebro "alimenta-se" de problemas e está constantemente procurando padrões.
- ☆ A resolução de problemas e a auto-estima andam juntas.
- ☆ As habilidades de raciocínio desenvolvem-se entre o nascimento e os 4 anos, sendo reforçadas dos 5 anos até a puberdade.

Passo 2: Auxilie as crianças a gerar diversas soluções possíveis para o problema. Por exemplo, usar um graveto para mexer a bola, jogar outra bola para mexê-la, entrar na poça de triciclo para pegar a bola ou tirar os sapatos e entrar na poça para pegar a bola.
Passo 3: Deixe as crianças escolherem uma solução para testarem, como usar o graveto para pegar a bola. Talvez você precise ajudar as crianças a esclarecer seu raciocínio. *Por que você acha que vai dar certo, Geórgia?* Verbalizar pensamentos pode ajudar a determinar a melhor escolha de solução.
Passo 4: Permita que as crianças testem soluções seguras, como tentar usar um graveto para alcançar a bola.
Passo 5: Ajude as crianças a avaliar os resultados. *Deu certo? Foi a melhor solução? O problema foi resolvido de forma permanente ou apenas temporária?*

Esses passos podem parecer naturais para os adultos, mas as crianças devem praticá-los para internalizá-los. Todos os dias, haverá oportunidades com e sem atividades formais para praticá-los. Use os Momentos de Aprendizagem Espontânea, como por exemplo, quando alguém derrama o suco ou se João e Mateus querem andar no triciclo ao mesmo tempo, e assim por diante.

No campo do raciocínio crítico, o objetivo é ajudar as crianças a ir além dos estágios de nomear e rotular do raciocínio crítico e da verbalização, voltando-se para a aplicação, a análise e a avaliação. Quando fizerem isso, sua autoconfiança e auto-estima desabrocharão. A criança pré-escolar que consegue criar cinco soluções para se tirar uma bola de uma poça pode tornar-se o cientista de amanhã que descobre formas alternativas de energia ou o diplomata que medeia a paz entre duas facções conflitantes.

Raciocínio crítico e resolução de problemas

Será que eu alcanço?

- ☆ Coloque um livro em uma prateleira alta ou sobre um balcão ou armário fora do alcance das crianças.
- ☆ Peça para pensarem em maneiras seguras de alcançar o livro.
- ☆ Escolha uma das soluções e experimente-a.
- ☆ Avalie os resultados.
- ☆ Siga os passos de resolução de problemas descritos na visão geral deste capítulo.

Duas partes, três pessoas!

☆ Proponha a seguinte situação para as crianças:

Mariana e Gabriela acabam de fazer um sanduíche de manteiga de amendoim. Elas usaram as duas últimas fatias de pão e, por isso, cortaram o sanduíche ao meio. Quando estão prontas para dar a primeira mordida, João entra na sala e pede um pouco do sanduíche. O que Mariana e Gabriela podem fazer?

☆ Use os passos de resolução de problemas descritos na visão geral deste capítulo. Deixe que as crianças proponham soluções, testem suas soluções e avaliem os resultados.

Quantas pessoas há em sua família?

☆ Após ensinar a combinação um a um para as crianças, dê um saquinho com seis a oito pedrinhas para cada uma.
☆ Peça para levarem os saquinhos para casa e combinarem as pedrinhas com seus familiares, usando correspondência um a um.
☆ Instrua as crianças a descartar as pedras que sobrarem.
☆ Quando as crianças retornarem à escola, peça para mostrarem quantas pedrinhas restam em seus saquinhos.
☆ Faça comparações. *Quem tem mais pessoas em sua família? Que tem menos? Quantas crianças têm o mesmo número de familiares?*

O que se faz com isso?

☆ Reúna as crianças em um círculo e dê um pedaço de papel a cada uma.
☆ Peça para pensarem em algo que possam fazer com o papel, sem saírem do círculo.
☆ Dê tempo para elas pensarem e feche os olhos enquanto fazem algo com o papel – cortam ao meio, amassam para fazer uma bola, pisam em cima, sentam em cima e assim por diante.
☆ Repita esta atividade em outros momentos, quando as crianças estiverem mais confortáveis em experimentar idéias originais. Experimentem outras formas e diferentes tipos de papel. Papel-alumínio pode ser interessante.

O que cabe aqui?

☆ Obtenha caixas de três ou quatro tamanhos diferentes e coloque um objeto da sala em cada uma.
☆ Mostre uma caixa de cada vez e peça para as crianças dizerem coisas que caberiam dentro delas. Por exemplo, uma caixa pequena pode conter um carrinho de brinquedo, um bracelete ou uma fita.
☆ Revele o conteúdo após cada sessão de adivinhação.
Atividade para casa: Amplie esta atividade dando a cada criança uma caixa para encher com algo em casa e trazer na próxima aula. No dia seguinte, dê a oportunidade para a turma adivinhar o que há na caixa dos colegas.

Brigada de água

☆ Faça a seguinte pergunta às crianças: *de quantas maneiras diferentes podemos levar água da torneira para a janela?* Explique que elas podem usar qualquer coisa na sala para transportar a água.

☆ Deixe cada uma demonstrar um método diferente de sua criação – uma xícara, uma colher, uma concha, um funil com o dedo no furo, e assim por diante. As regras do jogo são: ninguém pode repetir um processo que já foi usado e ninguém pode fazer sugestões.

☆ Estimule as crianças a pensar em mais idéias. *Tem alguma coisa embaixo ou perto da pia que podemos usar?* Outras idéias podem ser empapar uma toalha de papel ou de pano e torcê-la na janela, carregar a água em uma saboneteira e assim por diante.

☆ Peça para as crianças pensarem novamente. *Existe alguma coisa em seu corpo que podemos usar para transportar água?* Elas podem carregar água com as mãos formando uma concha.

Siga as setas

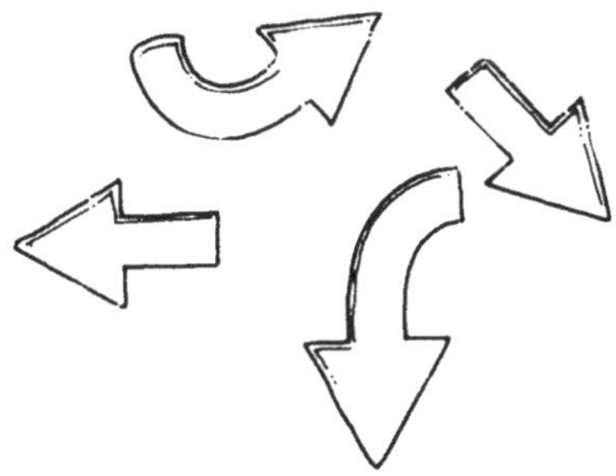

☆ Faça diversas setas de papelão – algumas retas, outras voltadas para a esquerda e outras para a direita.

☆ Esconda um "tesouro" ou uma "surpresa" em algum lugar da sala ou do pátio.

☆ Crie um caminho com as setas para conduzir as crianças ao esconderijo. Coloque as setas suficientemente afastadas para dificultar.

Corridas de pingue-pongue

☆ Cole duas tiras longas de fita crepe no chão a aproximadamente 1,5 metro de distância.

☆ Pergunte para as crianças como elas podem levar uma bola de pingue-pongue de uma linha à outra sem tocar na bola.

☆ Faça algumas sugestões e forneça ferramentas possíveis. As possibilidades incluem soprar com a boca, abanar com um livro, soprar com um canudo ou com um tubo de toalhas de papel.

☆ Peça para experimentarem as sugestões e desenvolva o raciocínio pedindo que elas determinem qual método realizou a tarefa em menos tempo.

☆ Transforme a atividade em um jogo, colocando uma criança de cada lado da linha movendo a bola para os dois lados ou sugerindo a um par de crianças para fazer uma corrida de pingue-pongue.

Cadê o passarinho?

- ☆ Recorte pegadas de passarinho e de gato em cartona ou em color set preto.
- ☆ Cole-as no chão, sendo que as pegadas de passarinho (por volta de três) devem vir de uma direção e as de gato de outra, de modo que as duas se encontrem e só as de gato continuem. Pergunte às crianças o que aconteceu.
- ☆ As crianças dirão muitas coisas – o passarinho voou e fugiu, o gato comeu o passarinho, o passarinho pulou nas costas do gato e assim por diante.
- ☆ Pergunte se existe algum modo de elas saberem com certeza o que aconteceu. Fale sobre pistas.

Quarta-feira maluca

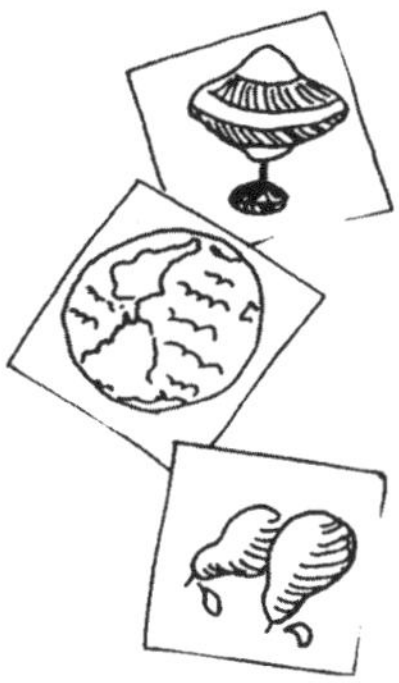

- ☆ Leia a história *Wacky Wednesday** de Theo LeSieg, para as crianças na terça-feira.
- ☆ Esse livro tem uma história do tipo "o que está errado aqui?", onde tudo está diferente do que deveria ser.
- ☆ Explique para as crianças que quando elas chegarem na escola no dia seguinte, será uma "Wacky Wednesday". Se elas quiserem participar, devem vestir-se de maneira diferente, como usar uma saia do avesso.
- ☆ Na quarta-feira, faça coisas diferentes do normal na sala de aula, como virar uma mesa de cabeça para baixo, inverter as letras no quadro de avisos ou trocar objetos de lugar na sala. Vista-se de um modo diferente, por exemplo, com patins. Use sua imaginação: quanto mais "*wacky*", melhor!
- ☆ Peça para as crianças encontrarem todas as coisas "*wacky*"

Atividade para casa: Peça para as famílias participarem da diversão. A história começa com um garotinho acordando e encontrando um sapato na parede. Sugira que as famílias coloquem um sapato na parede ou em outro local estranho.

* N. de R.T. Você pode adaptar esta atividade lendo o livro *Onde estão os erros do espelho maluco do Menino Maluquinho?*, de Ziraldo.

Este copo está cheio?

- ☆ Encha um copo o suficiente com pedrinhas e pergunte para as crianças se o copo está cheio. Se elas acharem que não, peça para colocarem mais pedrinhas, até que todas concordem que o copo está cheio e, então, pergunte se acham que se pode colocar mais alguma coisa no copo. As crianças provavelmente dirão que não.
- ☆ Coloque sal ou areia no copo. As crianças ficarão surpresas de ver que o copo ainda tem lugar para mais coisas. Chame a atenção para a maneira como o sal ou a areia enchem o espaço entre as pedrinhas. Então, pergunte novamente se o copo está cheio. As crianças provavelmente dirão que sim.
- ☆ Coloque água no mesmo copo. As crianças ficarão surpresas novamente. Pergunte se alguém sabe por que a água ainda coube no copo.
- ☆ Questione-as se o processo pode ser invertido, começando com um copo cheio de água e adicionando sal e pedrinhas. Experimente as sugestões delas.

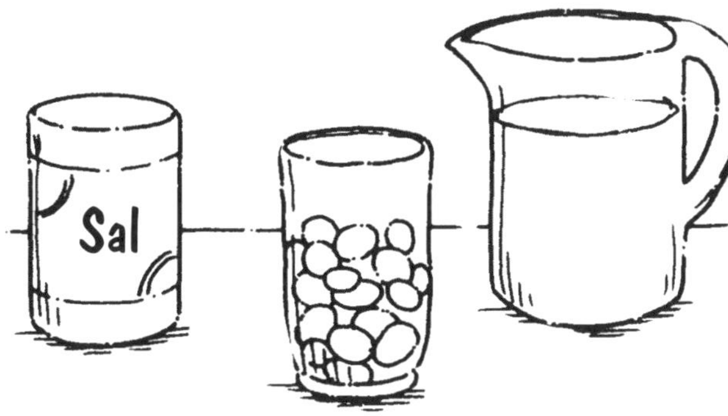

Separando sólidos

- ☆ Misture uma xícara de pedrinhas, uma de areia e uma de alpiste em uma tigela.
- ☆ Forneça um coador e um escorredor de massa e peça para as crianças separarem os itens da tigela em três tigelas diferentes – uma com pedrinhas, outra com areia e outra com alpiste.
- ☆ Após as crianças terminarem, pergunte se podem pensar em outra maneira de realizar a tarefa.
- ☆ Quando terminarem a atividade, dê o alpiste para os pássaros das redondezas.

Limpando a sujeira

☆ Quando alguém derramar um líquido, peça para as crianças pensarem nas diversas maneiras como podem fazer a limpeza.

☆ Ajude-as a se conscientizarem dos passos que usam para resolver o problema:

- ★ **Problema**: Como posso limpar o líquido derramado? Possíveis soluções incluem toalhas de papel, uma esponja ou um pano.
- ★ **Escolha do método:** Usar uma toalha de papel para limpar o líquido.
- ★ **Testar o método**: Tente usar uma toalha de papel.
- ★ **Avaliação**: Deu certo? Foi eficiente?

☆ Pense em outros problemas e peça para as crianças seguirem esse processo para resolvê-los.

Transformando muitas em uma

☆ Distribua um conjunto de tigelas para as crianças.

☆ Pergunte a elas como poderiam colocar todas as tigelas em uma caixa pequena.

Desafio quebra-cabeça

☆ Coloque um quebra-cabeça com as peças viradas para baixo e peça para as crianças montá-lo sem virar.

☆ Aumente o nível de dificuldade, disponibilizando um quebra-cabeça com um número maior de peças.

Corrida de funis

☆ Enrole folhas de papel formando funis com a abertura de baixo em tamanhos variados.

☆ Cole-os para manter a forma.

☆ Deixe que as crianças brinquem com a velocidade em que a areia cai por funis de tamanhos diferentes.

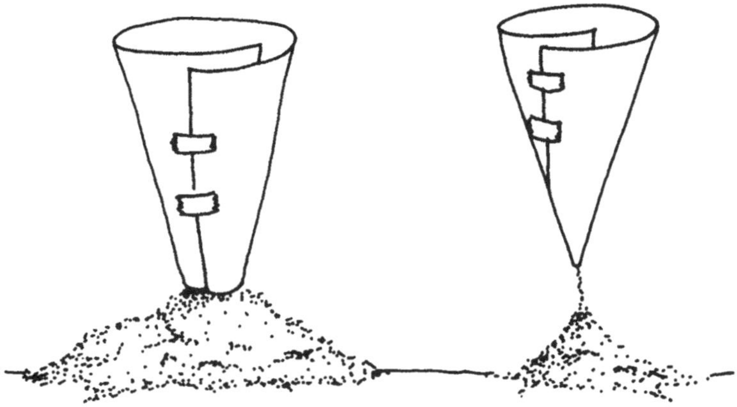

Cartões cortados

☆ Recorte cartões de festas antigos formando peças de quebra-cabeças.
☆ Dê um cartão cortado (quebra-cabeça) a cada criança e oriente-as a juntar as peças para formar o cartão.

Passe a bolsa

☆ Coloque três objetos relacionados com uma bolsa feminina (como um batom, uma escova, uma lixa de unhas e um grampo de cabelo) em bolsas ou sacos de papel.
☆ Peça para as crianças sentarem em um círculo e passe a bolsa, enquanto toca uma música.
☆ Quando a música parar, a criança que está com a bolsa na mão tenta identificar os objetos apenas pelo toque, sem olhar.
☆ A criança sentada ao lado da criança com a bolsa verifica o conteúdo, olhando, para ver se o colega conseguiu adivinhar.
☆ Continue a música e passe outras bolsas.

Bolhas ao ar

☆ Prepare sabão para fazer bolhas (veja a receita na página 41).
☆ Desafie as crianças a manter as bolhas o máximo possível no ar.

Será que rola?

☆ Forneça uma caixa com itens sortidos – alguns que rolem e outros que não rolem (uma roda pequena, um prato de papel, um bloco, um livro e assim por diante).
☆ Deixe as crianças experimentarem cada objeto para ver se irá rolar ou cair. Peça para dividirem os objetos em duas categorias.

Juntos outra vez

☆ Recorte três ou quatro faixas verticais de fotografias de revistas.
☆ Peça para as crianças montarem as fotografias, colando-as em uma folha de cartolina.

Combinações

☆ Reúna um grupo de objetos que combinem, como um sapato e uma meia, uma caneta e um papel, um pente e uma escova, um sabão e uma esponja, ou um vaso e uma flor.

☆ Misture os objetos e peça para as crianças reunirem os itens que combinam.

CAPÍTULO 11

Adaptando-se a mudanças — Atividades de transição

Visão geral

Mudar crianças de uma atividade para outra durante o dia não é fácil. Mudar qualquer grupo de pessoas de uma atividade para outra sempre é difícil, mas quando os membros do grupo têm menos de cinco anos de idade, a dificuldade pode ser intransponível.

O uso de transições torna a mudança de atividades um evento mais tranqüilo na sala de aula de educação infantil. As transições devem ser divertidas e funcionais. Pedir para as crianças andarem de forma imaginativa de um lugar para outro as ajuda a se concentrarem em como começar a próxima atividade em vez de ser uma ordem para mudar.

Canções especiais e pistas musicais, como o toque de uma sineta ou a batida de um tambor, podem ser usadas para transições que são parte da rotina diária, por exemplo, como a hora da higiene e de se preparar para o lanche. Com diretrizes não-verbais, as crianças são mais prováveis de se "sintonizarem" ao que lhes é pedido e de considerar a transição uma experiência lúdica.

As atividades a seguir são exemplos de maneiras para reduzir o estresse da mudança de uma atividade para outra.

Curiosidade sobre o cérebro

☆ As transições permitem que o tempo cerebral se adapte de um ambiente a outro ou de uma atividade à outra. Geralmente, o cérebro leva cinco minutos para se adaptar a mudanças.

Transições

Lugares de faz-de-conta

☆ Enquanto as crianças terminam de se limpar e se preparam para outra atividade, peça para fingirem que estão na biblioteca.

☆ Outras atividades que elas podem fingir realizar durante períodos de espera em silêncio incluem pescar à beira de um lago, embalar um bebê na maternidade e digitar no computador.

Quem sou eu?

☆ Quando as crianças saem da Rodinha das Novidades ou para brincar no pátio, diga para algumas delas caminharem como se estivessem andando em uma corda bamba, outras como se estivessem andando a cavalo e a outras para andarem como palhaços, jogadores de basquete ou bebês que aprendem a caminhar.

Pistas musicais

☆ Use músicas específicas de CDs ou de fitas como pistas para direcionar as crianças para uma determinada atividade.

☆ Boas escolhas para a hora da higiene ou para guardar os brinquedos incluem *Dança das Fadas* (Tchaikovsky) ou *Hora de guardar tudinho.*

Hora de guardar tudinho
(Melodia: Boi da cara preta)

Guarda, guarda, guarda
Guarda tudinho
Guarda bem direito
Pra ficar arrumadinho

☆ Uma boa canção para indicar a hora da sesta é *Lullaby* (Brahms).

☆ Use instrumentos rítmicos para direcionar atividades. Para a hora da Rodinha, toque um triângulo.

Pistas com música clássica

☆ Selecione músicas clássicas conhecidas, como *O Quebra-nozes*, de Tchaikovsky, a *Quinta Sinfonia*, de Beethoven, ou os *Minuetos*, de Mozart. Introduza as músicas na hora da Rodinha e toque-as regularmente durante momentos de silêncio, mostrando os títulos e os nomes dos compositores.

☆ Tocar música clássica é uma grande maneira de ajudar as crianças a se acalmarem após brincadeiras ativas no pátio ou após participarem de atividades musicais e de movimento vigorosas.

☆ Quando as crianças se familiarizarem com algumas músicas clássicas, pergunte quais elas gostariam que você colocasse novamente usando os nomes corretos de compositores e títulos.

☆ Na hora da sesta, coloque o rádio em uma estação de música clássica como alternativa. Desligue a música depois de cinco ou dez minutos para que as crianças possam dormir melhor.

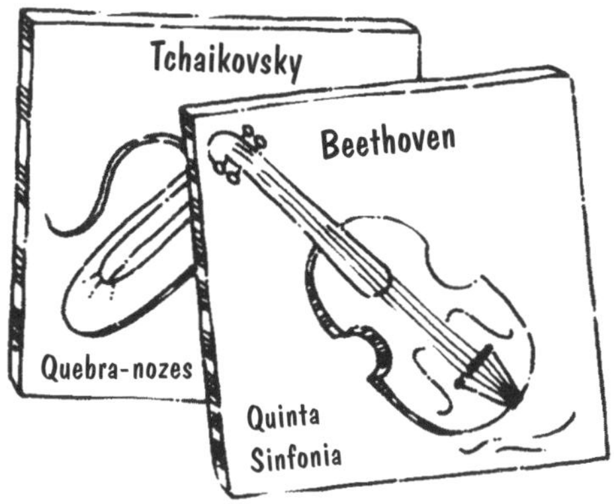

Andando diferente

☆ Quando as crianças passarem de uma atividade com o grande grupo para uma atividade individual, peça para demonstrarem uma maneira de andar, sem ser de pé – engatinhando sobre as mãos e os joelhos, arrastando-se sentadas, rolando ou arrastando-se como uma minhoca, e assim por diante.

Andando conforme o clima

☆ Quando as crianças andarem em grupo ou individualmente, peça para demonstrarem como caminhariam em um vento forte, em um dia quente, em uma tempestade ou em uma enchente.

Asas de borboleta

☆ Quando as crianças saírem da sala de aula para o corredor, peça para fingirem que são borboletas.

☆ Antes de começar, pergunte se as borboletas fazem algum barulho e peça para algumas crianças demonstrarem sua interpretação de como uma borboleta voa antes de o grupo começar.

☆ Outros movimentos podem ser de elefantes, gatos, ratos e aranhas.

Caminhada diferente

☆ Quando as crianças mudarem de uma atividade em grupo para atividades individuais, peça para demonstrarem como andariam nas seguintes superfícies: bala de caramelo, gelo, um telhado de lata quente, lama, pedras, grama alta ou um colchão.

Hora da chamada

☆ Prepare um crachá para cada criança da aula.
☆ Use os crachás para direcioná-las para atividades transicionais ou para jogos. Por exemplo: *Este menino* (mostre o nome) *pode ir para a mesa do lanche* ou *Esta menina* (mostre o nome) *pode bater palmas.*

Chamada rimada

☆ Em momentos oportunos durante o dia, quando for necessário chamar o nome de alguém, use um Momento de Aprendizagem Espontânea para as crianças aprenderem a rimar sons.
☆ Diga: *As crianças que tiverem nomes que rimem com "chiclete" podem entrar na fila.* Salete e Claudete ou qualquer outra criança cujo nome rime respondem ao pedido.

CAPÍTULO 12

Mantendo as conexões — Familiares como parceiros

Visão geral

Ajudar as crianças a desenvolver seu maior potencial é um trabalho de tempo integral, 24 horas por dia e 7 dias por semana, no qual os professores e familiares devem trabalhar juntos. Exige comunicação, alinhamento de objetivos, manter-se a par das últimas informações relacionadas ao desenvolvimento infantil, e que ambas as partes monitorem o desenvolvimento e o progresso.

A pesquisa sobre o envolvimento familiar na escolarização das crianças indica que existe uma correlação positiva entre o grau de envolvimento e o desenvolvimento cognitivo, a autoestima, a motivação e o desempenho acadêmico.

Uma parte de nosso trabalho como profissionais da educação infantil é manter as famílias envolvidas e ajudá-las a se manterem a par das últimas informações relacionadas com o desenvolvimento infantil. Isso pode ser feito compartilhando-se informações por meio de jornaizinhos, colocando anotações no local onde os familiares pegam e deixam as crianças, por meio de seminários, de conferências familiares, de reuniões e de diversas outras maneiras criativas.

No decorrer deste livro, apresentamos inúmeras referências para envolver a família imediata e mais ampla em uma participação real na sala de aula e em atividades extraclasse (atividades para casa). Este capítulo traz idéias adicionais para fortalecer o vínculo entre o lar e a escola.

Curiosidades sobre o cérebro

- ☆ Um cérebro de 3 anos é duas vezes mais ativo do que um cérebro adulto. Grande parte das conexões para a aprendizagem ao longo da vida já estão formadas quando a criança faz 3 anos.
- ☆ As crianças aprendem mais quando conseguem levar o conhecimento aprendido na sala de aula para seu ambiente doméstico. Isso torna a aprendizagem prática e significativa e, portanto, proporciona a oportunidade ideal para que a aprendizagem torne-se de longa duração.

Familiares como parceiros

Etiquetas impressas

☆ Imprima expressões curtas que descrevam o que as crianças aprenderam durante a atividade (o objetivo da lição) em etiquetas de computador. Por exemplo, se as crianças colaram casquinhas e bolas de sorvete durante a correspondência um a um, a etiqueta deve dizer: "Matemática: correspondência um a um".

☆ Conecte rótulos ao trabalho das crianças. Isso torna mais rápido e mais fácil o envio de informações para a casa de todas as crianças.

O que fizemos nesta semana

☆ Oriente as crianças para ditar uma lista de atividades das quais tenham participado durante a semana.

☆ Copie a lista e envie-a para casa com as crianças.

Usando outra vez

☆ Crie uma lista de itens recicláveis para usar na sala de aula, como cartões de festas antigos, bandejas de alimentos limpas, caixas de ovos, pequenos potes, botões, adesivos, roupas (para dramatização), canetas hidrográficas secas, brochuras e bijuterias velhas.

☆ Envie a lista para casa ou divulgue-a na área onde os pais deixam e pegam as crianças todos os dias.

☆ Você pode querer incluir informações sobre como usará os itens na sala de aula.

Dia do convidado especial

☆ Convide avós, amigos especiais e familiares para trazerem um lanche para a escola e comerem com as crianças.

Rede familiar

- ☆ Estimule o desenvolvimento de um grupo de famílias.
- ☆ O grupo pode servir como um grupo de orientação – um comitê que atue como uma ligação entre as famílias e a equipe pedagógica.
- ☆ Eles também podem ajudar a levantar verbas. Sugira que organizem um brechó, um chá beneficente e assim por diante.

Agendas

- ☆ Envie agendas para casa com os acontecimentos importantes da escola marcados, como o dia da foto, dia de brincar com água, passeios, dia de trazer seu animal de estimação e assim por diante.
- ☆ As agendas ajudam a disseminar várias informações de uma vez e também proporcionam uma referência fácil de ler.

Recados para comunicação

- ☆ Prepare recados semanais ou diários padronizados, nos quais apenas precise preencher lacunas.

Jornalzinho

- ☆ Desenvolva um jornalzinho mensal. Chame de "O Diário da Escola" ou algo assim.
- ☆ Inclua informações sobre desenvolvimento infantil (como a construção da auto-estima), um calendário de eventos, novidades que acontecem na escola (como a doação de novos equipamentos para o pátio), notícias das famílias (como o nascimento de um irmãozinho) e assim por diante.

Apêndices

Habilidades	Atividades	Conexões temáticas
Desenho	Instrumentos para desenhar (página 20)	Artistas Coisas que vão juntas
	Superfícies de desenho (página 20)	Opostos
	Lápis de cera derretido (página 20)	Cores Formas Tamanhos
	Desenho com interferências (página 20)	Imaginação Faz-de-conta
	Grafite divertido (página 21)	Artistas
	Arte no isopor (página 21)	Texturas
	Desenhos lisos e brilhantes (página 21)	Opostos Texturas
	Desenhos aromáticos (página 21)	Sentidos
	Pontos de Seurat (página 22)	Artistas
	Desenhos na areia úmida (página 22)	Partes do corpo Cores Oceano Formas Tamanhos
Pintura	Pintura para raspar e cheirar (página 23)	Sentidos
	Pintura com relevo (página 23)	Partes do corpo Cores Opostos
	Pintura respingada (página 23)	Cores
	Pintura com hastes flexíveis (página 24)	Instrumentos
	Pintura com textura (página 24)	Opostos
	Pintura das bolhas (página 24)	Formas
	Pintura *roll-on* (página 24)	Cores
	Pintura *spray* (página 24)	Cores
	Pintura de rolo (página 25)	Cores
	Pintura esguichada (página 25)	Cores
	Pintura divertida (página 25)	Instrumentos
	Pintura fofa (página 25)	Texturas
	Pintura leve (página 26)	Pássaros
	Pintura lustrosa (página 26)	Cores Clima
	Pintura glaçada (página 26)	Cores Água Clima
	Pintura espuma (página 26)	Opostos
	Pintura granulada (página 26)	Opostos
Designs	Marca dos dedos (página 27)	Formas Texturas
	Pintura com bolinhas de gude (página 27)	Causa e efeito Formas
	Marcas de rodas (página 27)	Transporte/viagem
	Desenhos com gotas (página 28)	Formas Texturas Clima
	Desenhos salpicados (página 28)	Formas

Habilidades	Atividades	Conexões temáticas
	Marcas de absorção (página 28)	Água
	Móbiles (página 29)	Natureza
	Frottage (página 29)	Formas Texturas
	Desenhos de areia colorida (página 29)	Sentidos
	Formas coloridas de areia (página 30)	Sentidos
	Obras-primas de Mondrian (página 30)	Artistas Cores Formas
	Desenhos com moldes (página 31)	Formas
	Janelas coloridas (página 31)	Cores Claro e escuro
	Mais janelas coloridas (página 31)	Cores Claro e escuro
	Desenhos de sal-gema (página 31)	Texturas
Gravuras	Gravura de biscoitos (página 32)	Use formas temáticas
	Gravuras variadas (página 32)	Instrumentos
	Gravura com bolhas I (página 32)	Formas
	Gravura com bolhas II (página 32)	Formas
	Gravura com esponja (página 33)	Absorção Texturas Use formas temáticas
	Gravura com borrão I e II (página 33)	Imaginação Use formas temáticas
	Mural de mãos (página 34)	Tudo sobre mim Partes do corpo
	Guirlanda de mãos (página 34)	Tudo sobre mim Partes do corpo
	Criações com impressões digitais (página 34)	Tudo sobre mim Partes do corpo
	Pegadas (página 34)	Tudo sobre mim Partes do corpo
Colagens	Colagens de papel rasgado (página 35)	Imaginação
	Silhuetas de papel rasgado (página 35)	Imaginação
	Colagens com papel de seda (página 35)	Cores
	Colagens da natureza (página 36)	Coisas da terra
	Arte com confete (página 36)	Comemorações Cores Formas
	Reconstrução do ovo quebrado (página 36)	Formas
	Composição de rostos alegres (página 36)	Tudo sobre mim
	Obras-primas monocromáticas (página 37)	Cores
	Formas sobre formas (página 37)	Formas
	Colagens padronizadas (página 37)	Sentidos
Escultura e modelagem	Papel machê alternativo (página 38)	Texturas
	Meleca e massaroca (página 38)	Opostos Sentidos
	Massinha de nuvens (página 38)	Dia e noite Clima
	Escultura de massa de modelar caseira (página 39)	Use idéias temáticas para esculturas

Habilidades	Atividades	Conexões temáticas
	Escultura em madeira (página 39)	Imaginação
	Escultura com caixas (página 39)	Imaginação
	Móbile de mesa (página 40)	Use idéias temáticas para esculturas
	Castelos de areia (página 40)	Oceano Verão
	Tortas de lama (página 40)	Imaginação Clima
	Massa de espuma de sabão (página 40)	Texturas
	Esculturas de papel alumínio (página 40)	Imaginação
Receitas de arte e artesanato	Massinha de nuvens (página 41)	Clima
	Cola colorida (página 41)	Cores
	Sal-gema colorido (página 41)	Cores Texturas
	Tinta de sal de Epson (página 41)	Clima
	Massaroca (página 43)	Sentidos Texturas
	Meleca (página 43)	Sentidos Texturas
	Tinta glacê (página 43)	Texturas
	Variações de guache (página 44)	Imaginação Texturas
	Pasta de papel machê (página 44)	Sentidos
	Cola (página 44)	Sentidos
	Massa de modelar caseira 1 (página 44)	Imaginação Sentidos
	Massa de modelar caseira 2 (página 45)	Imaginação Sentidos
	Massa de modelar caseira 3 (página 45)	Imaginação Sentidos
	Tinta fofa (página 45)	Imaginação Texturas
	Tinta granulada (página 45)	Sentidos
	Massa de modelar caseira aromatizada (página 45)	Sentidos
	Tinta para raspar e cheirar (página 45)	Sentidos
	Tinta de sabão (página 45)	Cores
	Massa de espuma de sabão (página 45)	Texturas
Receitas sem cozimento	Baunileite (página 49)	Animais Fazenda Alimentação/nutrição
	Vitamina da vaca roxa (página 49)	Animais Fazenda
	Saquinho de sorvete (página 50)	Fazenda Alimentação/nutrição Opostos
	Lata de sorvete (página 50)	Alimentação/nutrição Opostos
	Nata batida vira manteiga! (página 50)	Fazenda
	Salada do sol (página 50)	Dia e noite
	Manteiga de amendoim (página 51)	Coisas da terra
	Bolinhas de manteiga de amendoim (página 51)	Comemoração Formas

Habilidades	Atividades	Conexões temáticas
	Mistura da amizade (página 52)	Amigos
	Pudim de banana (página 52)	Alimentação/nutrição
	Pudim agitado (página 52)	Texturas
	Rodinhas de banana (página 52)	Transportes/viagem
	Bala refrescantes (página 53)	Cores Formas
	Marshmallows brilhantes (página 53)	Cores
	Torrada frutada (página 53)	Sentidos
	Salada de maçã e cenoura (página 54)	Alimentação/nutrição Coisas da terra
	Palitos de fruta (página 54)	Alimentação/nutrição
	Sanduíches animais (página 54)	Animais
	Recheios de sanduíches (página 55)	Alimentação/nutrição Receitas assadas
Receitas assadas	Petiscos torrados (página 55)	Imaginação
	Rostos de pizza (página 56)	Tudo sobre mim Partes do corpo
	Garras de urso (página 56)	Animais Contos tradicionais
	Porquinho enroladinho (página 56)	Animais Alimentação/nutrição Contos tradicionais Receitas geladas
Receitas geladas	Marzipan (página 57)	Comemorações
	Formas dançantes de gelatina (página 57)	Cores Formas Tamanhos
	Salada da xícara (página 57)	Alimentação/nutrição
	Picolés festivos (página 57)	Estações
Receitas fritas e saltitantes	Estrelas cadentes (página 58)	Dia e noite
	Pipocante (página 58)	Sentidos
	Biscoitos de frigideira (página 58)	Comemorações Alimentação/nutrição
	Bolinhos de chuva (página 59)	Formas
	Delícias de queijo derretido (página 60)	Alimentação/nutrição
Brincadeiras imaginativas	Caixa de materiais de escritório (página 64)	Nossa comunidade
	Caixa de materiais de circo (página 65)	Nossa comunidade
	Caixa de salão de beleza (página 65)	Nossa comunidade
	Caixa de chapéus (página 65)	Nossa comunidade
	Lava-carros (página 66)	Transportes/viagem
	Posto de gasolina (página 66)	Transportes/viagem
	Cidade de barracas (página 67)	Acampamento
	Drive-thrus (página 67)	Nossa comunidade
	O jantar está servido (página 67)	Famílias
	Hora do banho do bebê (página 68)	Famílias
	O quarto do bebê (página 69)	Famílias
	Esconderijo de caixa (página 69)	Famílias Amigos
	Despensa cheia (página 69)	Famílias Alimentação/nutrição Combinação

Habilidades	Atividades	Conexões temáticas
	O que tem no baú? (página 70)	Famílias Nossa comunidade Estações
Brincadeiras criativas	Arranjos florais (página 70)	Nossa comunidade
	Meu chapéu (página 71)	Faz-de-conta
	O chapeleiro louco (página 71)	Faz-de-conta
	A padaria (página 71)	Alimentação/nutrição
	Pequenos *designers* (página 71)	Faz-de-conta Nossa comunidade
	Bugigangas, braceletes, cintas e contas (página 72)	Faz-de-conta
	O que é isso? (página 72)	Imaginação
	Cobras de meia (página 72)	Animais
	Blocos leves (página 73)	Imaginação
	Vamos fingir (página 73)	Faz-de-conta
Escuta	Ajudante do dia (página 78)	Partes do corpo Sentidos
	Caminhada auditiva (página 78)	Natureza Sentidos
	Tubos sonoros (página 78)	Sentidos
	De onde vem o som? (página 79)	Sentidos Sons
	Siga aquele som (página 79)	Sentidos
	Sons misteriosos (página 79)	Sentidos Sons
	Está quente, está frio musical (página 79)	Opostos
	Telefone-sem-fio (página 79)	Partes do corpo
	Orelhas em pé (página 80)	Partes do corpo Sentidos
	Que instrumento vocês estão ouvindo? (página 80)	Música Sentidos
	Vocês estão ouvindo o mesmo que eu? (página 80)	Sentidos
	O som do silêncio (página 80)	Sentidos
	Tenho ritmo (página 81)	Música
	Criadores de sons (página 81)	Partes do corpo Comemorações
	Instruções gravadas (página 81)	Cores
	Espião (página 82)	Partes do corpo
	Ouvindo histórias (página 82)	Use histórias temáticas
	O mestre mandou (página 82)	Partes do corpo Movimento
	Músicas gêmeas (página 83)	Sentidos
	Ouvindo músicas (página 83)	Sentidos
	Batendo palmas para os nomes (página 83)	Tudo sobre mim Números
	Nomes longos e apelidos curtos (página 83)	Tamanhos
Linguagem oral	Vocabulário com leituras (página 84)	Use livros temáticos
	Vocabulário com música (página 84)	Use músicas temáticas
	A palavra do dia (página 85)	Use palavras temáticas
	Uma fotografia vale por mil palavras (página 85)	Use fotos temáticas

Habilidades	Atividades	Conexões temáticas
	Álbum de fotos ensacadas (página 85)	Tudo sobre mim Famílias
	Diversão com vocabulário (página 86)	Use vocabulário temático
	Diversão com compras (página 86)	Nossa comunidade
	Seqüências de objetos concretos (página 86)	Tudo sobre mim
	Na sacola (página 87)	Use objetos temáticos
	Palavras de posição (página 87)	Conceitos espaciais
	Opostos (página 87)	Opostos
	Caça aos opostos (página 88)	Opostos
	Vocabulário em língua de sinais (página 88)	Sentidos
	Mostre e conte (página 88)	Famílias
	Cócegas (página 88)	Amigos
	Mostre e conte especial (página 89)	Famílias Nossa comunidade
	O fio da meada (página 89)	Imaginação
	Pantomima em rima (página 89)	Rimas infantis
	Espelho mágico (página 90)	Faz-de-conta
	Pedrinha mágica (página 90)	Faz-de-conta
	Varinha de condão (página 90)	Faz-de-conta
	Felipe feliz e Tina triste (página 90)	Tudo sobre mim
	Festa de fantoches (página 90)	Imaginação
	O que vocês sabem sobre isto? (página 91)	Imaginação
	Fazendo perguntas (página 91)	Faça perguntas temáticas
	Ditado de receitas (página 91)	Alimentação/nutrição
	Histórias do flanelógrafo (página 91)	Use histórias temáticas
	Ampliando conceitos de histórias (página 91)	Use histórias temáticas
	Polícia de palavras (página 91)	Nossa comunidade
Consciência fonológica	Pir lim pim pim, diga o seu nome para mim (página 92)	Tudo sobre mim
	Palavras com palmas (página 92)	Use palavras temáticas
	Sentenças simples (página 93)	Imaginação
	Trava-línguas (página 93)	Sentidos
	Diversão com aliteração (página 93)	Imaginação
	Canções com aliterações (página 93)	Cante canções temáticas
	Os sons da chuva (página 94)	Clima
	Canções com onomatopéia (página 94)	Cante canções temáticas
	Jogo dos nomes (página 94)	Tudo sobre mim
	Pegue um par (página 94)	Use pares temáticos
	Rimas curtas (página 95)	Sentidos
	Rima ou razão (página 95)	Sentidos
	Jogo de rimas (página 95)	Sentidos
	Cantigas de ninar para completar (página 95)	Cantigas de ninar
	Cantigas de ninar rítmicas I (página 96)	Cantigas de ninar
	Cantigas de ninar rítmicas II (página 96)	Cantigas de ninar
	Rimas sussurradas (página 96)	Sons
	Rimas enlatadas (página 96)	Imaginação
	Diga e toque (página 97)	Partes do corpo
Aprendizagem e reconhecimento de letras	O que está faltando? (página 97)	Use itens temáticos
	Opa! (página 98)	Sentidos
	Qual é a ordem? (página 98)	Use itens temáticos
	Você lembra? (página 98)	Cores

Habilidades	Atividades	Conexões temáticas
	Loto de papel contact (página 99)	Padrões
	Ordem alfabética (página 99)	Imaginação
	Que letra está faltando? (página 100)	Use letras temáticas
	Sacos de gel (página 100)	Sentidos
	Letras de massa de modelar (página 100)	Tudo sobre mim
	Letras de *pretzels* (página 100)	Tudo sobre mim
	Letras digitais (página 101)	Tudo sobre mim Partes do corpo
	Nomes sardentos (página 101)	Tudo sobre mim
	Traçando letras (página 101)	Use palavras temáticas
	Combinando letras (página 101)	Use letras temáticas Combinação
	Formem pares, pensem e dividam (página 102)	Amigos
	Circule a letra (página 102)	Use letras temáticas
	Atenção, concentração...de letras (página 102)	Use letras temáticas
	Escrita na areia (página 102)	Sentidos
	Letras de areia (página 102)	Sentidos
	Escrita com o dedo (página 103)	Partes do corpo
	Letras táteis (página 103)	Sentidos
	Loto de toalha de mesa (página 103)	Use letras temáticas
	Letras de sorte (página 103)	Use letras temáticas
	Bingo (página 104)	Animais Fazenda
	Letras de *scrabble* (página 104)	Escreva palavras temáticas
	IA-IA-Ô (página 104)	Fazenda
	Chegou carta (página 104)	Amigos
	ABC manual (página 104)	Partes do corpo Música
Consciência escrita	Parte de cima, do meio e de baixo (página 105)	Amigos
	Mais parte de cima, do meio e de baixo (página 105)	Partes do corpo
	Da esquerda para a direita (página 106)	Padrões
	Tirinhas caseiras (página 106)	Imaginação
	A dança do leitor (página 107)	Partes do corpo
	Quebra-cabeças com nomes (página 108)	Tudo sobre mim
	Quebra-cabeças com letras (página 108)	Tudo sobre mim
	Varal de letras (página 108)	Formas
	Quebra-cabeças de caixas de cereais (página 108)	Alimentação/nutrição
	Crachás (página 109)	Tudo sobre mim
	Guardando as compras (página 109)	Nossa comunidade
	Jornais divertidos (página 110)	Imaginação
	Ditado de histórias (página 110)	Use assuntos temáticos
	Experiências escritas (página 110)	Tudo sobre mim
	Correspondências na sala de aula (página 111)	Amigos
	Logogrifos (página 111)	Use exemplos temáticos
	Caça ao tesouro com logogrifos (página 111)	Resolução de problemas
	Receitas com logogrifos (página 112)	Alimentação/nutrição
	Rimas infantis para preencher (página 112)	Cantigas de ninar
	Escrevendo rimas (página 112)	Cantigas de ninar

Habilidades	Atividades	Conexões temáticas
	Idéias para histórias (página 112)	Imaginação
	Livros sem palavras (página 112)	Imaginação
	Livros ensacados (página 113)	Use fotos temáticas
	Listas (página 113)	Faça listas temáticas
	Escrevendo um diário (página 114)	Dias da semana
	Amigos por correspondência (página 114)	Amigos
	Notícias (página 114)	Famílias
Compreensão	Detetives de histórias (página 115)	Use histórias temáticas
	Verdadeiro/falso (página 115)	Opostos
	Estratégias de questionamento (página 115)	Resolução de problemas
	Mapa da história (página 116)	Use histórias temáticas
	Teia de palavras (página 117)	Use assuntos temáticos
	Dramatização de histórias (página 117)	Faz-de-conta Contos tradicionais
	Histórias em pantomima (página 118)	Faz-de-conta Contos tradicionais
	Histórias de ação (página 118)	Movimento
Exploração livre	Bugigancaixas (página 121)	Famílias Instrumentos
	Nomeando atributos (página 122)	Tudo sobre mim
	Eu vejo (página 122)	Resolução de problemas
	Você consegue encontrar? (página 122)	Esconda itens temáticos
	Abraço na árvore I (página 122)	Natureza
	Abraço na árvore II (página 123)	Cores
	Comparando mãos (página 123)	Amigos Combinação Tamanho
	Vocabulário descritivo (página 123)	Opostos
	Mais vocabulário (página 123)	Use vocabulário temático
Relações espaciais	Parte de cima, do meio e de baixo (página 124)	Tudo sobre mim
	Caixinha de surpresas (página 124)	Conceitos espaciais
	Dentro e fora (página 124)	Conceitos espaciais
	Por cima e por baixo (página 125)	Partes do corpo
	Onde está o botão? (página 125)	Resolução de problemas
	"Caça ao urso" (página 125)	Animais
	Instruções no círculo (página 126)	Formas
	Twister (página 127)	Cores
Classificação	Classificações de colegas (página 128)	Tudo sobre mim
	Livros de classificação (página 128)	Faça livros temáticos
	Combinando botões (página 128)	Cores Combinação
	Sapatos, sapatos, sapatos (página 129)	Tudo sobre mim
	Olhos abertos, olhos fechados (página 129)	Tudo sobre mim
	Classificando lanches (página 129)	Alimentação/nutrição
Classificando por cor	Cor das contas (página 130)	Cores
	Cor dos tecidos (página 130)	Cores
	Olhos de todas as cores (página 130)	Partes do corpo
Classificando por forma	Combinando formas (página 130)	Combinação Formas
	Organização de blocos (página 131)	Tamanhos

Habilidades	Atividades	Conexões temáticas
	Lanches com bolachas (página 131)	Comemorações Alimentação/nutrição
	A dança das formas (página 131)	Música
Classificando por tamanho	Pequeno e grande (página 131)	Opostos
	Baixo e alto - longo e curto (página 132)	Opostos
Classificando e usando os sentidos além da visão	Áspero e macio (página 133)	Opostos
	Sons altos e baixos (página 133)	Opostos
	Doce e salgado (página 133)	Alimentação/nutrição
	Cheira bem? (página 134)	Sentidos
Classificação aberta	Coisas que são..., coisas que não são... (página 134)	Opostos Natureza
	Classificação de livros (página 135)	Resolução de problemas
Aplicações de classificações	Perguntas (página 135)	Faça perguntas temáticas
	Usos na vida real (página 135)	Famílias Nossa comunidade
Padronização	Padrões com pessoas (página 136)	Movimento
	Padrões com objetos (página 136)	Use objetos temáticos
	Padrões com papéis (página 136)	Formas
	Padrões com lápis de cera (página 136)	Cores
	Correntes de papel (página 137)	Cores
	Padrões de conjuntos (página 137)	Use itens temáticos
	Padrões com blocos (página 137)	Formas
	Espetinhos de frutas (página 137)	Alimentação/nutrição
Padrões verticais	Para cima e para baixo (página 138)	Opostos
	Tubo de elásticos (página 138)	Tamanhos
	Bolas em um tubo (página 138)	Cores
	Empilhando latas (página 138)	Construção/montagem
Padrões circulares	Vamos dar a volta (página 139)	Cores
	Padrões de contas (página 139)	Cores
	Correntes de clipes de papel (página 139)	Cores
Padrões repetitivos	Tudo de novo (página 139)	Cores
	Padrões com pinos (página 140)	Cores
Padrões de movimento	Padrões de pegadas (página 140)	Partes do corpo
	Padrões com polichinelos (página 140)	Movimento
Padrões musicais e sonoros	Cabeça, ombro, perna e pé (página 140)	Partes do corpo Movimento
	Padrões sonoros (página 141)	Sentidos
	Padrões de palmas (página 141)	Números
	Padrões de linguagem previsíveis (página 141)	Use livros temáticos
Padrões culturais	Dias da semana (página 141)	Use livros temáticos
	Meses do ano (página 142)	Estações
	Estações (página 142)	Estações
Padrões do ambiente	Caça a padrões (página 142)	Natureza
	Padrões de *frottage* (página 143)	Natureza
	Padrões de roupas (página 143)	Tudo sobre mim
Correspondência um a um	Pares parceiros (página 143)	Amigos Combinação

Habilidades	Atividades	Conexões temáticas
Conjuntos iguais	Uma pedrinha para cada criança (página 143)	Tudo sobre mim
	O show deve continuar (página 144)	Faz-de-conta
	Casquinhas de sorvete (página 144)	Combinação
	Combinações com moedas (página 145)	Combinação
	Anéis e dedos (página 145)	Tudo sobre mim
	Pompons e ventosas (página 145)	Combinação
Conjuntos desiguais	Resta um (página 145)	Resolução de problemas
	Dança das cadeiras (página 146)	Música
	Mais ou menos (página 146)	Amigos
	Quem tem mais? (página 146)	Comemorações
Ordenamento		
Ordem de altura	Amigos em fila (página 147)	Amigos
	Livros na prateleira (página 147)	Use livros temáticos
	Torres de tubos (página 147)	Construção/montagem
Ordem de comprimento	Fila de lagartas (página 148)	Animais
	Pescaria (página 148)	Faz-de-conta Oceano
Ordem de peso	Ovo pesado (página 149)	Resolução de problemas
	Envelopes musicais (página 149)	Sons
Ordem por medida de líquido	Brincadeira com água (página 149)	Resolução de problemas
	De mais a menos (página 150)	Resolução de problemas
	Garrafas musicais (página 150)	Som
Ordem por posição e tamanho	Primeiro, a seguir, por último (página 150)	Movimento
	Por cima, no meio e por baixo (página 150)	Alimentação/nutrição Construção/montagem
	Árvore-surpresa (página 151)	Formas
	Pirâmides de blocos (página 151)	Construção/montagem
	Círculos concêntricos (página 151)	Formas
Ordenamento comparando conjuntos	De menos a mais (página 151)	Comemorações
	Ordem de bolinhas (página 152)	Números
Numeração	Sacos de números (página 152)	Resolução de problemas
	Arremesso de saquinhos de areia (página 153)	Movimento
	Cartões numerados (página 153)	Famílias
	A forma das coisas (página 154)	Resolução de problemas
	Clipes de números (página 154)	Resolução de problemas
	Padrões de contagem (página 154)	Números
	Conjuntos colados (página 155)	Cores Formas
	Pratos e clipes (página 155)	Resolução de problemas
	Guloseimas misturadas (página 155)	Alimentação/nutrição
	Cofrinhos (página 156)	Resolução de problemas
	Jogo de cartas (página 156)	Combinação
	Números musicais (página 156)	Música
	Círculo em volta do zero (página 157)	Movimento
	Bingo de números (página 157)	Números
	Meu livro de números (página 157)	Números
	Combinações com tampas de canetinha (página 157)	Cores Resolução de problemas

Habilidades	Atividades	Conexões temáticas
	Conjuntos vivos (página 158)	Amigos
	Jogo de arruelas (página 158)	Cores
	Conjuntos de balas (página 158)	Comemorações
	Conjuntos crocantes (página 159)	Alimentação/nutrição
	Bolos de lama (página 159)	Faz-de-conta
	Adicione um (página 159)	Resolução de problemas
	Chocalho de ovo (página 159)	Números
	Tiro ao alvo (página 160)	Movimento
	Ação com subtração (página 160)	Movimento Música
	Na sacola (página 160)	Resolução de problemas
Formas	Formas de cortadores de biscoitos (página 161)	Alimentação/nutrição
	Criação de formas (página 161)	Formas
	Formas de massa de modelar caseira (página 161)	Formas
	Caça às formas (página 161)	Formas
	Formas musicais (página 162)	Música Formas
	Quadrados e retângulos (página 162)	Cores Formas
	Triângulos e retângulos (página 162)	Cores Formas
Medições *Medição linear*	Comparação de mãos (página 163)	Partes do corpo Amigos Combinação
	Quatro palmos de altura (página 163)	Partes do corpo Tamanhos
	Quem é o mais alto? (página 163)	Amigos Tamanhos
	Elos de corrente (página 163)	Tamanhos
	Um metro de comprimento (página 164)	Tamanhos
	Dois pés de comprimento (página 164)	Partes do corpo
	Centímetro por centímetro (página 164)	Números
	Metros (página 164)	Tamanhos
	Passos grandes, passos pequenos (página 164)	Partes do corpo Números
Medição de peso	Quanto eu peso? (página 164)	Tudo sobre mim
	Usando balanças (página 165)	Resolução de problemas
Medição de capacidade	Quantas crianças cabem sentadas dentro de uma pegada de dinossauro? (página 165)	Animais Tamanhos
	Quantos? (página 165)	Números
Medição de temperatura	Do mais frio ao mais quente (página 165)	Clima
	Experimento com temperatura (página 165)	Clima
	Indicadores de temperatura (página 166)	Clima
Medição do tempo	Manhã e noite (página 166)	Dia e noite
	Horário do dia (página 166)	Cores Escola Tempo
	Ontem e amanhã (página 166)	Escola Tempo
	No futuro (página 169)	Escola Tempo

Habilidades	Atividades	Conexões temáticas
Tabelas	Irmãos e irmãs (página 167)	Famílias
	Meu suco preferido (página 167)	Alimentação/nutrição
	A cor do dia (página 167)	Cores
	Bichos populares (página 168)	Animais Animais de estimação
	Mais bichos populares (página 168)	Animais Animais de estimação
	Do pictórico ao simbólico (página 168)	Alimentação/nutrição Números
	Como venho para a escola? (página 169)	Transportes/viagem Escola
	Minha fruta preferida (página 169)	Alimentação/nutrição
	Vamos votar (página 169)	Nossa comunidade
Frações	A mesma quantidade para todos (página 170)	Comemorações Amigos
	O que é uma metade? (página 170)	Resolução de problemas
Canções	Parabéns a você (página 172)	Tudo sobre mim Comemorações
	Variações de sucessos antigos (página 172)	Cante canções temáticas
	Vozes diferentes (página 173)	Tudo sobre mim
	Cante e ouça (página 173)	Sons
	Crescendo (página 173)	Música
	Faça o que eu faço, faça o que digo (página 173)	Movimento
	Canções circulares (página 174)	Movimento
	Passa, passará (página 174)	Amigos
	Murmurando (página 175)	Sons
	Variações de *Se és feliz* (página 175)	Tudo sobre mim Sentimentos
	Imitando a Dona Aranha (página 175)	Insetos
	Imitando uma estrela brilhante (página 176)	Dia e noite
	Conversas cantadas (página 176)	Sons
Brincadeiras cantadas	Quem roubou o pão? (página 176)	Alimentação/nutrição
	A pisada pesada do gigante (página 177)	Tamanhos
	O vôo das fadas (página 177)	Faz-de-conta
	Uni duni tê (página 178)	Música Movimentos
Movimento criativo	Gigantes e duendes (página 178)	Faz-de-conta Opostos Contos tradicionais
	Bastões olímpicos (página 178)	Movimento
	Ginástica pré-escolar (página 179)	Movimento
	Dança das cadeiras (página 179)	Música
	Asas de borboleta (página 179)	Insetos
	Música fresca (página 179)	Música
	Círculos de música (página 179)	Imaginação
	Círculos da amizade (página 180)	Amigos
	Pompons (página 180)	Movimento
	Sardas e listras (página 180)	Sons
	Alto-baixo (página 180)	Opostos
	Rola a bola (página 181)	Movimento

Habilidades	Atividades	Conexões temáticas
	Hei! Meu nome é ______ (página 181) Tuti tá (página 181) Metamorfose (página 182)	Tudo sobre mim Partes do corpo Insetos
Movendo-se livremente	O DJ do dia (página 182) No palco (página 183)	Faz-de-conta Faz-de-conta
Os músicos	Banda de mesa (página 183) O líder da banda (página 184) Maracas de garrafa (página 184) Tambores e baquetas (página 184) Ritmos corporais (página 184) Banda de garrafas (página 184) Instrumentos caseiros (página 185)	Sons Faz-de-conta Sons Sons Partes do corpo Sons Sons Sons
Danças	A dança dos lenços (página 185) O vôo dos pratos de papelão (página 185) A dança das sombras (página 186) Samba da pré-escola (página 186) Escolha seu parceiro (página 187) A dança dos dedos (página 187)	Tudo sobre mim Faz-de-conta Faz-de-conta Partes do corpo Amigos Partes do corpo
Jogos	Passe o saquinho de areia (página 188) Estátua (página 188) Quem está bagunçando o meu jardim? (página 189) Dança cooperativa (página 189) Passe o lanche (página 189) Amarelinha (página 190) Equilibrando o papel (página 190) Corrida de minhocas (página 190)	Opostos Música Movimento Faz-de-conta Contos tradicionais Formas Alimentação/nutrição Formas Formas Partes do corpo Amigos Insetos
Desenvolvimento motor amplo	Pista de obstáculos (página 193) Passos de bebê, passos de gigante (página 193) Basquete com bambolê (página 193) Pistas musicais (página 194) Espelho (página 194) Labirintos labirínticos (página 194) Jogo de cobertor (página 195) Bolas caseiras (página 195) Cesta equilibrada (página 196) Caminhando em uma linha torta (página 196) Passos de pato (página 196) Passos de aranha (página 196) Levantamento de costas (página 197) Túneis (página 197) Saltos longos (página 197) Toque o sino (página 198)	Partes do corpo Opostos Contos tradicionais Formas Movimento Música Tudo sobre mim Amigos Movimento Amigos Movimento Movimento Movimento Animais Insetos Amigos Viagem Movimento Sons

Habilidades	Atividades	Conexões temáticas
	Croqué de salão (página 198)	Números
	A formiguinha (página 199)	Insetos
Desenvolvimento motor fino	Bolhas em minha mão (página 200)	Partes do corpo
	Bolinhas e ventosas (página 200)	Combinação
	Transporte de água (página 200)	Números
	Criações com fios (página 200)	formas
	Recortes fáceis (página 201)	Formas
	Classificação de sementes (página 201)	Alimentação/nutrição
	Confete colorido (página 201)	Cores
	Moldes em tampas (página 202)	Formas
	Traçando formas de biscoitos (página 203)	Cores
	Fôrminhas coloridas (página 203)	Cores
	Pequenos navios (página 203)	Transportes/viagem
	Criando quebra-cabeças (página 203)	Use cartões temáticos
	Criações com papel rasgado (página 204)	Imaginação
	Cabo de guerra de grama (página 204)	Amigos
	Variações trançadas (página 205)	Natureza
	Bonecos de sombras (página 205)	Partes do corpo
	Dedoches (página 205)	Partes do corpo
	Meus quebra-cabeças (página 205)	Tudo sobre mim
	Recortando papel (página 206)	Formas
	Diversão com massa de modelar (página 206)	Imaginação
Ar	Sacos de ar (página 209)	Sons
	Bombas de ar (página 209)	Resolução de problemas
	Experimento com bomba de ar (página 210)	Causa e efeito
	Pipas circulares (página 210)	Formas Clima
	Máquinas de fazer bolhas (página 211)	Opostos
	Flutuadores e mergulhadores (página 211)	Opostos
	Quando está ventando (página 211)	Natureza Clima
	Argolas de ar condicionado (página 212)	Opostos Clima
	Helicópteros (página 212)	Transportes/viagem
Som: o que ouvimos quando o ar se move	Megafones (página 213)	Sons
	Quem está chegando? (página 213)	Animais Caubóis e *cowgirls*
	Vibrações sonoras (página 214)	Sons
	Kazoos (página 214)	Música
	Sondagem com diapasão (página 214)	Música Sons
Água		
Líquidos	Todos os líquidos fluem (página 215)	Opostos
	Afunda e flutua (página 216)	Opostos
	Experimento com pintura a dedo (página 216)	Opostos
Sólidos	Corrida com gelo derretido (página 216)	Causa e efeito Estações Clima
	Escorregando e deslizando no gelo (página 216)	Estações Clima

Habilidades	Atividades	Conexões temáticas
Evaporação (gás)	Arte por evaporação (página 216)	Opostos
	Lavando roupas à moda antiga (página 217)	Famílias Opostos
Difusão	Será que vai dissolver? (página 217)	Resolução de problemas
	Lavando os dedos da pintura a dedo (página 217)	Cores
	Garrafas coloridas (página 218)	Cores
Substâncias insolúveis	Nomes invisíveis (página 218)	Tudo sobre mim Causa e efeito
	Fazedor de ondas (página 218)	Oceano
Força e movimento	Rodas de vento (página 219)	Clima
	Bastões de vento (página 219)	Estações
Força:	Balança, pêndulo, balança (página 219)	Movimento
	Rolando latas (página 220)	Transportes/viagem
Fricção: resistência ao movimento	Lixando (página 221)	Construção/montagem
	Fazendo areia (página 221)	Terra
	Rochas e conchas (página 221)	Terra
	Aquecimento de mãos (página 221)	Clima Estações
	Áspero ou liso (página 222)	Opostos
Gravitação: a força que atrai	Corrida de bolas de gude (página 223)	Causa e efeito Formas
	Queda livre (página 223)	Resolução de problemas Sons
	Jogar balão (página 223)	Amigos
	Vai cair (página 223)	Resolução de problemas
	Corrida ladeira abaixo (página 224)	Resolução de problemas
	Pendurando (página 224)	Causa e efeito
Magnetismo: outro tipo de força	Atração magnética (página 225)	Opostos
	Caça a metais (página 225)	Opostos
	Guincho de brinquedo (página 225)	Transportes/viagem
	Busca em casa (página 225)	Famílias
	Bonecos magnéticos (página 225)	Faz-de-conta
	Movendo ímãs (página 226)	Causa e efeito
	Histórias magnéticas (página 226)	Contos tradicionais
	Desenhos magnéticos (página 226)	Formas
	Corrida de carros magnéticos (página 226)	Transportes/viagem
	Pintura magnética (página 226)	Cores
	Limpeza rápida (página 227)	Resolução de problemas
Ferramentas simples	Roldanas (página 227)	Ferramentas
	Transporte de água (página 227)	Ferramentas
	Filtração (página 228)	Resolução de problemas
	Utensílios de cozinha (página 228)	Ferramentas
	Mudança fácil (página 228)	Resolução de problemas
Luz e cor	Sombras coloridas (página 229)	Cores Dia e noite
	Mistura de massa de modelar colorida (página 229)	Cores
	Tubos coloridos (página 229)	Cores
	Óculos cor-de-rosa (página 230)	Cores
	Mistura colorida (página 230)	Causa e efeito

Habilidades	Atividades	Conexões temáticas
	Marionetes de sombra (página 230) Adivinhe quem? (página 231) Arte solar (página 231) Arco-íris (página 231) Luz estroboscópica (página 232) Eu e minha sombra (página 232) Relógio de sol (página 232) Luz espalhada (página 233) Desenho com espelhos (página 233) Mágica com suco de limão (página 234)	Faz-de-conta Faz-de-conta Dia e noite Opostos Cores Opostos Dia e noite Opostos Dia e noite Tempo Causa e efeito Cores Causa e efeito
O clima e as estações	Observando nuvens (página 234) Caminhando ao vento (página 235) Pluviômetro (página 235) Traçando sombras (página 235) Caminhadas das estações (página 235) Árvores sazonais (página 236)	Imaginação Clima Números Amigos Opostos Natureza Natureza
Sentidos	Os olhos tudo vêem (página 237) O que tem para o lanche? (página 237) Fazedores de sons (página 238) Teste de paladar (página 238) Temperaturas táteis (página 238) Quente e frio (página 238) Sons abundantes (página 238) Pompons de cheiros (página 239) O nariz sabe tudo (página 239) Um mundo de aromas (página 239)	Causa e efeito Alimentação/nutrição Sons Alimentação/nutrição Opostos Opostos Natureza Sons Combinação Clima Natureza
Mudança de estado	Sopa de pedra (página 240) Gelo derretido (página 240) Bebida efervescente (página 240) Sacolejo com gelatina (página 241)	Alimentação/nutrição Opostos Sentidos Causa e efeito Causa e efeito Formas Texturas
Plantas	Pulseiras naturais (página 241) Jardim no pneu (página 242) Jardim de legumes (página 242) Udo, o cabeludo (página 242) Folhas de papel (página 243) Folhas – todos os tamanhos, todas as formas (página 243) *Frottage* de folhas (página 243) Caça ao tesouro (página 244) Jardim de janela (página 244)	Natureza Estações Coisas da terra Alimentação/nutrição Coisas da terra Coisas da terra Cores Estações Estações Tamanhos Cores Estações Natureza Coisas da terra

Capítulo 8 – Ciência

Capítulo 9 – Estudos sociais

Habilidades	Atividades	Conexões temáticas
	Floreiras com caixas de ovos (página 244) Miniterrários (página 245) Brotinhos (página 245) Trepadeiras de batata-doce (página 246) O que são frutas oleaginosas? (página 246) Corantes naturais (página 246)	Coisas da terra Coisas da terra Coisas da terra Coisas da terra Alimentação/nutrição Estações Cores Alimentação/nutrição Coisas da terra
Animais	Alimente os passarinhos (página 247) Banheira de passarinhos (página 247) Alimentador de passarinhos com pinha (página 247) Observando com laços (página 248) Procurando formigas (página 248) Auxiliares de formigas (página 248) Garrafas de insetos (página 248) Hábitats de animais (página 249) Quem vive onde? (página 249) Casas de animais (página 250) Mães e bebês (página 250) Partes de corpos de insetos (página 250)	Pássaros Pássaros Natureza Insetos Insetos Insetos Insetos Casas/lares Casas/lares Casas/lares Combinação Tamanhos Insetos Números
Sentindo-me bem comigo mesmo	Eu sou especial (página 252) Meu nome significa muita coisa (página 252) Acentue coisas positivas (página 253) Arca do tesouro (página 253) O artista da semana (página 254)	Tudo sobre mim Tudo sobre mim Tudo sobre mim Famílias Amigos Artistas
Entendendo e controlando as emoções	Meus sentimentos (página 255) Feliz e triste (página 255) Sentimentos (página 256) Cara-a-cara (página 256)	Tudo sobre mim Tudo sobre mim Tudo sobre mim Animais Animais de estimação Tudo sobre mim Formas
Minha família	Retrato de família (página 257) Árvore genealógica (página 257) Nomes especiais (página 257) Concertos da sala de aula (página 258)	Famílias Famílias Famílias Famílias Música
Compartilhamento e cooperação	Dicas de como alternar a vez (página 258) Passe adiante (página 258) Dicas de como compartilhar (página 258)	Amigos Tempo Amigos Números Amigos
Participando e contribuindo	Colcha de retalhos (página 259) Caminhão do lixo (página 259) Brigada do lixo (página 259) Leilão de arte na calçada (página 260)	Amigos Natureza Natureza Artistas

Habilidades	Atividades	Conexões temáticas
Semelhanças e diferenças	Banquete internacional (página 260) Lar, doce lar (página 260) Existe mais de um jeito (página 261) Ver, tocar e ouvir (página 261) Goodbye, adiós, sayonara (página 262)	Alimentação/nutrição Casas/lares Famílias Sentidos Famílias Amigos Sons
Trabalhadores e amigos da comunidade	Caixas de adereços para profissões (página 262) Feira de profissões (página 263) A lojinha (página 263) Dia da vovó (página 263)	Nossa comunidade Famílias Nossa comunidade Números Nossa comunidade Famílias Amigos
Conceitos de tempo	Ontem, hoje e amanhã (página 264) A caixa de amanhã (página 264) Crescendo (página 264) Velhos tempos (página 264) Manhã, meio-dia e noite (página 265)	Tempo Tempo Tudo sobre mim Famílias Dia e noite Opostos
Consciência ambiental	Use e reuse (página 265) Produtos reciclados (página 265) Cantinho das roupas (página 266) Refazendo giz de cera (página 266) Ferramentas para a caixa de areia (página 266) Colar havaiano (página 266) Reciclagem de água da chuva (página 267) Garrafas de arco-íris (página 267) Minha árvore (página 268)	Famílias Natureza Famílias Natureza Famílias Cores Ferramentas Cores Coisas da terra Clima Cores Coisas da terra Natureza
Saúde e segurança	Rituais de segurança (página 268) Uma canção saudável (página 269) Movimentos que energizam nosso cérebro (página 269) Cérebros com sede não conseguem pensar (página 270) Pasta de dentes feita em casa (página 270) Limpíssimos (página 270) Pirâmide alimentar (página 270) Colagem com pratos de papelão (página 271) Batidas do coração (página 271) Semáforos (página 271) Placa de pare (página 272) Pare, olhe, escute (página 272) Parar, cair e rolar (página 272)	Tudo sobre mim Amigos Tudo sobre mim Alimentação/nutrição Tudo sobre mim Movimento Tudo sobre mim Alimentação/nutrição Tudo sobre mim Famílias Tudo sobre mim Alimentação/nutrição Alimentação/nutrição Tudo sobre mim Transportes/viagem Transportes/viagem Tudo sobre mim Transportes/viagem Tudo sobre mim

Capítulo 10 – Raciocínio crítico e resolução de problemas

Habilidades	Atividades	Conexões temáticas
Raciocínio crítico e resolução de problemas	Será que eu alcanço? (página 275)	Tudo sobre mim
	Duas partes, três pessoas! (página 275)	Amigos
	Quantas pessoas há em sua família? (página 276)	Famílias Números
	O que se faz com isso? (página 276)	Imaginação
	O que cabe aqui? (página 276)	imaginação
	Brigada de água (página 277)	Amigos
	Siga as setas (página 277)	Conceitos espaciais
	Cadê o passarinho? (página 278)	Pássaros
	Quarta-feira maluca (página 278)	Opostos
	Separando sólidos (página 279)	Animais
	Cartões cortados (página 281)	Formas
	Bolhas ao ar (página 281)	Movimento
	Será que rola? (página 281)	Opostos Formas
	Combinações (página 282)	Combinação

Capítulo 11 – Atividades de transição

Habilidades	Atividades	Conexões temáticas
Transições	Lugares de faz-de-conta (página 284)	Faz-de-conta
	Quem sou eu? (página 284)	Faz-de-conta
	Pistas musicais (página 284)	Música
	Pistas com música clássica (página 285)	Música
	Andando diferente (página 285)	Movimento
	Andando conforme o clima (página 285)	Clima
	Asas de borboleta (página 286)	Insetos Movimento
	Caminhada diferente (página 286)	Movimento
	Hora da chamada (página 287)	Tudo sobre mim
	Chamada rimada (página 287)	Tudo sobre mim

Capítulo 12 – Familiares como parceiros

Habilidades	Atividades	Conexões temáticas
Familiares como parceiros	Etiquetas impressas (página 290)	Famílias
	O que fizemos nesta semana (página 290)	Tudo sobre mim
	Usando outra vez (página 290)	Famílias
	Dia do convidado especial (página 290)	Famílias
	Rede familiar (página 291)	Nossa comunidade
	Agendas (página 291)	Estações Números
	Recados para comunicação (página 291)	Famílias
	Jornalzinho (página 291)	Tudo sobre mim

Músicas, canções, rimas e brincadeiras cantadas

A árvore da montanha (Cantiga popular)

A árvore da montanha, olê, ia, ô
A árvore da montanha, olê, ia, ô
Nesta árvore tinha um galho
Ai, ai, ai que amor de galho
O galho da árvore

A árvore da montanha, olê, ia, ô
A árvore da montanha, olê, ia, ô
Nesta árvore tinha um galho
Neste galho tinha um ninho
Ai, ai, ai que amor de ninho
O ninho do galho, o galho da árvore

A árvore da montanha, olê, ia, ô
A árvore da montanha, olê, ia, ô
Nesta árvore tinha um galho
Neste galho tinha um ninho
Neste ninho tinha um ovo
Ai, ai, ai que amor de ovo
O ovo do ninho, o ninho do galho, o galho da árvore

A árvore da montanha, olê, ia, ô
(e assim sucessivamente você pode criar novos personagens)

A aranha tatanha (Rima popular)

Aranha tatanha,
Aranha tatinha,
Mexe e arranha a sua casinha

A Dona Aranha
(Cantiga popular)

A Dona Aranha subiu pela parede
Veio a chuva forte e a derrubou
Já passou a chuva
E o sol está saindo
E a Dona Aranha continua a subir
Ela é teimosa e desobediente
Sobe, sobe, sobe e nunca está contente

A canoa virou
(Cantiga popular)

A canoa virou
Por deixar ela virar
Foi por causa do(a) nome da criança
Que não soube remar

Ah! Se eu fosse um peixinho
E soubesse nadar
Eu tirava o(a) nome da criança
Lá do fundo do mar

A canção dos insetos
(Melodia: Cabeça, ombro, perna e pé)

Cabeça, tórax, abdome e pernas
Abdome e pernas.
Cabeça tórax, abdome e pernas
Adbome e pernas.

Seis pernas, quatro asas, duas antenas duas.
Cabeça, tórax, abdome e pernas
Abdome e pernas.

A dança do leitor

Quando leio um livro (*abre as mãos como se estivesse lendo*)
Vou da esquerda para a direita (*balança a mão esquerda e vira a mão direita em cima*)
E faço o mesmo (*sacode o dedo como se estivesse dizendo: "eu te disse"*)
Quando quero escrever (*balança a mão esquerda e vira a mão direita em cima*)
Eu danço a dança do leitor (*põe a mão na cabeça e balança os quadris*)
E giro. (*gira o corpo*)

É assim que eu leio e escrevo! (*sacode o dedo como se estivesse dizendo "eu te disse"*)

Eu danço a dança do leitor (*põe as mãos sobre a cabeça, balança os quadris e gira o corpo*)
Eu danço a dança do leitor (*repete*)
Eu danço a dança do leitor,
É assim que eu leio e escrevo! (*sacode o dedo como se estivesse dizendo "eu te disse"*)

Quando leio "Cachinhos dourados" (*abre as mãos como se estivesse lendo*)
Vou da esquerda para a direita (*balança a mão esquerda e vira a mão direita em cima*)
Ando de palavra em palavra (*aponta o dedo como se estivesse colocando-o sobre cada palavra*)

Eu danço a dança do leitor (*põe a mão na cabeça e balança os quadris*)
E giro. (*gira o corpo*)
É assim que eu leio e escrevo! (*sacode o dedo como se estivesse dizendo "eu te disse"*)

Eu danço a dança do leitor (*põe as mãos sobre a cabeça, balança os quadris e gira o corpo*)
Eu danço a dança do leitor (*repete*)
Eu danço a dança do leitor,
É assim que eu leio e escrevo! (*sacode o dedo como se estivesse dizendo "eu te disse"*)

A janelinha (Cantiga popular)

A janelinha fecha
Quando está chovendo
A janelinha abre
Quando o sol está aparecendo

Fechou, abriu
Fechou, abriu, fechou
Abriu, fechou,
Abriu, fechou, abriu

A pisada pesada do gigante (Melodia: Pai Francisco)

Lá vem o grande gigante (*as crianças colocam a mão na testa, fazendo sombra nos olhos, olhando para cima como se estivessem vendo o grande gigante vir de longe*)

Pisando forte no chão (*tapam os ouvidos*)
Tururu, tum, tum (*batem os pés no chão, imitando a pisada do gigante*)
O seu pé é bem grandão (*apontam para os pés*)
Quando bate (*tapam os ouvidos*)
Faz tremer o chão (*se desequilibram*)
Tururu, tum, tum (*batem os pés no chão, imitando a pisada do gigante*)

A Vaca Roxa (Rima de Gelett Burgess)

Eu nunca vi uma vaca roxa,
E espero nunca ver.
Mesmo assim eu sei, pôxa
Que é melhor ver do que ser.

Boi da cara preta (Cantiga popular de ninar)

Boi, boi, boi
Boi da cara preta
Pega este menino
Que tem medo de careta

Brilha, brilha estrelinha (Melodia: Terezinha de Jesus)

Brilha, brilha estrelinha
Que bonita você é
Lá no alto cintilante
Até parece um diamante

Cabeça, ombro, perna e pé (Cantiga popular)

Cabeça, ombro, perna e pé
Perna e pé
Cabeça, ombro, perna e pé
Perna e pé

Olhos, orelhas, boca e nariz
Cabeça, ombro, perna e pé
Perna e pé

Cai, cai, balão! (Cantiga popular)

Cai, cai, balão!
Cai, cai, balão!
Aqui na minha mão

Não cai, não!
Não cai, não!
Não cai, não!
Cai na rua do sabão!

Caça ao urso

Vamos caçar ursos. (*só o líder diz o primeiro verso*)
Querem vir comigo? (*as crianças respondem "sim"*)
Então vamos. Vamos lá! (*bata nas pernas alternando as mãos como se estivesse caminhando*)

Vejam! É um rio. (*as crianças repetem*)
Não podemos voar por cima dele. (*as crianças repetem*)
Não podemos passar por baixo dele. (*as crianças repetem*)
Não podemos dar a volta nele. (*as crianças repetem*)
Vamos ter que atravessar. (*as crianças repetem*)
(*finja entrar no rio, atravessar a água e sair na outra margem; faça um som de água e bata nas pernas novamente como se caminhasse*)

Vejam! É uma árvore. (*as crianças repetem*)
Não podemos voar por cima dela. (*as crianças repetem*)
Não podemos passar por baixo dela. (*as crianças repetem*)
Não podemos dar a volta nela. (*as crianças repetem*)
Vamos ter que passar por cima dela. (*as crianças repetem*)
(*finja subir na árvore e passar por cima, depois bata nas pernas novamente como se caminhasse*)

Vejam! É uma plantação. (*as crianças repetem*)
Não podemos voar por cima dela. (*as crianças repetem*)
Não podemos passar por baixo dela. (*as crianças repetem*)
Não podemos dar a volta nela. (*as crianças repetem*)
Vamos ter que atravessar. (*as crianças repetem*)
(*faça um assobio esfregando as mãos e bata nas pernas novamente como se caminhasse*)

Vejam! É uma caverna. (*as crianças repetem*)
Querem entrar? (*as crianças respondem "sim"*)
Oh, está escuro aqui dentro. (*as crianças repetem*)

(*olham ao redor, apertando os olhos*)
Estou vendo dois olhos. (*as crianças repetem*)
É fofo e peludo. E é grande.
É um urso! Vamos fugir! (*repete as etapas, batendo as mãos nas pernas como se corresse*)
(*repete as ações na seqüência inversa – campo, árvore, rio e pára*).
Chegamos em casa! Sãos e salvos! (*finge limpar o suor da testa*).

Canção saborosa e saudável (Melodia: Ciranda, cirandinha)

Bem vindos a nossa aula
Hoje vamos preparar
Alimentos bem saudáveis
Pra depois saborear

Laranja e banana (*trocar por outros alimentos*)
Nós gostamos de comer
São frutas saborosas (*trocar frutas pelos outros alimentos citados, como verduras e cereais*)
E nos ajudam a crescer

Caranguejo (Cantiga popular)

Palma, palma, palma
Pé, pé, pé
Roda, roda, roda
Caranguejo peixe é

Caranguejo não é peixe
Caranguejo peixe é
Caranguejo só é peixe
Na enchente da maré

Palma, palma, palma
Pé, pé, pé
Roda, roda, roda
Caranguejo peixe é

Carneirinho, carneirão (Cantiga popular de ninar)

Carneirinho, carneirão-neirão-neirão
Olhai pro céu, olhai pro chão
Pro chão, pro chão

Canta, canta, gira, gira
(Adilson Casado, Salatiel Silva e Billo Mariano)

Canta, canta, canta
Gira, gira, gira
Parar, descer, subir, girar

Menina(o), diga o seu nome
E fale de onde vem
Depois feche os olhos sorrindo
E pense no nome de alguém

Chove chuva
(Jorge Ben Jor)

Chove chuva, chove sem parar...
Chove chuva, chove sem parar...
Pois eu vou fazer uma prece
Pra Deus nosso senhor
Pra chuva parar de molhar
O meu divino amor
Que é muito lindo
É mais que o infinito
É puro e belo
Inocente como a flor
Por favor chuva ruim
Não molhe mais o meu amor assim

Corre cotia
(Parlenda popular)

Corre cotia
Na casa da tia
Corre cipó
Na casa da avó
Lencinho na mão

Caiu no chão
Moça bonita
Do meu coração
Um, dois, três.

Dança dos dedos (Melodia: Frère Jacques)

Polegares, polegares
Onde estão?
Aqui estão
Eles se saúdam
Eles se saúdam
E se vão, e se vão

Indicadores, indicadores
Onde estão?
Aqui estão
Eles se saúdam
Eles se saúdam
E se vão, e se vão
Dedos médios, dedos médios
...
Anulares, anulares
...
Dedos mínimos

Dias da semana (Melodia: Família Adams)

Dias da semana (estale os dedos duas vezes)
Dias da semana (estale os dedos duas vezes)
Dias da semana, dias da semana
Dias da semana (estale os dedos duas vezes)
Domingo, segunda-feira, terça-feira, quarta-feira,
quinta-feira, sexta-feira e sábado.

Dorme, Suzana (Cantiga popular de ninar)

Dorme, Suzana,
que eu tenho o que fazê
Vou lavar, vou engomar
Camisinhas pra você.

Ê, ê, ê...
Suzana é um bebê
Iii...
Suzana vai dormi.

Fui ao mercado
(Cantiga popular)

Fui ao mercado comprar café
Veio a formiguinha e picou o meu pé
E eu sacudi, sacudi, sacudi
Mas a formiguinha não parava de subir

Fui ao mercado comprar batata roxa
Veio a formiguinha e picou a minha coxa
E eu sacudi, sacudi, sacudi
Mas a formiguinha não parava de subir

Fui ao mercado comprar mamão
Veio a formiguinha e picou a minha mão
E eu sacudi, sacudi, sacudi
Mas a formiguinha não parava de subir

Fui ao mercado comprar jerimum
Veio a formiguinha e picou o meu bumbum
E eu sacudi, sacudi, sacudi
Mas a formiguinha não parava de subir

Hora de guardar tudinho
(Melodia: Boi da cara preta)

Guarda, guarda, guarda
Guarda tudinho
Guarda bem direito
Pra ficar arrumadinho

Indiozinhos (ordem crescente)
(Cantiga popular)

Um, dois, três indiozinhos
Quatro, cinco, seis indiozinhos
Sete, oito, nove indiozinhos
Dez num pequeno bote
Vinham navegando pelo rio abaixo
Quando o jacaré se aproximou
E o bote dos indiozinhos
Quase, quase virou
...Mas não virou!

Indiozinhos (ordem decrescente)
(Cantiga popular)

Dez, nove, oito indiozinhos
Sete, seis, cinco indiozinhos

Quatro, três, dois indiozinhos
Um num pequeno bote
Vinha navegando pelo rio abaixo
Quando o jacaré se aproximou
E o bote do indiozinho
Quase, quase virou
...Mas não virou!

Limoeiro
(Cantiga popular)

Meu limão, meu limoeiro
Meu pé de jacarandá
Uma vez esquindô lê lê
Uma vez esquindô lá lá

Meses do ano
(Melodia: Casinha)

Janeiro, fevereiro-ro-ro
Março, abril-bril-bril
Maio, junho-nho-nho
Julho, agosto-to-to
Setembro, outubro-bro-bro
Novembro, dezembro
E tudo de novo

Metamorfose

Sou um ovo (*abaixe-se em posição fetal*)
Sou um ovo
Sou um ovo, ovo, ovo!

Sou uma lagarta (*abra-se e se arraste pelo chão*)
Sou uma lagarta
Sou uma comprida lagarta!

Sou um casulo (*abaixe-se em posição fetal com as mãos sobre o rosto*)
Sou um casulo
Sou um redondo casulo!

Sou uma borboleta (*levante-se e voe usando os braços como asas*)
Sou uma borboleta
Sou uma grande e linda borboleta!

Meu banhinho
(Melodia: "Meu lanchinho")

Meu banhinho, meu banhinho,
Vou tomar, vou tomar
Pra ficar limpinho
Pra ficar limpinho
E descansar
E descansar

Música dos opostos
(Melodia: Pirulito que bate, bate)

Isto é grande, isto é pequeno,
Isto é grande, isto é pequeno,
Isto é grande e isto é pequeno,
Vamos cantar mais uma vez

Outras possibilidades:
Isto é alto, isto é baixo...
Em cima, embaixo...
Isto está dento, isto está fora...
Estou triste, estou alegre...
Isto é mole, isto é duro...
Isto é rápido, isto é lento...
Aqui ou lá...

Não sei se é fato ou se é fita
(Parlenda popular)

Não sei se é fato ou se é fita
Não sei se é fita ou se é fato
Fato é que ela me fita
Me fita mesmo de fato

No sítio do Seu Lobato
(Cantiga popular)

Seu Lobato tinha um sítio, ia, ia, ô!
E nesse sítio tinha um cachorrinho, ia, ia, ô!
Era au, au, au, pra cá
Era au, au, au, pra lá
Era au, au, au, pra todo lado
Ia, ia, ô

Seu Lobato tinha um sítio, ia, ia, ô!
E nesse sítio tinha um pintinho, ia, ia, ô!
Era piu, piu, piu, pra cá
Era piu, piu, piu, pra lá
Era piu, piu, piu, pra todo lado
Ia, ia, ô!
Ia, ia, ô!

O alfabeto
(Melodia: Canção do Abc tradicional)

A B C D E F G
H I J K L M N O P
Q R S T U V
W X Y e Z
Já disse todo o ABC
Da próxima vez quero cantar com você

O meu chapéu
(Cantiga popular)

O meu chapéu tem três pontas
Tem três pontas o meu chapéu
Se não tivesse três pontas
Não seria o meu chapéu

Onde está a letra ____?
(Melodia: Onde está a minha mão?)

Onde está a letra A?
Está aqui! Está aqui! (*faça a letra "A" com a mão direita e mantenha a mão esquerda nas costas*)
E a outra letra A?
Está aqui! Está aqui! (*traga a mão esquerda para a frente e faça a letra "A" com a mão esquerda*)
Como vai você? (*pergunta a mão direita à mão esquerda*)
Eu vou muito bem. (*responde a mão esquerda*)
Eu já vou embora. (*diz a mão direita, retornando para a posição atrás das costas*)
Eu já vou também. (*responde a mão esquerda retornando também para a posição atrás das costas*)

O Pato
(Vinícius de Moraes e Toquinho)

Lá vem o pato
Pata aqui, pata acolá
Lá vem o pato
Para ver o que é que há.
O pato pateta
Pintou o caneco
Surrou a galinha
Bateu no marreco
Pulou do poleiro
No pé do cavalo
Levou um coice
Criou um galo
Comeu um pedaço
De genipapo
Ficou engasgado
Com dor no papo
Caiu no poço
Quebrou a tigela
Tantas fez o moço
Que foi pra panela.

O Relógio
(Vinícius de Moraes e Paulo Soledade)

Passa, tempo
Tic-tac
Tic-tac, passa a hora
Chega logo, tic-tac
Tic-tac, e vai-te embora
Passa, tempo
Bem depressa
Não atrasa
Não demora
Que já estou
Muito cansado
Já perdi
Toda a alegria
De fazer
Meu tic-tac
Dia e noite
Noite e dia
Tic-tac, tic-tac
Dia e noite
Noite e dia

O velho gato

O velho gato está dormindo, dormindo, dormindo.
O velho gato está dormindo em sua casa.
(*uma criança faz o gato e se enrola, fingindo dormir*)

Os ratinhos estão se arrastando, arrastando, arrastando.
Os ratinhos estão se arrastando pela casa.
(*as outras crianças fazem ratinhos se arrastando ao redor do gato adormecido*)

O velho gato está acordando, acordando, acordando.
O velho gato está acordando em sua casa.
(*o gato se sente e se alonga lentamente*)

O velho gato está caçando, caçando, caçando.
O velho gato está caçando pela casa.
(*o gato caça os ratinhos*)

Os ratinhos estão gritando, gritando, gritando.
Os ratinhos estão gritando pela casa.
(*os ratinhos gritam; quando o gato pega um ratinho, esse ratinho vira o gato*)

O vôo das fadas (Melodia: Ciranda-cirandinha)

Fafafá Firimfim Fafinha
Faz a fada com a sua varinha (*as crianças balançam as mãos como se balançassem a varinha*)
Ela é mágica
E ao dançar (*voam e dançam livremente como fadas*)
Nossos desejos vai realizar
Feche os olhos (*param de dançar e fecham os olhos*)
Pense logo (*pensam em um desejo*)
Que a varinha de condão
Tocará seu coração (*colocam a mão no coração*)

Parar, cair e rolar (Melodia: Um, dois, feijão com arroz)

Um, dois parar, parar
Três, quatro cair e rolar
Parar, parar pro fogo não se espalhar
Cair e rolar pro fogo apagar
Mais uma vez PARAR, CAIR E ROLAR

Pequeno e grande

Eu posso ficar bem grandão (*fica na ponta do pé*)
É só ficar em pé e me espichar
Mas quando canso de ficar grandão
Posso também me apequenar. (*se agacha*)

Pula a fogueira (João Barbosa Filho)

Pula a fogueira Iaiá,
pula a fogueira Ioiô.
Cuidado para não se queimar.
Olha que a fogueira
já queimou o meu amor.
Nesta noite de festança
todos caem na dança
alegrando o coração.
Foguetes, cantos e troça
na cidade e na roça
em louvor a São João.
Nesta noite de folguedo
todos brincam sem medo
a soltar seu pistolão.
Morena flor do sertão,
quero saber se tu és
dona do meu coração.

Quem já viu o vento (Christina Georgina Rossetti)

Quem já viu o vento?
Nem você nem eu.
Mas quando as folhas estão balançando,
É porque está ventando.
Quem já viu o vento?
Nem você nem eu,
Mas quando as árvores se curvam,
É porque o vento está passando.

Ratinho escovando os dentes (Hélio Ziskind)

Nhau! Nham nham nham, nhau!
Legal
– Nós...

– Somos...
– Ai, vocês são quem?
– Os restos...
– Cuidado dente!
– Nós somos os restos de comida
– Nós vamos grudar em você
– A escova não me alcança....
A escova não me alcança....
A escova não me... oh...

Quando eu pego a minha escova
Eu já penso em rock and roll
rock rock rock rock rock rock
E lá no cantinho eu limpo com o fio dental
E é tanto rock rock que eu fico assim:
BRANCÃO
Branco como coco
Branco como leite
Branco o dente é
BRANCÃO
Oh... Yeah...

Ratinho tomando banho (Hélio Ziskind)

Tchau preguiça
Tchau sujeira
Adeus cheirinho de suor
Oh...

Lava lava lava
Lava lava lava
Uma orelha uma orelha
Outra orelha outra orelha

Lava lava lava lava
Lava a testa, a bochecha,
Lava o queixo
Lava a coxa
E lava até...
Meu pé
Meu querido pé
Que me agüenta o dia inteiro

Oh Oh
E o meu nariz
Meu pescoço
Meu tórax

O meu bumbum
E também o fazedor de xixi

Oh...
La la
Laia laia la
Laia la la la
Laia la

La la la la la
Hum... Ainda não acabou não
Vem cá vem... vem
Uma enxugadinha aqui
Uma coçadinha ali
Faz a volta e põe a roupa de paxá
Ahh!
Banho é bom
Banho é bom
Banho é muito bom
Agora acabou!

Se és feliz (Cantiga popular)

Se és feliz quero te ver bater as mãos (*bater três palmas*)
Se és feliz quero te ver bater as mãos (*bater três palmas*)
Se és feliz, feliz pra eu acreditar
Se és feliz quero te ver bater as mãos
Bater as mãos (*bater três palmas*)

Se és feliz quero te ver bater os pés (*bater três vezes os pés no chão*)
Se és feliz quero te ver bater os pés (*bater três vezes os pés no chão*)
Se és feliz, feliz pra eu acreditar
Se és feliz quero te ver bater os pés Bater as mãos (*bater três palmas*)
Bater os pés (*bater três vezes os pés no chão*)

Se és feliz quero te ver a gargalhar (*dar três gargalhadas: ha, ha, ha!*)
Se és feliz quero te ver a gargalhar (*dar três gargalhadas: ha, ha, ha!*)
Se és feliz, feliz pra eu acreditar
Se és feliz quero te ver a gargalhar
Bater as mãos (*bater três palmas*)
Bater os pés (*bater três vezes os pés no chão*)
A gargalhar (*dar três gargalhadas: ha, ha, ha!*)

Tuti tá

Tuti tá, tuti tá, tuti tá.
Polegares para cima.

Tuti tá, tuti tá, tuti tá.
Cotovelos para trás.

Tuti tá, tuti tá, tuti tá.
Pés abertos.

Tuti tá, tuti tá, tuti tá.
Joelhos juntos.

Tuti tá, tuti tá, tuti tá.
Traseiro para cima.

Tuti tá, tuti tá, tuti tá.
Língua para fora.

Tuti tá, tuti tá, tuti tá.
Olhos fechados.

Tuti tá, tuti tá, tuti tá.
Dá a volta.
Tuti tá, tuti tá, tuti tá.

Um, dois, feijão com arroz (Parlenda popular)

Um, dois, feijão com arroz,
Três, quatro, feijão no prato
Cinco, seis, molho inglês
Sete, oito, comer biscoito
Nove, dez, comer pastéis.

Uni Duni Tê (Mnemonia popular)

Uni Duni Tê
Salamê, mingüê
Um sorvete colorê
O escolhido foi você

Vem cá, Bidu! (Cantiga popular)

Vem cá, Bidu!
Vem cá, Bidu!

Vem cá, vem cá, vem cá
Não vou lá, não vou lá, não vou lá
Tenho medo de apanhar!

Músicas e canções em inglês

Alphabet Song
(Melodia: Twinkle, Twinkle, Little Star)

A-B-C-D-E-F-G
H-I-J-K-L-M-N-O-P
Q-R-S-T-U and V
W-X-Y and Z.
Now I know my A-B-C's
Next time won't you sing with me?

The Ants Go Marching
(Melodia: When Johnny Comes Marching Home)

The ants go marching one by one,
Hurrah, hurrah.
The ants go marching one by one,
Hurrah, hurrah.
The ants go marching one by one,
The little one stops to look at the sun.
And they all go marching down,
To the ground,
To get out,
Of the rain.
BOOM! BOOM! BOOM! BOOM!

Versos adicionais:
... two ... tie her shoe...
... three ... climb a tree...
... four ... shut the door...
... five ... take a dive...
... six ... pick up sticks...
... seven ... pray to heaven...
... eight ... shut the gate...
... nine... check the time...
... ten ... say "The End!"

Apples and Bananas

I like to eat eat eat apples and bananas.
I like to eat eat eat apples and bananas.

I like to ate ate ate ay-ples and bay-nay-nays.
I like to ate ate ate ay-ples and bay-nay-nays.

I like to eet eet eet ee-ples and bee-nee-nees.
I like to eet eet eet ee-ples and bee-nee-nees.

I like to ite, ite, ite, i-ples and by-by-nys
I like to ite, ite, ite, i-ples and by-by-nys

I like to ote ote ote oh-ples and bo-no-nos.
I like to ote ote ote oh-ples and bo-no-nos.

I like to ute ute ute upples and bununus.
I like to ute ute ute upples and bununus.

Now we're through, through, through, though,
Now we're through with the apples and bananas,
Now we're through, through, through, through, With A, E, I, O, and U.

Are You Sleeping?

Are you sleeping, are you sleeping?
Brother John? Brother John?
Morning bells are ringing. Morning bells are ringing.
Ding, ding, dong. Ding, ding, dong.

Autumn Leaves

Autumn leaves are falling, falling, falling.
Autumn leaves are spinning, spinning, spinning.
Autumn leaves are floating, floating, floating.
Autumn leaves are turning, turning, turning.
Autumn leaves are dancing, dancing, dancing.
Autumn leaves are blowing, blowing, blowing.
Autumn leaves are falling, falling, falling.
Autumn leaves are sleeping, sleeping, sleeping.

Baby Bumblebee

I caught myself a baby bumblebee.
Won't my mommy be so proud of me?
I caught myself a baby bumblebee,
Ouch! He stung me!

I'm talking to my baby bumblebee.
Won't my mommy be so proud of me?

I'm talking to my baby bumblebee,
"Oh," he said, "I'm sorry."

I'm letting go my baby bumblebee.
Won't my mommy be so proud of me?
I'm letting go my baby bumblebee,
Look he's happy to be free!

Bingo

There was a farmer had a dog,
And Bingo was his name-o.
B-I-N-G-O! B-I-N-G-O! B-I-N-G-O!
And Bingo was his name-o!

There was a farmer had a dog,
And Bingo was his name-o.
(*Bate palma*)-I-N-G-O!
(*Bate palma*)-I-N-G-O!
(*Bate palma*)-I-N-G-O!
And Bingo was his name-o!

There was a farmer had a dog,
And Bingo was his name-o.
(*Palma, palma*)-N-G-O!
(*Palma, palma*)-N-G-O!
(*Palma, palma*)-N-G-O!
And Bingo was his name-o!

There was a farmer had a dog,
And Bingo was his name-o.
(*Palma, palma, palma*)-G-O!
(*Palma, palma, palma*)-G-O!
(*Palma, palma, palma*)-G-O!
And Bingo was his name-o!

There was a farmer had a dog,
And Bingo was his name-o.
(*Palma, palma, palma, palma*)-O!
(*Palma, palma, palma, palma*)-O!
(*Palma, palma, palma, palma*)-O!
And Bingo was his name-o!

There was a farmer had a dog,
And Bingo was his name-o.
(*Palma, palma, palma, palma, palma*)
(*Palma, palma, palma, palma, palma*)
(*Palma, palma, palma, palma, palma*)
And Bingo was his name-o!

Do Your Ears Hang Low?

Do your ears hang low?
Do they wobble to and fro?
Can you tie them in a knot?
Can you tie them in a bow?
Can you throw them o'er your shoulder,
Like a Continental Soldier?
Do your ears hang low?

Five in the Bed

There were five in the bed,
And the little one said,
"Roll over! Roll over!"
So they all rolled over and one fell out.

Versos adicionais:
There were four in the bed...
There were three in the bed...
There were two in the bed...
There was one in the bed,
And the little one said, "GOOD NIGHT!"

Five Little Monkeys

Five little monkeys, jumping on the bed.
One fell off and bumped her head.
Mamma called the doctor and the doctor said,
"No more monkeys jumping on the bed!"

Versos adicionais:
Four little monkeys...
Three little monkeys...
Two little monkeys...
One little monkey...
Five Little Monkeys
Five little monkeys sitting in a tree,
Teasing Mr. Crocodile.
"You can't catch me! You can't catch me!"
Along came Mr. Crocodile, quiet as can be.
Snap!

Versos adicionais:
Four little monkeys...
Three little monkeys...
Two little monkeys...
One little monkey...

Five Little Speckled Frogs

(Cinco crianças sentadas em fila e as outras sentadas em círculo ao redor. Todas dramatizam a letra da canção.)
Five little speckled frogs (*levantam cinco dedos*)
Sitting on a speckled log
Eating some most delicious bugs. (*fingem comer insetos*)
Yum! Yum!
One jumped into the pool, (*uma criança do centro salta para o círculo*)
Where it was nice and cool. (*cruza os braços e treme*)
Now there are four little speckled frogs.
Burr-ump!

(Repetir, reduzindo e contando até não haver mais sapos.)

Going on a Bear Hunt

We're going on a bear hunt. Want to come along?
Well, come on then. Let's go! (*caminha no lugar*)
Look! There's a river. Can't go over it.
Can't go under it.
Can't go around it.
We'll have to go through it. (*finge entrar no rio, nadar na água e sair na outra margem. Volta a caminhar no lugar*)

Look! There's a tree.
Can't go under it.
Can't go through it.
We'll have to go over it. (*finge subir em uma árvore. Volta a caminhar no lugar*)

Look! There's a wheat field.
Can't go over it.
Can't go under it.
Can't go around it.
We'll have to go through it. (*finge caminhar pelo campo, faz ruídos com as mãos nas pernas, depois volta a caminhar no lugar*)

(Acrescente versos com ações para aumentar a história o quanto quiser.)

Look! There's a cave.
Want to go inside?
Ooh, it's dark in here. (*olhe ao redor, apertando os olhos*)
I see two eyes.
Wonder what it is. (*procure com as mãos*)
It's soft and furry. It's big.
It's a bear! Let's run! (*repita os passos, correndo no lugar, pelo campo, no lugar, subindo na árvore, atravessando o rio, no lugar, e pare*)
Home safe.
Whew!

Good Morning to You

Good morning to you.
Good morning to you.
We're all in our places
With bright, shiny faces.
Oh, this is the way
To start a great day.

Gray Squirrel

Gray squirrel, gray squirrel, (*de pé com as mãos sobre os joelhos levemente dobrados*)
Swish your bushy tail. (*sacudir o traseiro*)
Gray squirrel, gray squirrel, (*de pé com as mãos sobre os joelhos levemente dobrados*)
Swish your bushy tail. (*sacudir o traseiro*)
Wrinkle up your funny nose, (*mexer com o nariz*)

Hold an acorn in your toes. (*juntar os dedos indicador e polegar, formando uma garra*)
Gray squirrel, gray squirrel, (*de pé com as mãos sobre os joelhos levemente dobrados*)
Swish your bushy tail. (*sacudir o traseiro*)

Hey, Diddle Diddle

Hey, diddle diddle,
The cat and the fiddle,
The cow jumped over the moon.
The little dog laughed to see such a sight,
And the dish ran away with the spoon.

Hickory, Dickory, Dock

Hickory, dickory, dock,
The mouse ran up the clock.
The clock struck one,
The mouse ran down,
Hickory, dickory, dock.

Humpty Dumpty

Humpty Dumpty sat on a wall.
Humpty Dumpty had a great fall.
All the king's horses and all the king's men
Couldn't put Humpty Dumpty together again.

If You're Happy and You Know It

If you're happy and you know it,
Clap your hands.
If you're happy and you know it,
Clap your hands.
If you're happy and you know it,
Then your face will surely show it.
If you're happy and you know it,
Clap your hands.
If you're happy and you know it,
Stomp your feet...
Pat your head... Say hello...

It's Raining, It's Pouring

It's raining, it's pouring,
The old man is snoring.
He went to bed with a pain in his head
And didn't get up until morning.

The Itsy, Bitsy Spider

The itsy, bitsy spider climbed up the water spout.
Down came the rain and washed the spider out.
Out came the sun and dried up all the rain.
And the itsy, bitsy spider climbed up the spout again.

Jack and Jill

Jack and Jill
Went up the hill
To fetch a pail of water.
Jack fell down
And broke his crown,
And Jill came tumbling after.
Up Jack got
And home did trot
As fast as he could caper.
Went to bed
And plastered his head
With vinegar and brown paper.

Jack Be Nimble

Jack be nimble,
Jack be quick;
Jack jump over
The candlestick.

Johnny Works With One Hammer

Johnny works with one hammer,
One hammer, one hammer.
Johnny works with one hammer,
Then he works with two.
Johnny works with two hammers...
Johnny works with three hammers...
Johnny works with four hammers...
Johnny works with five hammers...
Then he goes to bed.

Little Bo Peep

Little Bo Peep has lost her sheep,
And can't tell where to find them;
Leave them alone, and they'll come home,
Wagging their tails behind them.

Then she took her little crook,
Determined for to find them;
What a joy to behold them nigh,
Wagging their tails behind them.

Little Boy Blue

Little Boy Blue, come blow your horn.
The sheep are in the meadow, the cow's in the corn.
But where is the boy who looks after the sheep?
He's under a haystack, fast asleep.

Mary Had a Little Lamb

Mary had a little lamb,
Little lamb, little lamb,
Mary had a little lamb,
Its fleece was white as snow.

And everywhere that Mary went,
Mary went, Mary went,
Everywhere that Mary went,
The lamb was sure to go.

It followed her to school one day,
School one day, school one day,
It followed her to school one day,
Which was against the rules.

It made the children laugh and play,
Laugh and play, laugh and play,
It made the children laugh and play,
To see a lamb at school.

And so the teacher turned it out,
Turned it out, turned it out,
And so the teacher turned it out,
But still it lingered near.

It waited patiently about,
patiently about, patiently about,
It waited patiently about,
'Til Mary did appear.

"What makes the lamb love Mary so,
Mary so, Mary so"?"
"What makes the lamb love Mary so?"
the eager children cried.
"Why, Mary loves the lamb, you know,
Lamb you know, lamb you know."
"Why, Mary loves the lamb, you know,"
The teacher did reply.

Miss Mary Mack

Miss Mary Mack, Mack, Mack
All dressed in black, black, black,
With silver buttons, buttons, buttons
All down her back, back, back.
She asked her mother, mother, mother
For fifteen cents, cents, cents
To see the elephants, elephants, elephants
Jump over the fence, fence, fence.
They jumped so high, high, high,
They touched the sky, sky, sky,
And they didn't come back, back, back
'Til the Fourth of July, ly, ly
And they never came down, down, down,
'Til the Fourth of July.

The More We Get Together

The more we get together, together, together,
The more we get together, the happier we'll be.
For your friends are my friends,
And my friends are your friends.
The more we get together, the happier we'll be.

Mr. Sun

Oh Mr. Sun, Sun, Mr. Golden Sun,
Please shine down on me.
Oh Mr. Sun, Sun, Mr. Golden Sun,
Hiding behind a tree,
These little children are asking you
To please come out so we can play with you.
Oh Mr. Sun, Sun, Mr. Golden Sun,
Please shine down on me!

The Muffin Man

Oh, do you know the muffin man,
The muffin man, the muffin man?
Oh, do you know the muffin man
Who lives on Drury Lane?

Oh, yes, we know the muffin man,
The muffin man, the muffin man.
Oh, yes, we know the muffin man
Who lives on Drury Lane.

The Mulberry Bush

Here we go round the mulberry bush,
The mulberry bush, the mulberry bush.
Here we go round the mulberry bush,
So early in the morning.

This is the way we wash our clothes,
Wash our clothes, wash our clothes.
This is the way we wash our clothes,
So early Monday morning.

This is the way we iron our clothes.... Tuesday morning.
This is the way we scrub the floors... Wednesday morning.
This is the way we mend our clothes ... Thursday morning.
This is the way we sweep the house... Friday morning.
This is the way we bake our bread... Saturday morning.
This is the way we go to church... Sunday morning.

The North Wind Doth Blow

The north wind doth blow
And we shall have some snow.
And what will the robin do then, poor thing?
He will sit in the barn and keep himself warm,
With his little head tucked under his wing, poor thing!

Old MaCDonald Had a Farm

Old MacDonald had a farm. E-I-E-I-O.
And on that farm, he had some chicks. E-I-E-I-O.
With a chick, chick here,
And a chick, chick there.
Here a chick,
There a chick,
Everywhere a chick, chick.
Old MacDonald had a farm. E-I-E-I-O.

Versos adicionais:
Ducks-quack
Horses-neigh
Cows-moo
Pigs-oink
Donkeys-heehaw

Open, Shut Them

(*faça os movimentos indicados com as mãos*)
Open, shut them.
Open, shut them.
Give a little clap.

Open, shut them.
Open, shut them.
Put them in your lap.

Walk them, walk them, (*caminhe com os dedos do peito até o queixo*)
Walk them, walk them.
Way up to your chin.

Walk them, walk them, (*caminhe com os dedos pelo rosto, mas não na boca*)
Walk them, walk them,
But don't let them walk in.

Pease Porridge Hot

Pease porridge hot.
Pease porridge cold.
Pease porridge in the pot
Nine days old.

Some like it hot.
Some like it cold.
Some like it in the pot
Nine days old.

Rain on the Green Grass

Rain on the green grass
And rain on the tree.
Rain on the housetop
But not on me.

Rain, Rain, Go Away

Rain, rain, go away.
Come again another day.

Rain, rain, go away.
Little Johnny wants to play.

Row, Row, Row Your Boat

Row, row, row your boat
Gently down the stream.
Merrily, merrily, merrily, merrily,
Life is but a dream.

She'll Be Comin' Round the Mountain

She'll be comin' round the mountain when she comes,
Toot, toot!
She'll be comin' round the mountain when she comes,
Toot, toot!
She'll be comin' round the mountain,
She'll be comin' round the mountain,
She'll be comin' round the mountain, when she comes,
Toot, toot!

She'll be ridin' six white horses, when she comes,
Whoa back!...

She'll be wearin' pink pajamas, when she comes,
Scratch, scratch!...

O, we'll all go out to meet her, when she comes,
"Hi, babe!"...

O, we'll kill the old, red rooster when she comes,
Hack, hack!...

O, we'll all have chicken and dumplings, when she comes,
Yum, yum!...

O, she'll have to sleep with grandpa, when she comes,
Snore, snore!...

Shoo, Fly, Don't Bother Me

Shoo, fly, don't bother me.
Shoo, fly, don't bother me.
Shoo, fly, don't bother me,
For I belong to somebody.

I feel, I feel, I feel like a morning star.
I feel, I feel, I feel life a morning star.
I feel, I feel, I feel like a morning star.
I feel, I feel, I feel like a morning star.

Shoo, fly, don't bother me.
Shoo, fly, don't bother me.
Shoo, fly, don't bother me,
For I belong to somebody.

Skip to My Lou

Lost my partner, what'll I do?
Lost my partner, what'll I do?
Lost my partner, what'll I do?
Skip to my Lou, my darling.
Lou, Lou, skip to my Lou,
Lou, Lou, skip to my Lou,
Lou, Lou, skip to my Lou,
Skip to my Lou, my darling.

I'll get another one prettier than you...
Little red wagon painted blue...
Flies in the buttermilk, two by two...
Cow's in the barnyard, moo, moo, moo...
Flies in the sugar, shoo, fly, shoo!...
Going to Texas, two by two...
Cat's in the cream jar, what'll I do?...

Teddy Bear, Teddy Bear

Teddy Bear, Teddy Bear, turn around.
Teddy Bear, Teddy Bear, touch the ground.
Teddy Bear, Teddy Bear, read the news.
Teddy Bear, Teddy Bear, shine your shoes.
Teddy Bear, Teddy Bear, go upstairs.
Teddy Bear, Teddy Bear, say your prayers.
Teddy Bear, Teddy Bear, turn out the light.
Teddy Bear, Teddy Bear, say GOOD NIGHT!

The peanut butter Song (Melodia: "Three Blind Mice")

Peanut butter,
Peanut butter,
See how it spreads,
See how it spreads,
It sticks to my knife, and it sticks to my bread.
It sticks to my tongue and the top of my mouth.
Have you ever tried to talk with a mouth full off
Peanut butter,
Peanut butter?

This Is the Way We Brush Our Teeth (Melodia: Here We Go 'Round the Mulberry Bush)

This is the way we brush our teeth,
Brush our teeth, brush our teeth.
This is the way we brush our teeth,
Every morning and every evening.

This Is the Way We Wash Our Face (Melodia: Here We Go 'Round the Mulberry Bush)

This is the way we wash our face,
Scrub our cheeks, scrub our ears.
This is the way we wash our face,
Until we're squeaky clean.

This Little Piggy

This little piggy went to market,
This little piggy stayed home,
This little piggy had roast beef,
This little piggy had none.
And this little piggy cried,
"Wee, wee, wee, wee," all the way home.

This Old Man

This old man, he played one,
He played knick-knack on my thumb.
With a knick-knack paddy-whack, give your dog a bone.
This old man came rolling home.

This old man, he played two,
He played knick-knack on my shoe...

Versos adicionais:
... three ... on my knee...
... four ... on my door...
... five ... on my hive...
... six ... on my sticks...
... seven ... up in heaven...
... eight ... on my gate...
... nine ... on my spine...
... ten ... once again...

Twinkle, Twinkle, Little Star

Twinkle, twinkle, little star,
How I wonder what you are.
Up above the world so high,
Like a diamond in the sky.
Twinkle, twinkle, little star,
How I wonder what you are.

Two Little Ducks

Two little ducks that I once knew,
Fat ones, skinny ones, there were two,
But the one little duck with the feathers on his back,
He led the others with a quack, quack, quack.

Down to the river they would go,
Wibble, wobble, wibble, wobble, to and fro.
But the one little duck with the feathers on his back,
He led the others with a quack, quack, quack.
He led the others with a quack, quack, quack.

Wee Willie Winkie

Wee Willie Winkie runs through the town,
Upstairs and downstairs in his nightgown.
Rapping at the window, crying through the lock,
"Are the children in their beds?
For it's past eight o'clock!"

Wheels on the Bus

The wheels on the bus go round and round.
Round and round; round and round.
The wheels on the bus go round and round,
All around the town.

The windshield wipers go swish, swish, swish.
The baby on the bus goes, "Wah, wah, wah."

People on the bus go up and down
The horn on the bus goes beep, beep, beep.
The money on the bus goes clink, clink, clink.
The driver on the bus says, "Move on back."

Where Is Thumbkin?

Where is thumbkin?
Where is thumbkin?
Here I am. Here I am.
How are you today, sir?
Very well, I thank you.
Run away.
Run away.

Outros versos:
Where is pointer?
Where is middle one?
Where is ring finger?
Where is pinky?
Where are all of them?

Who Stole the Cookie From the Cookie Jar?

(Cante esta música batendo nas pernas e batendo os dedos no ritmo. Prossiga até que todos tenham sido "acusados" uma vez.)
Who stole the cookie from the cookie jar?
(*Nome*) stole the cookie from the cookie jar.
Who, me?
Yes, you.
Couldn't be.
Then who?
(*A primeira criança acusada escolhe outra criança*)
stole the cookie from the cookie jar.
Who, me?
Yes, you.
Couldn't be.
Then who?

Jogos

Amarelinha

Desenhe no chão uma amarelinha com giz ou faça uma com fita crepe.
Dê um saquinho de areia para cada criança.
As crianças jogam o saco em um quadro diferente a cada vez, seguindo a seqüência numérica, e saltam pela amarelinha sem pisar no quadro com o saquinho de areia.
A primeira criança a completar o circuito é a vencedora.
Para crianças pequenas, apenas terminar já é vencer.
Variação: faça triângulos ou círculos em vez de quadrados para a amarelinha.

Atenção, concentração,...

Sentadas em círculo, as crianças cantam, juntamente com professor a música a seguir, conforme as orientações para cada verso:

Atenção (batem palmas três vezes)
Concentração (batem palmas três vezes)
Ritmo (batem palmas três vezes)
Vai começar (batem palmas três vezes)
Começa com A (o professor diz a letra e as crianças têm que dizer alguma coisa que inicie com o som da letra escolhida, como um objeto ou uma onomatopéia, por exemplo: arroz, au, au, au, abacaxi)

Atenção, concentração,...de letras

Oriente as crianças a jogar *Atenção, concentração, ...* usando as letras do alfabeto.
Cada criança corresponderá a uma letra, e, à medida que for mencionada na brincadeira, deverá dizer o nome de outra letra. A criança que corresponder a letra mencionada pelo colega, deverá se manifestar dizendo uma outra letra e assim sucessivamente até que todos tenham sido mencionados.

Atenção (batem palmas três vezes)
Concentração (batem palmas três vezes)

Ritmo (batem palmas três vezes)
Vai começar (batem palmas três vezes)
Começa no A
Do A para o B (a criança que corresponde à letra A se apresenta e diz: do A para o B)
Do B para o C,...

Batata quente

As crianças ficam de pé em um círculo e, enquanto toca uma música, elas passam uma "batata quente" (uma bola ou um saquinho de areia) ao redor do círculo o mais rápido que puderem, sem deixar cair. Quando a música pára, a criança que estiver segurando a "batata quente" deve sentar. A última criança a ficar com a batata, vence.

Boca de forno

Escolha uma criança para ser o mestre. Ela é quem começa a brincadeira, dizendo frases que todo mundo tem de responder, assim:

– *Boca de forno?*
– *Forno.*
– *Tirando bolo?*
– *Bolo!*
– *Maracujá?*
– *Já!*
– *Seu rei mandou perguntar!*
– *O quê?*
– *Se fazem tudo o que ele mandar?*
– *Tudo!*
– *E quem não fizer?*
– *Ganha bolo!*
– *Seu rei mandou dizer para ...*
(o mestre diz algo para os outros fazerem)

A ordem do mestre pode ser para buscar alguma coisa, como uma flor ou uma pedra, ou fazer uma ação, como correr até a porta e dar um salto. O primeiro que cumprir a ordem, fica livre, o resto toma bolo, que são tapinhas na mão de vários tipos. Tem bolo frio (leve), morno (médio), quente (forte), de passarinho (beliscão de leve), de pai (bem forte) e de mãe (bem livre). Quem escolhe que tipo de bolo cada um vai tomar é o ganhador, que vira mestre na próxima jogada.

Caiu o lenço (variação de Chicotinho queimado)

Escolha uma criança, enquanto as outras se sentam em um círculo voltadas para o centro. A criança escolhida salta ou caminha ao redor do círculo e casualmente deixa cair um lenço atrás de uma das crianças sentadas no círculo, a qual pega o lenço e persegue a escolhida ao redor do círculo, que tenta correr e sentar no seu lugar sem ser pega. Se não for pega, se senta em seu novo lugar no círculo e a criança com o lenço passa a ser a escolhida. Se for pega, deverá fazer o papel da escolhida por mais uma rodada.

Variações: use um coração e brinque de Caiu o Coração ou use um lenço colorido para reconhecimento de cores.

Congelado

Uma criança é escolhida e persegue as outras, tentando pegá-las. Quando toca em uma criança, esta deve ficar imóvel. Ela somente poderá correr novamente quando outra criança tocá-la para libertá-la. O objetivo do jogo é a criança escolhida imobilizar todas as outras. Então, a primeira criança a ser imobilizada será a escolhida na próxima rodada.

Dança cooperativa

Faça um círculo no chão com fita crepe, toque uma música e oriente as crianças a caminhar ao redor do círculo até a música parar. Quando a música parar, todas entram no círculo.

A idéia é que todas as crianças entrem no círculo, de modo que todos vençam. Continue a jogar enquanto as crianças tiverem interesse.

Dança das cadeiras

Faça um círculo com cadeiras, de maneira que os assentos fiquem virados para fora. O número de cadeiras deverá ser menor (menos um) do que a quantidade de participantes, ou seja, para dez participantes, o círculo deverá conter nove cadeiras.

Coloque uma música para que os participantes caminhem e dancem em torno do círculo de cadeiras. Quando a música parar, todos deverão sentar. Aquele que ficar em pé, sai da brincadeira e leva consigo uma cadeira.

A brincadeira continua até que fique somente um participante e uma cadeira.

Dançando pelas janelas

Este jogo deve ter pelo menos sete participantes. Todos, menos uma criança, ficam de pé em um círculo voltados para o centro, de mãos dadas e levantando as mãos para criar "janelas" em arco. Uma criança é escolhida para ser o "dançarino" e fica no meio. Logo que a canção começar, já no primeiro verso, o "dançarino" dança ao redor do círculo, entrando e saindo pelas janelas. Quando a canção indicar, no terceiro verso, ele pára de frente para um colega do círculo, o qual será seu parceiro. No refrão, o dançarino pega seu parceiro e os dois começam a dançar, entrando e saindo pelas janelas. Quando acabar o refrão, vão juntos para o centro e fazem uma reverência um para o outro. A criança que for escolhida para ser o parceiro será a próxima a representar o "dançarino".

Sambando pelas janelas (Melodia: Samba lê lê)

Danço de um lado pro outro
Passo pelas janelas
Entro aqui e ali
Agora escolho um parceiro

Samba, samba, samba olê, lê
Samba, samba, samba olá, lá
Samba, samba, samba olê, lê
Samba, samba, samba olá, lá

Escravos de Jó

As crianças sentam em círculo, cada uma com uma "prenda" (pedrinha ou saquinho de areia) no chão a sua frente.

Conforme cantam a música a seguir, vão passando as prendas para os colegas do lado direito da roda. No refrão "zigue, zigue, zá", as prendas vão, voltam e vão de novo para o colega que está à esquerda, mudando o sentido da roda. E assim a brincadeira continua.

Uma variação possível é dar somente uma prenda para todo o grupo. Quando a música acabar, quem ficar com ela na mão deverá "pagar uma prenda", ou seja, cantar uma música, dizer uma rima ou fazer um movimento com o corpo, conforme combinado entre as crianças antes do jogo começar.

Escravos de Jó

Escravos de Jó
Jogavam caxangá
Tira, bota
Deixa o Zé Pereira ficar
Guerreiros com guerreiros
Fazem zigue, zigue, zá
Guerreiros com guerreiros
Fazem zigue, zigue, zá

Está quente, está frio

Uma criança é escolhida para esconder um objeto pequeno em algum lugar da sala. As demais crianças devem sair, mas, antes, devem ver o objeto, que pode ser um botão ou uma noz.

Ao retornarem para a sala, as crianças deverão procurar o objeto, seguindo dicas da criança escolhida sobre o esconderijo. Esta usará os termos "quente", "frio" e "morno" para orientar os colegas. Se ninguém estiver perto do objeto, ela diz "frio"; se alguém se aproximar, diz "morno"; e se alguém estiver muito perto, diz "quente"!

Estátua

Todos dançam ao redor da sala ao som de uma música. Quando a música parar, devem ficar imóveis e permanecer na mesma posição, geralmente parecendo uma "estátua" muito engraçada. Se uma criança se mexer, deve se sentar. Quando a música recomeçar, aquelas que ainda estão de pé começam a dançar novamente. A última de pé vence.

Em uma variação do jogo, a música nunca pára e as crianças se tornam "estátuas" quando o líder, geralmente um adulto, tocar em suas cabeças. Elas só poderão voltar a dançar quando o líder tocá-las novamente.

Espião

Uma criança é o espião. Ela escolhe algo na sala e diz: "Estou espiando com meu olho mágico algo que é..." (diz uma característica do objeto escolhido, por exemplo, *algo que é redondo* ou *vermelho* ou *liso* ou *quente*). As outras crianças levantam a mão e, quando são escolhidas, adivinham objetos diferentes. Quando o objeto for reconhecido, a primeira criança senta e a criança que acertou se torna o próximo "espião".

O fazendeiro do vale

As crianças ficam de pé em um círculo voltadas para o centro, com exceção de uma criança, a qual fica no meio e faz o papel de "fazendeiro". As crianças do círculo dão as mãos e caminham ou saltam ao redor do fazendeiro, enquanto cantam a canção a seguir. O "fazendeiro" escolhe uma "esposa" entre as crianças do círculo para juntar-se a ele no centro. A "esposa" escolhe um "filho", e assim por diante. A criança escolhida para ser "queijo" fica sozinha, pois as demais entraram no círculo, e torna-se o "fazendeiro" na próxima rodada.

O fazendeiro do vale (Melodia: A árvore da montanha)

O grande fazendeiro, olé, ia, ô
O grande fazendeiro, olé, ia, ô
O fazendeiro pegou uma esposa
Ai, ai, ai que amor de esposa
A esposa do fazendeiro
O fazendeiro do vale

O grande fazendeiro, olé, ia, ô
O grande fazendeiro, olé, ia, ô
A esposa pegou um filho
Ai, ai, ai que amor de filho
O filho da esposa
A esposa do fazendeiro
O fazendeiro do vale

O grande fazendeiro, olé, ia, ô
O grande fazendeiro, olé, ia, ô
O filho pegou um cachorro
Ai, ai, ai que amor de cachorro

O cachorro do filho
O filho da esposa
A esposa do fazendeiro
O fazendeiro do vale

O grande fazendeiro, olé, ia, ô
O grande fazendeiro, olé, ia, ô
O cachorro pegou um gato
Ai, ai, ai que amor de gato
O gato do cachorro
O cachorro do filho
O filho da esposa
A esposa do fazendeiro
O fazendeiro do vale

O grande fazendeiro, olé, ia, ô
O grande fazendeiro, olé, ia, ô
O gato pegou um rato
Ai, ai, ai que amor de rato
O rato do gato
O gato do cachorro
O cachorro do filho
O filho da esposa
A esposa do fazendeiro
O fazendeiro do vale

O grande fazendeiro, olé, ia, ô
O grande fazendeiro, olé, ia, ô
O rato pegou um queijo
Ai, ai, ai que gostoso queijo
O queijo do rato
O rato do gato
O gato do cachorro
O cachorro do filho
O filho da esposa
A esposa do fazendeiro
O fazendeiro do vale, olé, ia, ô

O mestre mandou

Forme uma fila com as crianças e peça para seguirem suas instruções, mas somente quando forem precedidas por "O mestre mandou".

Comece dando instruções lentamente e enfatize as palavras "O mestre mandou" no começo. Depois de brincar um pouco, pare de enfatizar as palavras.

As crianças que seguirem uma instrução que não seja precedida por "O mestre mandou" devem sentar e esperar um novo jogo começar.

A última criança de pé vence.
O papel de Mestre pode ser feito também pelas crianças.

Passa, passará

Peça para duas crianças ficarem uma de frente para outra, darem-se as mãos e levantarem os braços, formando uma "porteira" (portão). As demais crianças fazem uma fila, que irá passar "embaixo da porteira", ou seja, entre a dupla de colegas por baixo do arco formado pelos seus braços.

Enquanto a fila vai passando, as crianças cantam a canção a seguir.

Quando a música parar, a fila pára e o par de crianças ("porteira") abaixa os braços e envolve o colega que ficou na "porteira", o qual deverá "pagar uma prenda" (cantar uma música, recitar uma rima ou qualquer outra atividade combinada com o grupo antes de a brincadeira começar).

Use a canção:

Passa, passará
Quem de trás ficará
A porteira está aberta
Para quem quiser passar
Oh, víbora da cruz
Por aqui quero passar
Por aqui eu passarei
E uma menina deixarei
Passa por aqui
Passa por aqui
E a última ficará

Pato, pato, ganso

Neste jogo, as crianças, exceto uma escolhida, sentam-se em um círculo voltadas para o centro. A criança escolhida caminha ao redor do círculo, tocando na cabeça de cada criança enquanto passa. Cada vez que ela toca uma cabeça, ela diz "pato" (ela pode dizer "pato" quantas vezes quiser). Quando ela tocar na cabeça de uma criança e disser "ganso", o ganso deve levantar e persegui-la ao redor do círculo. A primeira criança tenta correr ao redor do círculo e sentar no lugar do ganso sem ser pega. Se for pega, deve sentar na "panela do ensopado" no centro do círculo, até que outra criança a substitua. Se não, entra para o círculo no lugar vazio do ganso. Em ambos os casos, a criança que estava perseguindo a outra será a próxima a caminhar ao redor do círculo tocando nas cabeças e dizendo "pato", "pato", "ganso".

Pir lim pim pim, diga o seu nome para mim

Sentadas em seus lugares, com as mesas e cadeiras dispostas em círculos, as crianças e o professor recitam a rima a seguir, conforme as orientações de cada verso. O jogo só termina quando todas as crianças tenham sido mencionadas.

Pir lim pim pim (todos batem palmas no ritmo)
Diga logo o seu nome para mim? (o professor aponta para uma criança)
Joana. (a criança diz seu nome)
Joana. (o professor repete o nome)
Batendo palmas. Jo-a-na. (todos batem palmas conforme as sílabas em Joana)
Estalando os dedos. (todos estalam os dedos conforme as sílabas em Joana)
Batendo na mesa. Jo-a-na. (todos batem na mesa conforme as sílabas em Joana)

Quem é que está bagunçando o meu jardim?

Marque um canto da sala ou um local no pátio para ser o jardim.

Escolha uma criança para ser o "gigante". O gigante senta-se perto do jardim com os olhos fechados.

Escolha uma criança para caminhar pelo jardim. A criança diz "tra-lá-lá-lá-lá" e caminha pelo jardim enquanto você bate o ritmo em um tambor.

O gigante diz: "Quem é que está bagunçando o meu jardim? Saia, saia, estou dizendo".

A criança que está no jardim, responde: "Sou só eu".

O gigante tenta adivinhar o nome do invasor. Se conseguir adivinhar em três tentativas, o invasor torna-se o gigante e o gigante volta ao grupo; se não conseguir, deve ser o gigante novamente.

Quando as crianças conseguirem identificar as vozes de seus colegas, oriente-as a disfarçar a voz.

Quem roubou o pão?

Sentadas em círculo, as crianças e o professor dizem a rima a seguir, conforme as orientações para cada verso. O jogo só termina quando todas as crianças tiverem sido mencionadas.

Quem roubou o pão lá da casa do João? (pergunta o professor para uma criança)
(Nome) roubou o pão lá da casa do João. (responde a criança, dizendo o nome de um colega)
Quem, eu? Eu, não! (pergunta a criança acusada)
Quem, então? (pergunta o professor para a criança acusada)
(Nome) roubou o pão lá da casa do João. (responde a criança, dizendo o nome de um colega)

Quem tem a prenda?

Peça para as crianças sentarem em um círculo. Escolha uma criança e dê a ela uma prenda (um botão). Peça para as outras fecharem os olhos e ajude a criança escolhida a escolher um amigo para dar a prenda. Peça para as crianças abrirem os olhos e cantarem: "Prenda, prenda, quem tem a prenda?" As crianças tentam adivinhar quem tem a prenda. A criança que acertar será a próxima escolhida.

Roda cotia

As crianças dão as mãos e caminham em círculo cantando a canção a seguir. Por fim, todos se agacham com a expressão "chuá!".

Roda cotia
De noite
E de dia
Comendo melancia
Lá na casa da titia
Chuá!

Salto de sapo

Este jogo é para, no mínimo, duas crianças.

Uma criança se agacha como um sapo (com os joelhos dobrados e as mãos no chão, entre as pernas, um pouco à frente dos pés). Outra criança fica atrás dela, na mesma posição e, em seguida, salta sobre ela, colocando as pernas de cada lado do seu corpo e as mãos em suas costas. Assim, a criança que estava atrás, passará para a frente e a da frente, que ficou atrás, deverá saltar sobre a outra, repetindo os movimentos. Se você estiver brincando com muitas crianças, elas podem formar uma fila, bem espaçada, de modo que cada criança possa passar sobre muitos "sapos" de cada vez, saltando no espaço entre cada um.

Telefone-sem-fio

Peça para as crianças sentarem em um círculo voltadas para o centro. Uma criança é escolhida para "começar uma conversa ao telefone". Esta criança pensa em uma palavra ou em uma frase curta e sussurra-a ao ouvido da criança sentada ao seu lado. A segunda criança sussurra o que ouviu ao ouvido da próxima criança. E assim, a palavra segue pelo círculo. Se uma criança não conseguiu ouvir o que foi sussurrado em seu ouvido, ela pode dizer "telefonista", e a palavra pode ser sussurrada novamente. (Obs.: as crianças somente podem dizer "telefonista" se não conseguirem ouvir a palavra, e não se não entenderem a palavra sussurrada. Não entender as palavras é metade da graça do jogo!) Quando a palavra é finalmente sussurrada ao ouvido da última criança do círculo, ela diz a palavra em voz alta. Então, a criança que começou a "conversa ao telefone" repete a palavra original para que todos possam comparar e ver como mudou. Escolha outra criança para "começar a conversa ao telefone" e jogue novamente.

Twister

Se não tiver um jogo comercial, crie o seu próprio jogo, recortando círculos amarelos, azuis e vermelhos de papel contact e colando-os em uma cortina de banho cortada ao meio.

Cubra uma caixa de 5x5 centímetros com papel branco para fazer um dado. Desenhe um par de mãos vermelhas de um lado, mãos amarelas em outro e mãos azuis no terceiro. Desenhe pares de pés vermelhos, amarelos e azuis nos outros três lados.

Duas crianças podem jogar de cada vez, alternando-se a jogar o dado para determinar seus movimentos.

Se o dado marcar mãos vermelhas, a criança deve colocar as mãos sobre um círculo vermelho na cortina. Se cair em pés azuis, deve colocar os pés em um círculo azul. O jogo continua até que uma das crianças perca o equilíbrio.

Um elefante incomoda muita gente...

Peça para as crianças sentarem em um círculo. Uma criança fica em pé, pois será o primeiro "elefante". Para isso, coloca um braço a sua frente para fazer uma tromba.

O primeiro "elefante" caminha ao redor do círculo, enquanto o grupo canta a cantiga apresentada a seguir. A cada elefante "somado" na música, o primeiro "elefante" escolhe outra criança para se juntar a ele e se tornar mais um "elefante". O primeiro "elefante" coloca a outra mão nas costas, para fazer uma cauda e o segundo estende um braço à frente para fazer uma tromba e segura a cauda do primeiro "elefante". Os dois caminham assim enquanto a canção continua e mais elefantes se juntam a eles.

Um elefante incomoda muita gente,
Dois elefantes incomodam muito mais
Três elefantes incomodam muita gente,
Quatro elefantes incomodam muito mais...

Índices

Índice Temático

Índice Analítico

B

C

D

E

F

G

H

I

J

K

L

M

N

Q

R

S

T

U

V

X

GRÁFICA EDITORA
Pallotti
IMAGEM DE QUALIDADE
Santa Maria - RS - Fone/Fax: (55) 3220.4500
www.pallotti.com.br